比 较 译 丛 08

比 较 出 思 想

# BETWEEN DEBT AND THE DEVIL

# 债务和魔鬼

## 货币、信贷和全球金融体系重建

[英] 阿代尔·特纳 ◎ 著
王胜邦 徐惊蛰 朱元倩 ◎ 译

Adair Turner

Money, Credit, and Fixing Global Finance

中信出版集团 | 北京

图书在版编目（CIP）数据

债务和魔鬼：货币、信贷和全球金融体系重建/
（英）阿代尔·特纳著；王胜邦，徐惊蛰，朱元倩译. --
2版. -- 北京：中信出版社，2021.5（2023.4重印）
书名原文：Between Debt and the Devil: Money,
Credit, and Fixing Global Finance
ISBN 978-7-5217-2950-4

Ⅰ. ①债… Ⅱ. ①阿… ②王… ③徐… ④朱… Ⅲ.
①债务危机－研究 Ⅳ. ①F810.45

中国版本图书馆CIP数据核字（2021）第045815号

Between Debt and the Devil: Money, Credit, and Fixing Global Finance by Adair Turner
Copyright © 2016 by Princeton University Press
Simplified Chinese translation copyright © 2021 by CITIC Press Corporation
ALL RIGHTS RESERVED
本书仅限中国大陆地区发行销售

债务和魔鬼——货币、信贷和全球金融体系重建

著　者：[英]阿代尔·特纳
译　者：王胜邦　徐惊蛰　朱元倩
出版发行：中信出版集团股份有限公司
　　　　　（北京市朝阳区东三环北路27号嘉铭中心　邮编 100020）
承　印　者：宝蕾元仁浩（天津）印刷有限公司

开　本：787mm×1092mm　1/16　印　张：20　字　数：280千字
版　次：2021年5月第2版　印　次：2023年4月第2次印刷
京权图字：01-2015-7749
书　号：ISBN 978-7-5217-2950-4
定　价：88.00元

版权所有·侵权必究
如有印刷、装订问题，本公司负责调换。
服务热线：400-600-8099
投稿邮箱：author@citicpub.com

# 特纳勋爵致中国读者

发达经济体债务过度增长导致 2008 年全球金融危机爆发。公司部门和家庭部门债务不断积累，1950 年这些债务是当期 GDP 的 50%，而 2007 年这些债务已是 GDP 的 270%；这些债务中的大部分都为房地产购买和房地产开发提供了资金支持。自危机以来，尽管利率已经长期处于接近零的水平，但债务负担造成了低增长和不断蔓延的通缩。

我的《债务和魔鬼》一书阐释了妥善处理债务的重要性以及如何不依靠过度负债促进经济增长。书中对如何解决全球债务积压问题提出了激进的政策建议。本书的论点无论是对西方发达经济体还是对中国，都有重要启示，因为中国如今也面临巨额债务问题，债务与 GDP 之比已从 2009 年的 150% 上升到当前的 250%。如果中国不想与西方发达经济体承受同样的灾难性后果，就需要从西方发达经济体所犯的错误中吸取经验教训。

阿代尔·特纳
2016 年 5 月 18 日

# 目 录

"比较译丛"序　Ⅲ

新版作者序言　Ⅴ

推荐序　Ⅺ

致谢　ⅩⅩⅤ

前言　我未察觉渐行渐近的危机　ⅩⅩⅨ

引言　银行家不能解决的重要问题 ………………………………… 1

## 第一篇　膨胀的金融

第一章　金融成就一切的乌托邦 ………………………………… 19
第二章　无效率的金融市场 ……………………………………… 33

## 第二篇　危险的债务

第三章　债务、银行及货币创造 ………………………………… 52
第四章　太多的错误债务 ………………………………………… 61
第五章　陷入债务积压困局 ……………………………………… 74
第六章　自由化、创新与变本加厉的信贷周期 ………………… 87

Ⅰ

第七章　投机、不平等及多余信贷 ………………………… 106

# 第三篇　债务、经济发展与资本流动

第八章　债务和发展：金融抑制的功与过 ………………… 131
第九章　太多的错误资本流动：全球和欧洲的幻觉 ……… 147

# 第四篇　修复金融体系

第十章　金融体系的不稳定与银行家无关 ………………… 162
第十一章　修复基本面 ……………………………………… 174
第十二章　废除银行、对债务污染征税、鼓励公平 ……… 184
第十三章　管理债务规模和债务结构 ……………………… 193

# 第五篇　摆脱债务积压

第十四章　货币融资：打破政策禁忌 ……………………… 211
第十五章　债务和魔鬼：危险的抉择 ……………………… 229

后记　女王的问题和致命的自负 …………………………… 238
注释 …………………………………………………………… 249
参考文献 ……………………………………………………… 271
译后记 ………………………………………………………… 283

## "比较译丛"序

2002年，我为中信出版社刚刚成立的《比较》编辑室推荐了当时在国际经济学界产生了广泛影响的几本著作，其中包括《枪炮、病菌与钢铁》《从资本家手中拯救资本主义》《再造市场》（中译本后来的书名为《市场演进的故事》）。其时，通过二十世纪九十年代的改革，中国经济的改革开放取得阶段性成果，突出标志是初步建立了市场经济体制的基本框架和加入世贸组织。当时我推荐这些著作的一个目的是，通过比较分析世界上不同国家的经济体制转型和经济发展经验，启发我们在新的阶段，多角度、更全面地思考中国的体制转型和经济发展的机制。由此便开启了"比较译丛"的翻译和出版。从那时起至今的十多年间，"比较译丛"引介了数十种译著，内容涵盖经济学前沿理论、转轨经济、比较制度分析、经济史、经济增长和发展等诸多方面。

时至2015年，中国已经成为全球第二大经济体，跻身中等收入国家的行列，并开始向高收入国家转型。中国经济的增速虽有所放缓，但依然保持在中高速的水平上。与此同时，曾经引领世界经济发展的欧美等发达经济体，却陷入了由次贷危机引爆的全球金融危机，至今仍未走出衰退的阴影。这种对比自然地引发出有关制度比较和发展模式比较的讨论。在这种形势下，我认为更有必要以开放的心态，

### 债务和魔鬼

更多、更深入地学习各国的发展经验和教训,从中汲取智慧,这对思考中国的深层次问题极具价值。正如美国著名政治学家和社会学家李普塞特(Seymour Martin Lipset)说过的一句名言:"只懂得一个国家的人,他实际上什么国家都不懂(Those who only know one country know no country)。"这是因为只有越过自己的国家,才能知道什么是真正的共同规律,什么是真正的特殊情况。如果没有比较分析的视野,既不利于深刻地认识中国,也不利于明智地认识世界。

相比于人们眼中的既得利益,人的思想观念更应受到重视。就像技术创新可以放宽资源约束一样,思想观念的创新可以放宽政策选择面临的政治约束。无论是我们国家在二十世纪八九十年代的改革,还是过去和当下世界其他国家的一些重大变革,都表明"重要的改变并不是权力和利益结构的变化,而是当权者将新的思想观念付诸实施。改革不是发生在既得利益者受挫的时候,而是发生在他们运用不同策略追求利益的时候,或者他们的利益被重新界定的时候"①。可以说,利益和思想观念是改革的一体两面。囿于利益而不敢在思想观念上有所突破,改革就不可能破冰前行。正是在这个意义上,当今中国仍然是一个需要思想创新、观念突破的时代。而比较分析可以激发好奇心,开拓新视野,启发独立思考,加深对世界的理解,因此是催生思想观念创新的重要机制。衷心希望"比较译丛"能够成为这个过程中的一部分。

2015 年 7 月 5 日

---

① Dani Rodrik, "When Ideas Trump Interests: Preferences, Worldviews, and Policy Innovations," NBER Working Paper 19631, 2003.

## 新版作者序言

2015年我在撰写本书初版时，重点关注两个相互关联的问题。一是过度承担风险，这直接导致了2008年的全球金融危机。二是深刻的技术变革给日益富裕的经济体实现宏观经济平衡目标带来了根本性的挑战。五年过去了，当前第一个问题的重要性有所下降，但第二个根本性问题越发紧迫和重要。

全球金融危机爆发的时点和方式，主要源于全球监管机构和中央银行允许商业银行和影子银行以极少的资本承担过多的风险。为此，金融稳定理事会（FSB）设计了严格的监管制度。当时我作为FSB政策委员会主席，深度参与了这项工作，时任中国银监会主席刘明康是该委员会的联席主席，我们与世界各国同事紧密合作，取得了许多重要的成果。值得注意的是，在最近的新冠疫情全球危机中，我们并未面临全球金融体系内部不稳定的问题。

然而，无论是全球还是中国仍然面临着严重的宏观经济失衡问题，需要新的政策和新的经济理论来解决和阐释。

本书第四章和第五章介绍了2008年之后全球面临的根本性的宏观经济挑战。危机之前，全球金融体系创造了过多的私人债务，为房地产建设和投机活动提供资金，危机过后形成"债务积压"，抑制了需求，各国不得不通过扩大财政赤字来支撑经济增长和就业。然而，

债务和魔鬼

2010年开始,许多发达国家政府采取了财政紧缩政策,约束公共债务的上升,将维持经济的任务留给中央银行,不得不实行极低利率甚至负利率。

这种政策的经济后果就是复苏乏力,且扩大了不平等,因为极低的利率放大了富裕阶层的财富;社会后果就是不公平和不安全感蔓延;政治后果包括2016年特朗普当选美国总统和英国脱离欧盟。

正如本书主张的,原本我们有机会采取更好的政策组合。如本书第十四章所述,发达经济体应该实施更长期限和更大规模的财政赤字,并且中央银行应为大规模的财政赤字提供融资,即货币融资或财政赤字货币化(moneytary finance)。但我们没有这样做,于是给发达经济体和社会造成了严重的伤害。

2017年之后,全球经济增长变得更为强劲。悖论的是,特朗普对经济学所知甚少,所以他并没有受缚于有关紧缩政策的错误理论。于是美国财政赤字逐步扩大,财政赤字占GDP比例由2016年的4.4%上升到2019年的6.3%。2015年至2019年间中国财政赤字占比由2.8%上升到6.3%。在无任何有计划的协调下,全球两个最大经济体为全球经济增长提供了有力的刺激。

除中国外,新冠疫情导致全球绝大多数国家经济增长停滞。2020年,美国、欧洲和日本将显著萎缩。政府不得不急剧增加财政赤字,放弃降低公共债务占GDP百分比的目标。2020年,美国财政赤字占GDP比例约19%,英国约16%,甚至厌恶债务的德国也将达到8%。

各国政府在弥补这些赤字方面没有任何困难。由于私人储蓄率飙升,利率降至更低水平,中央银行已恢复量化宽松(QE)操作,累积了越来越多的政府债务。中央银行持有的政府债务资产中的相当大部分将永远保留在中央银行的资产负债表上,显然,原本是临时的量化宽松,事后将被证明是永久性的财政赤字货币化。但是,拒绝承认该事实的禁忌仍然存在,正如第十四章和第十五章中描述的那样,由于拒绝承认正在发生的事情，我们仍然缺乏明确的政策来保证以严格和适当的方式使用货币融资。

新冠疫情加速了经济中潜在的结构性变化，对现有的政策措施和经济理论提出了深刻的挑战。本书第十一章中简要介绍了相关内容，在即将出版的《机器人时代的"资本主义"》中，我将详细讨论该问题。我们生活在一个瞬息万变的世界中，技术快速进步正在不断地降低信息技术硬件和软件的成本，并使更多的工作活动能够自动化。新冠疫情为发达国家和中国的这些趋势提供了巨大的推动力。

制造业需要管理员工的健康风险，为防止生产中断，正在加速自动化，因为机器人不会生病。以牺牲传统零售业为代价的在线购物急剧增长。现在许多专业工作和管理类工作均可以居家在线办公，这比大多数专家预期的要顺利得多。实体娱乐场所关闭时，在线媒体娱乐蓬勃发展。

结构变化的加速影响了资产价值和利率，强化了现有趋势。意料之中的是，提供IT（信息技术）功能和服务的公司，其股价急剧上升。2020年11月初我写这些文字时，纳斯达克股票指数一年内增长了30%，追踪上海和深圳股市的CSI 300指数则上涨了17%，亚马逊和谷歌、阿里巴巴和腾讯等股价都飙升了。

对于一些经济学家而言，更令人惊讶的是，在欧洲、美国、中国，比如柏林和上海，房地产价格均保持上涨，由于在度假、娱乐和餐饮方面的消费暂时受限，一些家庭转向投资于优质房产。这就是我在本书第十一章中分析的内在趋势的进一步强化，即随着人们变得越来越富裕，房地产在支出中所占的比重会越来越大。

不断上升的股票和房地产价格加剧了财富不平等，收入不平等也可能加剧，当专业人才和管理人员能够继续领取薪酬时，许多服务接待行业的员工以及中国农民工却下岗了。这种不平等反过来推高储蓄率，进而使长期利率保持在较低水平。

极低的利率可能会无限期延续。2008年危机之后，美联储、英格兰银行和欧洲中央银行都将利率从5%左右降至接近零的水平。此后，经济学家和市场参与者一直在讨论利率何时会回到危机前的"正常"水平。当前最好的答案是"几十年都不会"，也许永远不会。

全球范围内不平等的不断加剧，多种资本设备的成本相对下降，总储蓄与所需的私人部门投资之间可能存在永久的不平衡。在第十五章的结尾部分，我指出"长期停滞"可能需要永久性的货币融资提供相应支撑。2015年我写作本书时，这还只是一种可能性，而现在已可确定。

中国从新冠疫情危机中复苏的速度和范围远远超过发达经济体。然而，中国也面临一个重大挑战，本书第八章中对此有简要分析。五年过去了，该挑战变得愈发严峻。

1980年以来，中国经济增长成就令人瞩目。然而，即便是2007年之前，中国就已存在失衡危险，投资过多消费不足，且投资过度向基础设施和房地产倾斜。当年温家宝总理就说，中国经济依然存在不稳定、不平衡、不协调、不可持续的结构性问题。2008年金融危机后，失衡更加严重。

由于2008年金融危机以及随之而来的世界对中国商品需求的下降，政府采取了刺激国内需求的政策，主要是通过信贷推动建筑业繁荣来拉动国内需求。建筑业繁荣维持了中国经济增长并创造了就业，这意味着投资更倾向于基础设施和房地产，2008年到2016年，两类投资占GDP比例由15%上升到超过25%，而制造业投资占比略有下降。

过度投资于基础设施和房地产存在三个弊端和危险。

一是投资资源的浪费。尽管习近平主席强调房子是用来住的、不是用来炒的，但仍有大量中国居民纯粹出于金融投机目的购买了多套公寓。中国约有20%的公寓无人居住，其中很多公寓可能会永远无人居住。二是信贷融资和杠杆率上升已经在商业银行和影子银行领域造成了金融体系不稳定的风险，在过去的五年中，中国人民银行和银监会一直在努力应对这些风险。三是建筑业增长必然属于碳密集型的，随着钢铁和水泥的消耗量增加，中国碳排放量从2008年的75.5亿吨增加到2014年的102.9亿吨。

与2008年相似，当下中国面临充满挑战的全球环境。新冠疫情危机暴发之前，特朗普总统缺乏依据的关税战就对中国出口构成了潜在威胁，而当前发达经济体的增长乏力更强化了这种威胁。在这种背景下，习近平主席和他的经济顾问提出了"双循环"的理论。"双循环"并非让中国背对世界，而是强调了内需和技术作为未来经济增长动力的重要性。

以国内需求为重点是适当的，但关键问题是什么样的需求以及如何融资。如果内需依然是投资而不是消费，那么中国经济将延续不平衡。如果投资依然偏向传统的基础设施和房地产，将会浪费更多的投资，尤其是在中国人口即将开始减少的情况下。

此外，对建筑业的持续过度投资将威胁习近平主席2020年9月下旬在联合国大会上提出的气候变化的两个目标：2060年实现"碳中和"，即净碳排放量为零；2030年碳排放量达到峰值。然而，如果刺激国内需求的工具依然是信贷创造，持续过度投资房地产几乎不可避免。如本书第十一章所述，信贷过度增长、房地产过度投资与金融稳定性受到的威胁密不可分。

中国不应该在传统基础设施和房地产上进行更多投资，而应该转向刺激消费和新型基础设施投资。2020年5月22日，李克强总理政府工作报告中正确地强调了投资5G网络、人工智能、物联网、数据中心和光纤的重要性。

新型基础设施投资应该成为优先项，这将有助于未来构建高价值数字经济。但是，相对于当前对传统基础设施和房地产投资而言，新型基础设施的空间仍然很小。中国信息产业发展中心（CCID）预计，新型基础设施投资不太可能超过 GDP 的 1%。这印证了先前的观点：信息技术飞速发展，硬件和软件的成本会不断下降。

因此，在李克强总理强调的新型基础设施投资之外，中国增长模式还应该包括其他三个要素。一是按照 GDP 的一定比例刺激消费，同时消费尽可能"绿色"，朝着实现气候目标的方向发展，例如大力支持电动汽车的购买。二是中国应大力投资零碳电力系统，满足支持绿色增长的要求。三是应该追求城市基础设施和房地产投资质量而不是数量，从而提供具有环境吸引力的节能型城市和建筑；如此即便传统投资占比会有所下降，但绝对规模依然较大。

为实现这种重新定位的经济模式，中国需要新的政策刺激需求，本书提供了一些经验教训。我们必须认识到，主要依靠信贷创造的任何需求刺激都不可避免地会向房地产和投机倾斜。必须增加政府的社会福利支出，使中国家庭降低储蓄率。必须认识到电气化、数字化和绿色能源系统的发展是国家战略目标，既需要强有力的政府目标予以引领和监管，也需要直接的技术和有效的市场设计予以支持。

只要制定出这些政策组合，中国就具备实现更平衡和可持续增长的机会，也为重新思考我们需要的经济理论做出了贡献。

我希望新版的《债务和魔鬼》能够激励中国学者帮助建立这一新理论。

## 推荐序

阿代尔·特纳勋爵是一位成功的金融家和著名经济学家，2008年他临危受命出任英国金融服务局主席，英国金融服务局是全世界最权威最严格的金融监管机构之一，其职责是对包括银行、保险、证券和期货在内的金融服务行业进行监管，以保证金融市场的高效、有序、廉洁和公平。在担任金融服务局主席期间，他对全球金融监管改革做出了重要贡献。最近几年来，特纳勋爵活跃于各种学术论坛，对当代金融的一系列重大问题阐发自己独到的见解。在2015年完成的重要著作《债务和魔鬼：货币、信贷和全球金融体系重建》（以下用《债务和魔鬼》）一书中，他对造成2008年金融危机的原因进行了深入系统分析，并就如何克服危机后遗症，恢复全球经济增长提出了有异于主流观点却令人信服的政策建议。特纳新著的理论和政策价值是无可怀疑的。正因如此，《债务和魔鬼》得到了国际学术界的普遍好评。正如斯蒂格利茨教授所说："《债务和魔鬼》是货币经济学中的标志性著作，对政策改革具有深远意义。"

我与特纳勋爵相识多年，对他的判断力、博学和雄辩一向十分佩服。但是，令我更为敬重的是，尽管身为伦敦金融城的重要成员和英国上院议员——他有一个拗口的封号：伊克钦斯维尔男爵（Baron Turner of Ecchinswell），作为学者，特纳却能超越自身地位的限制，对市场原教

### 债务和魔鬼

旨主义的种种谬误毫不留情地加以批判。特纳一直积极支持中国的改革与开放，热心推动中英之间的相互理解。从这本书中，我们也可以看到他对中国经济确实有相当深入的了解。他的许多政策建议确实值得我们认真研究。

《债务和魔鬼》的书名实际上已经点出了特纳这部著作的主题。在歌德的诗剧《浮士德》第二部第34章"第一幕之御花园"中有这样一个情节：

**首相（宣读通告）**

"为发钞事，各宜知晓：

这是价值一千客隆的钞票。帝国内埋藏有无数财宝，都作为钞票的确实担保。国家正准备开辟财源，宝藏发掘，立即兑现。"

**皇帝**

"我看这是胡闹，这是莫大欺骗……"

**财政大臣**

"……陛下想象不到人民多么欢欣。瞧瞧你的城市吧，原来死气沉沉，而今却熙来攘往，无比繁盛！"

**皇帝**

"老百姓真会把这当作十足的金银？可以用这支付军队和百官的工资？我虽然觉得奇怪，也只好任其通行……"

**梅菲斯托**

"……人们用惯了纸币就不要别的东西。从今而后在帝国各地，珠宝、黄金、纸币都将绰绰有余。"

梅菲斯托就是诱使皇帝发行法定货币（fiat money）以弥补财政赤字（"支付军队和百官的工资"）的魔鬼。经济发展离不开货币和融资。

## 推荐序

一个国家可以在信贷融资和政府印钞之间做出选择。信贷持续扩张的结果必然是债务积累。因而所谓"在债务和魔鬼之间",按我的理解,就是如何在私人银行发放信贷和开动印钞机这两种融资方式之间做出选择。例如,中国在推行四万亿刺激计划时,选择的就是信贷融资,而伯南克主张的"直升机撒钱"则是货币融资,或中国俗称的"印票子"。在《债务和魔鬼》一书中,特纳对最近几十年银行信贷增长的特点、存在的问题及相关原因做了翔实描述和深入分析。他特别分析了信贷增长过快造成的债务积压(debt overhang)对经济增长和金融稳定的危害,并在此基础上提出:在有严格限制的情况下,有必要利用货币融资(赤字融资)以支持经济增长、克服金融危机后遗症。

《债务和魔鬼》一书内容十分丰富。下面,我仅从一个中国读者的角度出发,谈谈对此书一些重要观点的看法。

**金融密集度**

1980年以来全球金融业急剧发展,各项金融指标对GDP(国内生产总值)之比不断上升。金融业成为最赚钱的行业,大批本来可以成为优秀科学家和工程师的年轻人,无论教育背景是数学、物理还是化学,都一股脑儿进入金融行业,成为分析师、交易员和银行家。一时间,金融业成为具有无限发展前景的行业。

作为一个发展中国家,中国对于西方发达国家颇具神秘色彩的发达金融体系和活跃的金融活动自然是艳羡不已,经过30多年的努力,终于也建成了一个基础设施完善、规模庞大的资本市场。中国一直认为"金融深化"是一个毋庸置疑的目标。中国金融现代化应该如何进一步推进?我以为,特纳提出的"金融密集度"这个概念具有很强的现实性和指导意义。他指出,金融市场具有一种脱离社会需要而过度发展的内在倾向,并警告我们:公共政策的制定不应从定义出发,被

**债务和魔鬼**

金融创新、完备市场（market completion）和流动性多多益善这些假设所支配。他认为，少一点金融活动可能更好。例如，征收交易税可能使经济变得更有效率。公众所能享用的是产品和服务而不是金融服务。后者只不过是使公众所实际享用的产品和服务能够被生产出来的必要条件。金融服务是为了使经济顺利运行所必须付出的代价，因而这里有一个成本—收益的问题。因而，必须对"金融密集度"增加的利弊加以分析。

20世纪70年代后一个值得注意的现象是，在金融增长，即实体经济拥有越来越多金融资产和负债的同时，金融体系内部金融机构之间相互拥有的资产与负债急剧增长。金融机构相互之间的金融交易量远远超过相应的实体经济之间的交易。例如，石油期货的价值是实际石油生产和消费的10倍，全球外汇交易量是全球贸易量的73倍，全球利率衍生合同是全球GDP的9倍。金融机构是最终储蓄者和最终借款者之间实现资源跨时配置的中介。各种金融工具是实现这些资源配置的载体。而金融活动存在的唯一理由是改善资源配置。但是有些金融活动，如套利、套汇活动仅仅是因市场缺陷而有其存在的理由；另一些金融活动似乎就根本没有其存在的理由。例如，以毫秒计的高频交易，对实际资源配置的改善大概就毫无作用。一种金融产品在不同金融机构之间反复倒卖，每次倒卖都会给金融机构带来收入。实体经济为这种金融活动付出了高昂代价。但对于社会来说，这种付出是否物有所值，则大可怀疑。高金融密集度的唯一受益者恐怕就是金融家们了。经济的金融化是最近20年来全球性贫富差距迅速扩大的重要原因。特纳指出，即便在全球金融危机爆发之后，伦敦2 500个银行家的年薪依然在100万英镑以上。这种情况大概不是伦敦所特有的。不仅如此，由于建立在金融创新基础上的各种衍生金融产品的出现，金融市场、金融体系变得异常复杂，这种复杂性使金融体系变得十分不稳定。

推荐序

特纳提出的"金融密集度"概念提醒我们，金融机构和金融产品的发展是有其合理界限的，过犹不及。金融深化必须与经济发展的需要相适应。金融发展必须服务于实体经济。特纳告诉我们：金融虽然在经济发展中扮演着极为重要的角色，但凡事都要有个度，金融和经济发展之间的关系不是线性的和无止境的。在到达某一点之后，金融活动的进一步增加、金融密集度的进一步提高对经济发展是有害的。

我以为，特纳关于金融密集度不应过高的告诫对中国金融改革蓝图的制定有重要参考价值。金融活动必须有益于实际资源配置的改善，对金融机构的设置和金融工具的创造必须严加监管，对于金融欺诈必须坚决打击。中国经济的希望在于实体经济、在于制造业，金融只能充当第二小提琴手。否则中国必将为金融业的过快、无序发展付出沉重代价。

### 信贷扩张与货币创造

正如特纳所指出的，银行创造信贷、货币和购买力。银行发放贷款的同时创造等量货币。贷款可在以后偿还，但货币马上可以使用。这样，通过期限转换（maturity transformation）购买力就被创造了出来。对于这一过程，我们可以考察得更为细致一些。教科书告诉我们，在部分准备金制度下，中央银行从银行（或居民）购买国债，银行在中央银行的准备金等额增加。银行在满足准备金要求后，把多余的货币贷给客户，并在客户存款账户中计入等额活期存款。客户据此可开立等额银行支票以购买产品和服务。产品和服务的出售者则把支票存入另一家银行。而第二家银行则会为存入支票的客户（产品和服务的出售者）在其账户中计入一笔存款。此时，这第二家银行将把所得支票存入中央银行的账户。中央银行于是把与支票等额的准备金从第一家银行的账户划入该家银行的账户。由于第二家银行的准备金和活期存款等量增加，在满足准备金要求后，第二家银行也把多余的货

## 债务和魔鬼

币贷给自己的客户。这样，货币的创造过程会继续延续下去，直至中央银行的新准备金被各家银行吸收用于支持各自新创造的活期存款。从上述过程中可以看出，货币（活期存款）的出现是信贷发放的结果。如果客户提取存款，则货币就会采取现金和硬币的形式。特纳告诉我们，在英国，98%的"货币"采取了银行支票的形式，只有2%是现钞和硬币。信贷是银行资产，货币是银行负债，两者是一块硬币的两面。信贷发放的过程就是货币创造的过程，而信贷偿还过程就是货币湮灭（货币"回笼"）的过程。在部分准备金制度下，银行体系的信贷创造能力受限，因而其货币和购买力创造能力不是无限的。但在西方一些发达国家，如英国和澳大利亚，中央银行对商业银行并无准备金要求。在这种情况下，商业银行的信贷和货币创造能力理论上是无限的。

中国读者习惯于分析货币供给量变化对经济的影响。例如，从货币数量公式（货币供应量的增长速度＝物价增长速度＋收入增长速度）出发，我们习惯于说，如果货币供应增长速度过快就会导致通货膨胀等等。货币数量公式是个重要公式，但失之过简。在这个公式中，货币仅是流通手段，我们无法看到作为价值贮存的货币。这里没有储蓄，也没有存贷。为了使这个公式更贴近实际，我们需要对这个公式加以补充和修正。例如，我们知道，银行发放的贷款可以分为流动资金贷款和长期贷款两类。流动资金贷款实际上是向经济注入流通手段，使产品和服务的交易得以顺利进行。当相关交易完成，即借款人通过出售自己的产品得到收入后，流动性贷款被借款人偿还。在这一时点上，新增货币和贷款量都为零。由于在不同时点上都有新流动资金贷款的发放和偿还，在经济中将始终存在一定量的流通手段，使整个经济的交易活动得以顺利进行。

长期贷款的性质与短期贷款有所不同，此时所涉及的不仅是购买力的创造，而且是购买力的暂时让渡。储蓄者以银行为中介，将自己出售产品和服务取得的货币形态收入暂时让渡给借款者。储蓄者之所以能够取得货币收入，则首先是因为银行通过向其产品和服务的购买者发放贷款，创造了相应的货币和购买力。无论如何，借款者把从银行"借来"（银行其实只是中介）的、本来属于储蓄者的货币用于购买他所需的产品和服务。长期存款和贷款实际上是银行分别同储蓄者（存款者）和借款者签订的长期合同。在其他情况都不变的条件下，同银行仅仅发放流动资金贷款时相比，此时进入和退出流通的货币（活期存款支票、现钞和硬币）数量以及通过货币的媒介作用得以实现的产品和服务数量都不会发生变化。

注意到货币作为交易媒介和价值贮存手段的区别、认识到储蓄存款只不过是一种关于货币和购买力的暂时让渡的契约之后，就不难理解为何中国广义货币对 GDP 之比为世界之冠，但通胀却相对温和。货币数量公式中的货币是 M1。而广义货币 M2 = M1 + 储蓄存款。M2 不但同经济规模、流通速度有关，而且和储蓄（投资）的规模有关。

在传统货币数量公式中，货币追逐的对象是新创造的价值：GDP，而不包括过去创造但现在已经存在的资本品。然而，正如特纳所特别强调的，在现代经济中，居民和企业从银行取得贷款，主要并非用于购买产品（消费品和投资品）和服务。银行创造信贷也并非主要为企业和居民购买消费品和投资品而是用于购买已有资产。在全球金融危机爆发之前，中央银行的正统理念是：只要能把利率维持在魏克赛尔的"自然利率"水平上，即稳定的低通胀水平上，中央银行就不必过于操心信贷的增长状况，因为企业借款是为了投资，所以其借款量不会超过预期投资创造的新购买力。特纳指出，银行提供的贷款大多被用来购买早已存在的资产，如房地产。特纳特别强调，在西方发达国家，房贷并不一定主要用于盖新房。例如，在英国房贷就主要是用于买二手房。

在特纳看来，房贷之所以成为银行信贷的最重要组成部分，是因

## 债务和魔鬼

为房地产已成为居民财富的最重要组成部分。而这又是房地产价格不断上升的结果。1970年英国房产对GDP之比是120%，2010年已经上升到300%。法国则由120%上升到371%。发达国家房地产价格的上升80%来自土地价格的上升，只有20%来自地上建筑物价格的上升。对房地产价值在GDP中比重的上升，特纳的解释是：信息和通信技术（ICT）发展所需的投资相对较少，而它的飞速发展及其在资本品中的广泛应用，不可避免地使房地产和基础设施建设之类的投资在所有投资的价值中的比例不断上升。随着房地产重要性的提高，银行越来越喜欢为房地产投资提供融资，有房地产作为抵押，也使得风险评估变得简单。以不动产为抵押的贷款则增强了信贷供应、贷款需求和资产价格的正反馈。对此的脚注是，从2000年到2007年，美国住房抵押贷款增长了134%，房价上涨了90%。西班牙和爱尔兰的相应数字分别是254%和120%以及336%和109%。

特纳关于信贷被用于购买现存资产的观点非常重要，非常有助于我们理解中国信贷增长速度极高而通货膨胀率相对较低的原因。更重要的是它也可以解释，为什么在经济周期的上行阶段，银行信贷具有无限扩张的冲动。由于资本市场的发展，银行为企业和居民提供信贷所创造的货币（M1），通过各种迂回曲折的途径进入资本市场中的二级市场，追逐已有的金融资产，各类影子银行产品、股票和债券。货币大量流入资本市场导致资产价格上升，而资产价格上升又导致对信贷、货币需求的进一步上升。于是，银行提供更多的信贷，创造更多的货币，资产价格进一步上升。尽管资产泡沫在膨胀，但由于银行信贷所创造的部分货币一直停留在资本市场，并未流入实体经济，通货膨胀率可能不会因信贷和货币的增长而相应上升。以物价稳定为最终目标的中央银行往往对资产价格的上升掉以轻心。其结果是资产泡沫持续上涨，以至于导致金融危机的爆发。

2008年全球金融危机的爆发迫使各国中央银行深入反思本国的货

币政策。鉴于资产泡沫对经济的严重损害和中央银行维护金融稳定的职责，同发达国家类似，中国似乎也不应将通货膨胀率等传统目标作为衡量货币政策是否适度的唯一尺度。换言之，即便通货膨胀不严重，也不一定意味着信贷增长速度或货币供应量增长速度是适宜的。

**债务和通货紧缩**

特纳指出，债务是一种契约，不管事业的成败，借款人都必须按事先约定还本付息。理论上，经济是完全可以依靠股票融资运转的。但由于信息不对称造成考核成本过高，投资者难以控制经理和企业家的自肥行为。而债务融资则为投资省去了这些麻烦，因为一切已经事先约定，只要企业不倒闭，投资者就可以收到固定的回报。但是这种债务契约同时造成了许多麻烦。企业可以在没有股市的情况下生存，但没有新增信贷，企业不通过借新债还旧债（rollover）就无法生存。一国经济的"债务密集度"越高，该国经济就越受投资者信心和银行贷款能力的影响。

信贷与债务的关系是显而易见的：信贷增量的累积即债务存量。信贷的急剧扩张意味着债务的快速增长。2009年中国的银行信贷暴增9.59万亿元，贷款余额同比增长31.74%，从此，中国企业债务一路上升。今天，中国已成为世界上企业负债率最高的国家。

信贷的过度扩张不但会制造资产泡沫导致金融危机，而且在资产泡沫崩溃之后还会使经济由于债务积压而陷入长期不景气状态。泡沫经济崩溃之后，日本企业大力去杠杆，从净借款者成为净储蓄者。即便利率降到零，它们也不从银行贷款以增加设备投资。这就造成了日本长达20年的低速经济增长和通货紧缩。在美国，类似的情况则发生在居民部门。货币政策在这种情况下是无效的。尽管存在银行惜贷问题，但最重要的问题还是企业和居民部门没有贷款需求。

特纳指出，现代经济中的金融不稳定性来自银行创造信贷、货币和购买力的无限能力同土地之类要素的刚性供给之间的矛盾。特纳的这一观点似乎暗示了为什么债务存量不能无限增长的理由。实体经济的急剧扩大必然导致投资收益的迅速下降，债务违约事件迟早会发生。一旦出现债务违约事件，羊群效应必然迅速席卷整个经济体，导致债务危机的发生。

特纳在欧文·费雪的债务－通缩理论基础上，讨论了债务影响经济的因果链条。他把费雪的债务－通缩动态过程做了这样的描述：

1. 债务清偿导致资产廉价出售；
2. 存款货币收缩；
3. 价格水平下降；
4. 企业资产净值的更大下降，加速了企业的破产；
5. 利润同时下滑；
6. 产出、贸易和就业减少；
7. 悲观蔓延、信心缺失；
8. 囤积货币，货币流通速度进一步下降；
9. 名义利率下降，但实际利率上升。

企业的去杠杆化过程可能始于资产泡沫崩溃之前，也可能始于资产泡沫崩溃之后。但不管怎么说，在费雪那里，债务－通缩的恶性循环是从企业或金融机构去杠杆开始的。

从西方的经验出发，特纳对中国的债务和通缩问题进行了讨论。他指出，中国经济是投资驱动的，投资又是信贷驱动的。在2008年后的"四万亿"之后，中国面临两种脆弱性：一是在资本密集型部门，存在着由信贷融资支持的过度投资所产生的产能过剩（over capacity）；二是由地方政府主导融资的房地产投资和基础设施投资，而地方政府所能做的是卖地，因而其偿还贷款的能力以土地价格上涨为条件。前一脆弱性是传统的产能过剩；而后一脆弱性，在特纳看来，非常类似他在发达国家所看到的信贷－房地产价格的正反馈。一旦形势逆转，债务负担将变得过于沉重，大量违约将无法避免。2014—2015年中国经济减速产生了巨大的通缩效应。中国目前面临的两个挑战是：如何找到一个"信贷密集度"较低的增长模式；如何处理由于高信贷密集型增长造成的高债务所带来的问题。特纳认为，中国的增长潜力依然很大，随着经济的增长，债务对GDP之比将会下降。因而，只要中国能够实现向信贷密集度较低的增长模式的转换，就完全有可能解决现在的高债务存量问题。

信贷密集度或信贷密集率（credit intensity ratio）是国际投资银行界目前讨论中国信贷和债务问题的一个重要概念，其定义是每增加一单位GDP所需要的信贷量。高盛则将"信贷密集度"定义为信贷增量与投资之比，用来衡量信贷在支持投资方面的效率。我以为，不论如何定义，信贷密集度的提高不外乎反映了两个现实：在实体经济中是投资效率下降，在虚拟经济中是金融的中介效率下降。前者意味着为创造一单位GDP需要更多的实际投资；后者意味着为把一单位的实际资源由储蓄者配置到投资者，需要银行发放更多信贷。金融的中介效率下降为何会导致高盛意义上的"信贷密集度"提高呢？首先，这同直接/间接融资的比重有关。其次，更为重要的是，伴随"金融密集度"的提高，金融效率（如何衡量是另一个问题）下降了。储蓄者存入银行的存款，不是通过银行贷款的发放而直接转化为投资者（最终借款者）的购买力。银行通过吸收存款取得的资金首先要进入影子银行体系，经过反复交易和层层加价之后，最后才以银行贷款的形式转化为投资者（最终借款者）的购买力。可见，为了降低信贷密集度，中国必须提高投资效率和融资效率。但是，随着中国经济的增长，债务对GDP之比将会下降吗？不一定，在投资和金融效率不断下降的情况下，较快的经济增长可能意味着更快的债务增长。

当然，中国目前必须处理的更急迫的问题是通缩。中国面临两个恶性循环：产能过剩–通缩的恶性循环和债务–通缩的恶性循环。在

**债务和魔鬼**

中国，通货紧缩的起点是过度投资。过度投资导致经济过热、物价上涨或经济结构严重失调。政府实施宏观调控，压缩有效需求，于是出现"产能过剩"（严格说是库存增加）。投资是当期有效需求的重要组成部分。企业减少投资必然进一步导致当期有效需求的减少，从而导致产量、产能过剩的进一步恶化。通缩恶性循环的另一条路径是企业实际债务增加。由于债务是按照名义值计算的，不会因物价的调整而调整。在其他情况不变的条件下，生产者价格的下跌意味着企业实际债务的增加和利润的减少。如果企业以利润最大化为目标，企业会因实际利率的上升而减少投资。如果企业投资仅受资金约束，利润减少将迫使企业减少投资。由于企业盈利状况的恶化，银行要么停止对企业的贷款，要么提高风险贴水。其结果都是企业减少投资，从而导致当期有效需求的减少和产量、产能过剩的恶化。目前，对于中国来说，前一个循环是主要危险。未来，后一个循环可能成为主要危险。

### 为财政赤字融资

增加公共财政赤字，通过印钞为财政赤字融资是宏观经济政策中的禁忌，是《债务和魔鬼》中的魔鬼。但是，既然依赖信贷融资已经铸成债务的达摩克利斯之剑，在有严格限制的情况下，是否能利用货币融资（赤字融资）以支持经济增长呢？特纳问道：既然实行数量宽松，英格兰银行已经用去3 650亿英镑，为什么英格兰银行货币政策委员会在2009—2010年不能支持通过直升机撒钱的办法弥补350亿英镑的财政赤字呢？特纳指出，不应该以不可避免地会引起严重通胀和破坏财政纪律为由，排斥使用货币融资的办法以摆脱债务积压和克服通缩。中国目前正巧面临企业债、地方政府债居高不下，通缩长期不见好转的严重挑战。中国必须增加有效需求以避免经济硬着陆。进一步扩大银行信贷增速的办法已经证明不仅难以刺激实体经济增长而且会导致金融风险的进一步上升。在万不得已的情况下，尝试一下梅菲斯托的魔法也未尝不是一个办法。

## 结束语

《债务和魔鬼》不仅可以帮助经济学者对被奉为圭臬的一系列经济学教条进行反思和重新认识，而且可以帮助政策制定者找到解决中国目前所面临的宏观经济学难题的灵感。总而言之，《债务和魔鬼》是一部我们不可不认真研读的好书。

余永定

2016 年 2 月

## 致谢

本书的写作得益于许多人的帮助,这里所列的名单不可能详尽。首先,感谢新经济思想研究所(Institute for New Economic Thinking,以下简称 INET)过去两年间提供的支持,以及 INET 执行主任罗伯特·约翰逊先生(Robert Johnson),他深厚的学养一直激发并鼓励我深入思考,为我进一步阅读和研究提供了源源不断的新思想。

此外,我必须向两个人致以特别感谢。第一个人是乔治·索罗斯(George Soros),他是 INET 创立者之一,自 2009 年与他首次会面以来,我们讨论了我的许多新观点,他的书籍和文章也对危机之前正统经济学的简单性提出了根本性挑战。第二个人是马丁·沃尔夫(Martin Wolf),近年来我们在相同的学术旅程上结伴前行,他在《金融时报》(*Financial Times*)开辟的专栏以及最近的著作《转型与冲击》(*The Shifts and the Shocks*)对我的思想形成和发展发挥了重要的作用。

我还要特别感谢阅读过本书初稿并发表评论的朋友们,尤其是 Bill Janeway、Anatole Kaletsky 和 Robert Skidelsky。我还要向 Mervyn King 致敬。在 2008 年秋季金融危机最惨烈的时候,他最早帮助我理解现代银行体系的内在不稳定性。

我与许多朋友讨论过本书中的新观点,他们的著作也激发我的思考,包括 Anat Admati、Olivier Blanchard、Claudio Borio、Marcus Brunnermeier、Jaime Caruana、Ulf Dahlsten、Brad DeLong、Barry Eichengreen、Roman Frydman、Charles Goodhart、Andrew Haldane、Will Hutton、Otmar Issing、Rodney Jones、Oscar Jorda、Richard Koo、Paul Krugman、Michael Kumhof、Jean-Pierre Landau、Richard Layard、Paul McCulley、Atif Mian、刘明康、Rakesh Mohan、John Muellbauer、Avinash Persaud、Michael Pettis、Thomas Piketty、Adam Posen、Zoltan Pozsar、Enrico Perotti、Raghuram Rajan、Hélène Rey、Kenneth Rogoff、Moritz Schularick、沈联涛、Joe Stiglitz、Larry Summers、Nassim Taleb、Gillian Tett、Jose Vinals、Paul Volcker、Richard Werner 以及 Bill White。其中一些人肯定很不赞同我的部分观点，但他们都促进了我的思考。

我还要感谢英国金融服务局（UK Financial Services Authority，FSA）的同事，尤其是 Hector Sants 和 Andrew Bailey，甚至在我们每天共同应对危机时，他们也不得不忍受我关于金融危机根本原因和理论的冥思苦想，并且为分析这些问题提供了关键的研究支持。还要感谢金融稳定理事会（Financial Stability Board，FSB）的许多成员，我们密切配合工作长达四年之久重构全球金融监管制度，除金融稳定理事会主席 Mark Carney 和秘书长 Svein Andresen 之外，还有许多人无法一一提及，没有他们我们不可能取得今天的成果。这里，特别要向持激进改革立场的同事致敬，包括瑞士中央银行的 Philipp Hildebrand，美联储的 Dan Tarullo，美国联邦存款保险公司的 Sheila Bair，以及英格兰银行的 Paul Tucker。虽然如本书所表明的，改革尚在进行中，还有许多工作要做，但我们已经取得了很多成果。

感谢两位研究助理的高效率工作，她们是 Lisa Windsteiger 和杨缘（Yuan Yang）。她们帮助我梳理并分析学术文献中的重要观点，也不断挑战我的新观点，还出色完成了重要事实案例的检索工作。我的助理 Lina Morales 也为本书做出了重要贡献，特别是整理参考文献。

任何一本书的出版都离不开出版商的努力工作和鼓励，非常感谢普林斯顿大学出版社 Seth Ditchik 提出的专业建议,使本书观点更加集中和鲜明,同时也衷心感谢 Cyd Westmoreland 和 Karen Fortgang 在编辑和成书方面付出的努力。此外,还要感谢我的经纪人 Georgina Capel。

最后也是最重要的,感谢我的妻子 Orna,她为本书贡献的时间远远超过了本书的实际写作周期。没有她的鼓励,我不可能完成本书。我担任英国金融服务局主席五年期间,工作强度很高,没有她的持续支持,我根本就不可能开始本书的写作。谨以此书献给她。

# 前言 我未察觉渐行渐近的危机

2008年9月20日（周六），我就任英国金融服务局主席。就在那周一（9月15日）雷曼兄弟申请破产保护，周二（9月16日）美联储宣布救助美国国际集团（AIG）。17天后，我和英国财政大臣阿里斯泰尔·达林（Alistair Darling）、英格兰银行行长默文·金（Mervyn King）一道与英国主要银行讨论是否需要向银行体系注入公共资本，结果是英国政府拥有苏格兰皇家银行85%的股权、劳埃德银行集团45%的股权。在我上任七天以前，我完全不知道我们已处在灾难的边缘。

无论是中央银行、监管当局、财政当局，还是金融市场和主要大学的经济学系，几乎没有人有意识到我们正面临着一场世纪大危机。2006年4月国际货币基金组织（IMF）还详细描述了金融创新如何使金融体系更加稳定。2007年夏天危机征兆已然显现，却被视为可控的流动性问题。2008年夏天，大多数专家都认为金融危机最危险的时刻已经过去。甚至在2008年秋天的大崩溃之后，公共部门和金融市场也未预期到后危机时期衰退的程度和持续时间的长短。几乎没有人能预测到主要发达经济体的利率长达六年时间停留在接近于零的水平，以及欧元区将经历一场严重的危机。

危机之前，我并未从事过公共政策方面的工作；即便有这方面的经历，我也可能会犯同样的错误。作为一家主要银行的董事，我非常小心地了解不断变化的宏观经济和金融风险。我在私人金融部门拥有相当丰富的经验。20世纪90年代,我也为东欧国家和俄罗斯财政部、中央银行提供过有关金融体系设计方面的咨询。我认为,我理解金融体系的风险;然而,在某些关键方面,并非如此。

我缺乏远见并非源于对自由金融市场的盲目信任。我始终认为,金融市场容易受到起起落落的非理性繁荣的影响,因此,有效市场假说(Efficient Market Hypothesis)从未使我信服。2001年我写过一本书,其中一章的标题就是"全球金融:增长的引擎还是危险的赌博?"2006年作为英国养老金委员会的主席,我认为,我们需要强大的政府干预以确保长期储户能够从货币中获取价值。但是,我从未想象过发达经济体的金融体系会发生类似于2008年秋天的崩溃,也未预测到危机之后会经历十多年的零增长。

2009年以后,我在全球金融改革中扮演了重要的角色。通过与来自全球的同人召开无休止的会议,我们建立了《巴塞尔协议Ⅲ》资本监管标准,设计了针对全球系统重要性银行(G-SIBs)的特殊监管框架,在约束影子银行的风险方面也取得了进步。

在这些讨论中,我属于鹰派,支持采用更高的资本和流动性要求、更严格的市场控制。我认为我们取得了重要进展。随着后危机问题的严重性进一步显现,我越来越认为,我们的改革未能解决根本性缺陷;我们错误地假设,只要能够恢复市场对银行体系的信心,经济就会复苏。

我们的改革目标是让金融体系自身更加稳定,降低银行倒闭的概率。这点非常重要,但是金融体系的脆弱性本身不能解释为什么后危机时期的大衰退(Great Recession)如此严重,经济复苏如此乏力。

为理解该问题,我发现必须回到实际政策设计中常常被忽视的问题。我们需要提出一些根本问题,包括:为什么会有债务合约存在?债务合约能带来什么收益?债务合约将不可避免地产生何种风险?银行是否应该存在?我们还应该认识到某些看起来与金融稳定关系不太密切的趋势，例如，高收入群体用于购买房地产的支出占总收入的比例不断上升，发达经济体的不平等持续扩大，这些趋势对金融稳定的影响不亚于金融监管制度的技术细节。

我提出的激进政策建议包括：(1)银行的杠杆倍数（总资产/股本）应该更接近于5，而不是危机之前我们认可的25甚至更高；(2)为了刺激经济，政府和中央银行在有些时候应该通过发行货币为扩大的财政赤字融资。对许多人来说，第一个建议激进得近乎荒谬，第二个建议是危险的和不负责任的。对于许多人来说，两者看起来还相互矛盾。但是，我希望能说服你们，基于2007—2008年危机和后危机时期经济严重衰退的根源，这两个政策建议是合乎逻辑的，而且也是合适的。而在2008年的时候，我根本就没想到我会提出这样的建议。

2008年，我未能理解欧元区面临的巨大风险。事实上，早些时候，我原则上支持欧洲货币联盟。虽然我意识到了其中蕴含的某些风险，但都不是根本性的。如果欧元区希望取得成功，根本性改革是至关重要的，如果不能就此达成共识，欧元区解体可能是更好的选择。

2007—2008年危机对经济学科的发展具有重要的启示。大多数主流经济学未能发出预警信号，流行的理论和模型都认为极端不稳定是不可能的。当然，经济学并非全部失灵，因为一直以来总是有很多思想流派存在。本书提及的许多经济学家在解释为什么金融市场不完善和金融体系如何加剧不稳定方面做了非常出色的工作。但我依然吃惊地发现，为了理解危机的根源和后果，我不得不重温20世纪早期和中期经济学家的见解，如魏克赛尔（Knut Wicksell）、哈耶克（Friedrich Hayek）、凯恩斯（John Maynard Keynes）和费雪（Irving Fisher）；我还不得不挖掘明斯基（Hyman Minsky）的著作，这位20世纪后期的经济学家很大程度上被主流学派边缘化了。

2009年8月，我的一些观点引起了震动：我说危机之前的一些金融创新活动没有社会价值。这句话最初报道在一份高品位的小众学术杂志上,既招致骂名也获得了很多支持。大多数人认为,我是指一些怪异的影子银行业务、主要金融机构之间交易的复杂的结构化信贷证券,危机之前的数年间这些业务规模迅速扩张。这确实是我当时的所思所想。随后我觉得并且依然相信:如果2008年动荡期间我们设法抛弃构建$CDO^2$(双层抵押债务凭证)的操作指南,我们的境况也许不至于恶化到如此程度。

但是,我逐渐意识到金融和经济不稳定的大多数根本性问题不仅源于那些我们乐见其消失的金融活动,而且其他金融活动也会产生此类问题,例如给债务人发放贷款用于购买住房,在适度的数量范围内有其显而易见的价值,而一旦过度将导致经济灾难。本书将论证这些主张。

# 引言　银行家不能解决的重要问题

2007—2008年危机之前的几十年间，相对于实体经济，金融规模越来越大。1950年至21世纪头10年，美国和英国金融业在经济中的份额提高了3倍。股市交易量占GDP的比例急剧上升。平均而言，发达经济体私人部门债务占GDP的比例由1950年的50%上升到2006年的160%。[1]外汇市场交易量增速快于进口和出口，商品交易量增速远快于商品产量。国家之间的资本流动增长远高于长期实际投资的增长。1980年以来，资产证券化和衍生品交易等金融创新推动这种增长进一步加速。2008年，衍生品合约未清偿余额高达400万亿美元。

这种增长几乎未引起警觉。大多数经济学家、金融监管者和中央银行均相信不断扩张的金融活动和金融创新具有很强的积极效应。完善性、流动性更强的市场被自信地认定为有助于保证更高效率的资本配置，从而提高生产率。金融创新使家庭和公司部门更容易获得信贷，并推动经济快速增长。实证分析表明，金融深化，即私人部门信贷占GDP的比例上升，使经济更有效率。同时，更成熟的风险控制体系保证了金融体系的复杂性不会损害其稳定性。"发起－分销"的授信模式而不是发放表内贷款被认为能够将风险配置到最适宜管理风险的人手中。

不仅金融体系更加安全和更有效率，而且经济也变得更加稳定，因为中央银行能够基于合理可靠的经济理论来优化政策。由于独立的中央银行不再受制于短期政治压力并致力于追求低而稳定的通胀目标，以稳定增长为标志的"大稳健"（Great Moderation）看起来是有保证的。2003年时任美国经济学会主席的罗伯特·卢卡斯指出："从所有实际目标看，防止萧条的核心问题已经解决了，实际上已经解决几十年了"。[2]

大稳健终结于2007—2008年全球危机，并导致后危机时期的大衰退。危机带来了巨大的经济损害。数百万人由于不堪重负的债务而流离失所，数百万人失去了工作岗位，美国就业人口占比下降到35年来的最低，尽管2013年以来有所恢复，但仍低于危机前的水平。[3]西班牙的失业率由2007年的8%上升到2013年的26%，目前也仅回调到24%。[4]2014年之前英国出人意料的就业增长伴随着实际工资的降低，人均收入仍低于2007年。公共债务急剧上升，作为应对措施不得不采用财政紧缩措施。目前经济复苏仍在路上，美国复苏依然脆弱，英国存在着危险的失衡，欧元区乏善可陈。目前我们从长时间的深度衰退中缓慢复苏的事实不能使我们忘记另一个事实：2007—2008年的大崩溃是一场经济灾难。

这场灾难完全是我们咎由自取，它本是可以避免的。这既不是战争和政治动荡的结果，也不是来自新兴经济体竞争的后果。20世纪70年代几个发达国家均发生了滞胀（高通胀与高失业并存），与此不同，这场危机不是源于收入分配中固有的紧张关系，不是源于挥霍无度的政府部门使财政赤字失去了控制，也不是源于强大的工会组织提高工资的要求。

相反，这场危机发端于伦敦和纽约的交易室，发生在全球金融体系当中，这个体系带来的个人巨额回报被视为是正当合理的，因为金融创新和不断扩张的金融活动据称能创造出巨大的经济收益。

因此，许多人有理由对某些银行和银行家表达愤怒之情，并对这些人未受到的惩罚表示关切。许多银行家盲目地给美国次级抵押贷款的借款人发放贷款，或者向爱尔兰、西班牙和英国房地产开发商提供

## 引言　银行家不能解决的重要问题

贷款；一些人还存在欺诈行为，操纵LIBOR（伦敦同业拆借利率）[5]或故意向投资者销售价值存疑的证券，愚弄投资者。

但是，虽然一些银行家的不胜任和失信非常重要，然而这不是危机的根本肇因。在20世纪20年代的美国，某些银行家的不当行为不过是30年代大萧条发生的次要因素。

就监管改革而言，主要精力放在确保任何银行都不能"大而不倒"，以及纳税人不再救助银行，不重演2008年秋天的情景。这些改革措施当然非常重要；但是关注"大而不倒"可能忽视了问题的核心。政府救助成本在金融危机造成的总损失中仅占较小部分。在美国，政府支持银行体系的总直接成本可能为负值，因为美联储已经出售了对银行的全部注资并获利，向金融体系提供的流动性也获得了收益。在所有发达国家中，全部救助和支持成本至多不超过GDP的3%。[6]

金融危机以及后危机时期衰退的全部经济成本远不止如此。2007—2014年，平均而言发达经济体公共债务占GDP的比例上升了34%。但更重要的是，危机导致许多国家的国民收入和生活水平下降了10%甚至更多，并且很可能长期持续。我们应该重点关注这种损失，即便我们建立的监管架构能够确保我们不再对失败的银行注资，我们也可能再次承受这种损失。

将银行家绳之以法的威胁以及不再救助银行的监管框架均不能保证一个更加稳定的金融体系，将修复重点集中在这些方面会转移我们的注意力，使我们忽略金融不稳定的内在根源。

根本问题在于现代金融体系使其自身不可避免地创造过量债务，尤其是这些债务未用于为新资本投资提供资金，而是用于购买现存资产，其中主要是房地产。正是债务创造驱动了金融繁荣和泡沫破裂，也正是繁荣时期留下的债务积压为后危机时期的经济复苏进程如此乏力提供了有力的解释。

债务和魔鬼

但是，在最大化私人利润的银行看来，即便它们由能干诚实的银行家经营，债务创造在总量上的过度也是理性的、有利可图且有益于社会的。这类似于一种经济污染。给一所房子加热和一辆汽车加油有社会价值，但由此产生的碳排放对气候产生了有害影响。给一个家庭发放贷款用于购买住房对社会可能是有益的，但过度发放住房抵押贷款将导致经济不稳定。因此，债务污染类似于环境污染，必须受到公共政策的约束。

因此，本书的第一个目标是提出用于防止过度债务创造导致未来金融危机的政策，这些政策远远超越目前监管改革的范围。第二个目标是提出解决债务积压的政策，债务积压是过去错误政策的产物，目前仍在抑制发达市场的经济增长；解决债务积压需要大胆地采取以前被视为"禁忌"的政策工具。最后，我试图说明为什么现代主流经济学未能察觉危机，为什么如此自信地断言不断增加的金融活动将使这个世界更加安全。为此，我们需要重拾上一代经济学家关于信贷、货币和银行的见解。遗憾的是，这些真知灼见很大程度上被现代经济学忽视了。

**无效率的市场和危险的债务**

所有金融市场均不同程度地存在不完善，并受制于热情和绝望情绪的跌宕起伏，导致市场价格远离均衡水平并降低资本配置效率。本书第二章探究的事实说明：更多的金融活动并非总是有利的，我们应该对亲自由市场的金融监管方法持谨慎态度。自由金融市场产生的交易量可能会超过对社会有益的规模，因此，金融交易税理论上是成立的。相对于经济其他部门而言，金融机构拥有更多的不增加价值的赚钱机会，也即抽取经济"租"的机会。保护投资者免受盘剥的政策干预是正当的，也非常关键。此外，自由金融市场本身不足以为投资和创新提供足够的支持并推动经济进步,因此政府应该发挥重要作用。

但是,金融市场不可避免的低效率和非理性波动本身并不能证明政策方法根本转型的合理性。即便不完美和无效率的市场依然具有重要的经济功能。21世纪之交的互联网非理性繁荣和泡沫崩溃肯定造成了大量的经济浪费,但也助推了互联网的发展。完美的计划者虽然可以提高资源配置效率,但这样的计划者实际上并不存在。鉴于此,金融市场配置资源的效率通常高于政府。

因此,我们关注的焦点不应是无法实现的完美,而应是导致2007—2008年危机和后危机衰退的最重要原因。这个原因就是债务合约的特殊性质、银行和影子银行创造信贷和货币的能力。

许多宗教和道德哲学都对债务合约持谨慎态度。亚里士多德将货币借贷描述为获取财富的最可恨方式,因为借贷使收益来自货币本身而不是其自然客体。伊斯兰教谴责债务合约,是因为其内在的不公平:债务合约要求债务人支付固定回报,即便借钱融资的项目未获得成功。但是,许多经济学家和经济史学家声称,债务合约在资本主义发展进程中扮演了至关重要的角色。他们的观点是令人信服的。债务合约支付事前约定的回报,从而使动员储蓄和资本投资成为可能,这一点几乎是确定无疑的。如果投资合约采取高风险的股权融资方式,那么无论是19世纪的铁路还是20世纪的制造工厂都可能无法建成。

但是,债务合约的固有性质不可避免地存在负面效应。如本书第三章和第四章解释的,这意味着债务创造很可能过度,一个经济中债务创造越多(超过一定水平后),经济就必然变得越不稳定。

过度和有害的债务创造之所以危险,是因为债务合约的固有特征。但银行的存在和特定类型贷款的主导地位将显著放大这种危险。几乎所有经济学和金融学教科书都描述了银行如何从储户那里吸收存款,然后向公司借款人发放贷款,从而在各种备选的资本投资项目中配置货币。但是现代经济学对银行业务的描述存在危险的虚构倾向,原因有二：第一，银行并非居间交易现存货币，而是创造之前根本不存在的信贷、货币和购买力，[8] 第二，发达国家中绝大多数银行贷款并未支持新的商业投资，而是为扩大消费和购买现存资产提供融资，尤其是为购买房地产及城市土地融资。

因此，除非受制于公共政策的严格约束，银行将使经济变得不稳定。新创造的信贷和货币增加了购买力。但是，如果特定位置的理想房地产供给不足，结果不是增加新投资，而是推高了价格，反过来诱致更多信贷需求和信贷供给。本书认为，在现代经济学中，金融不稳定的核心在于银行创造新信贷、货币和购买力的无限能力与不可再生的城市土地供给短缺之间的相互作用。自我强化的信贷、价格泡沫及泡沫破裂的周期循环是必然结果。

这种周期是高杠杆银行体系的内生特征，也可能产生于非银行信贷的发起、交易和分销的复杂链条，即所谓的影子银行体系。2007—2008 年危机之前的数年间，影子银行体系快速发展。如本书第六章所述，更复杂的高流动性信贷证券市场的发展扩大了波动性，声称具有风险控制功能的技术实际上增加了风险。如果债务是经济污染的一种形式，更复杂和更成熟的债务创造引擎就会使污染更严重。危机之前金融创新的净效应是给信贷周期火上浇油，结果便是 2008 年的大崩溃。

然而，金融体系的内在特征不足以解释后危机时期经济的深度衰退，经历多年快速信贷增长后，许多公司和家庭杠杆率过高的简单事实可以解释该现象。一旦对资产价格上升的信心崩溃，他们将减少投资和消费以尽力削减债务。这种有意识的去杠杆反过来制约了经济复苏进程。

因此，崩溃源于两个方面，即实体经济杠杆率过高和金融体系的多重缺陷。但复苏缓慢和脆弱的主要原因不是金融体系尚未修复，而是危机前几十年间积累的沉重债务负担。

## 谜团：需要更多信贷支持经济增长吗？

过去50年间，发达国家私人部门杠杆率，即私人信贷/GDP，快速增长。1950—2006年该比例上升了3倍。这提出了一个严肃的问题：如此高速的信贷增长有必要吗？

杠杆率上升是因为信贷增长快于名义GDP。2008年之前的20年间，大多数发达经济体的信贷年均增速为10%~15%，同期名义国民收入年均增速为5%。有时这种信贷增长是经济增长必需的。如果中央银行提高利率以降低信贷增速，传统理论认为，这会降低实际增长率。目前，许多新兴市场也遵循了相同模式和相同政策假设，尤其是中国，每年的信贷增长快于GDP，所以杠杆率上升，并且信贷增长似乎是驱动经济前行的必要条件。

但是，若果真如此，我们将面临严重的困境。为了维持经济以合理的速度增长，我们似乎需要让信贷增长快于GDP，但这必将导致危机、债务积压和后危机时期的衰退。由于未能通过稳定的杠杆来平衡增长，我们将会陷入经济不稳定。

果真如此吗？严重程度类似于2007—2008年的金融危机在未来是必然的吗？我的答案是否定的。在本书中，我将证明，建立一个非信贷密集型的增长模式是可能的，也是关键所在。但是，我也认为，只有我们认识到信贷密集度不断上升背后的根本肇因，并对此做出反应，方有可能避免危机。

第一，现代经济中房地产的重要性不断上升。在所有发达国家中，房地产占一半以上的财富总量、绝大多数财富增量和绝大多数信贷。正如本书第五章所解释的，这是生产率变化趋势、资本品成本变化趋势以及消费者偏好变化趋势的必然结果。发达经济体中房地产注定会变得愈发重要，这将对金融和经济稳定产生影响，需要我们慎重管理。

第二，日益扩大的贫富差距。富裕群体的消费倾向低于中低收入群体。因此，日益扩大的贫富差距将压制需求和经济增长，除非富人增加的储蓄被中低收入者扩大的借贷抵消。在一个贫富不均日益加剧的社会中，扩大信贷和杠杆对于维护增长是必要的，但最终将不可避免地导致危机。

第三，全球经常账户失衡。这种失衡与长期投资流动和有效的资本投资无关，而是必然对应于不可持续的债务累积。

上述三个因素中每个因素都会导致信贷增长，并且不同于教科书的假设，信贷增长并未用于支持生产性的资本投资，也未产生可用来偿还债务的新收入流。因此，它们推高了杠杆率，并不一定促进经济增长，但会导致严重的经济损害。

当且仅当我们解决了这些根本原因，经济和金融稳定才能够实现。

## 对策：建立低信贷密集型经济

本书第二篇和第三篇讨论了金融危机和后危机时期经济衰退的原因，这提出了两个问题，在第四篇和第五篇将回答这两个问题。第一个问题是：如何建立低信贷密集型和更稳定的经济，弱化半个世纪以来的信贷密集型增长模式。

确保银行管理有方以及银行家德才兼备的政策不是充分的应对政策。因为，如果过度债务如同污染，信贷增长将产生负外部性，对于追求利润最大化的银行来说，不会充分考虑这种负外部性。如本书第十章所论，即便从私人角度看是"好的信贷"（贷款能全额偿还），也会产生对整个经济有害的不稳定。即便是德才兼备的银行家，其行为的集体影响也会导致整个经济不稳定。如本书第六章所述，即便是拥有很多专家资源且采用风险价值建模新技术和逐日盯市制度（markto-market）的银行及 2007—2008 年受损较小的银行，在诱发经济危机方面，几乎不亚于最终破产的银行。我们确实应当使用公共政策，如改变董事的责任和薪酬规则，惩罚不负责任和鲁莽的行为，我们也确实需要解决"大而不倒"的问题。但这些政策并不足以实现经济更稳定的目标。

中央银行的政策操作也不能只遵循低通胀和低利率的假设。2008 年之前的数十年间，中央银行的实践和现代宏观经济学理论都接受如下观点：实现稳定的低通胀水平足以保证金融和宏观经济稳定，源于信贷创造的任何危险都会反映在当时或预期的通胀水平中。但是，本书的一个中心论点是存在着不引发高通胀却会产生危机、债务积压以及后危机时期通缩的过度信贷增长。在危机之前的大稳健时期，我们见证了稳定的低通胀，在危机之后通胀水平也低于中央银行的目标。然而，过度信贷增长依然导致了金融和经济灾难。

几位国际清算银行的经济学家推崇一种替代方法：在信贷过快增长时期逆风而行，提高利率，即便当时通胀维持在低而稳定的水平上。有些时候，这种方式是合适的，但不足以解决问题。如本书第十一章所论，倘若仅依赖利率工具为信贷繁荣降温，这样做可能会抑制理想的投资和增长。

因此，政策必须解决两个问题：过度信贷创造的根本原因以及债务合约和银行本质特征导致的内在不稳定。与城市开发和房地产税收相关的政策对金融稳定的影响可能不亚于金融监管的具体技术和利率政策。应对贫富差距拉大和全球失衡加剧的措施也同样重要。但是，我们必须要认识到，对一个能够创造信贷、货币和购买力的金融体系来说，其内在特征就是金融不稳定，我们必须决定如何从根本上解决该问题。

生活在 20 世纪 20 年代美国经济高涨以及之后大萧条时期的几位经济学家（如欧文·费雪和亨利·西蒙斯）的结论是：应对措施必须

非常彻底。他们认为，在"部分准备金银行"（fractional reserve bank）制度下，银行持有的现金以及在中央银行的存款占其负债的比例很低，从而可以创造信贷和货币。这种制度安排本质上如此危险，应该抛弃。1948年米尔顿·弗里德曼发表的文章也提出了类似的主张。他们提出的替代方案是，银行持有的准备金应等于其吸收的全部存款，在授信中不发挥任何功能，仅负责储蓄存款的看管并提供支付服务。经济中仍存在着贷款合约，但发生在银行体系之外，所以不会创造新的货币和购买力。

基于本书第十二章所列的第一条理由，我认为这种建议太极端。但是，费雪、西蒙斯以及其他人提出的全额准备金银行（100% reserve bank）的论断表明，金融改革应远比目前实施的改革举措更加彻底。我们应该对银行提出远高于《巴塞尔协议Ⅲ》规定的资本要求，同时我们也必须直接运用准备金管理手段限制银行创造货币的能力。我们应该改变目前有利于债务融资不利于股权融资的税收安排。中央银行应承担宏观审慎监管的职能，赋予其大幅度提高逆周期资本缓冲（capital buffer）的权力。同时，我们应该严格限制影子银行创造信贷和货币等价物的能力，一定不能被信贷市场流动性不足会带来危险的肤浅言论误导，偏离改革方向。

我们还应该运用公共政策形成不同于完全由私人决策做出的信贷配置，这种信贷配置刻意利用了人们对房地产的偏好，换言之，我们应该支持其他更具潜在社会价值的信贷配置形式。确定不同类型信贷所需资本的最低风险权重应该由监管当局来决定，不能基于单家银行对风险的判断（目前《巴塞尔协议》的做法）。通过设定抵押比（loan-to-value，LTV）和贷款收入比（loan-to-income ratios，LTI）约束住房抵押贷款借款人的做法也应该发挥重要作用。我们也应该对国际资本自由流动设置一些限制，全球金融体系一定程度的分割也是好事。

引言　银行家不能解决的重要问题

同时，鉴于对自由金融市场价值的过度信任将发达经济体拖入泥潭的教训，新兴市场的政府应该对快速和全面金融自由化的好处持谨慎态度。

这些建议可能被攻击为反增长和反市场。但是，认为这些建议反增长的论断是基于我们需要快速扩张信贷来推动经济增长的谬见，基于对杠杆率上升必将导致危机和后危机经济衰退的残酷现实缺乏认识。而认为这些建议反市场的言论忽视了所有金融市场都是不完美的（银行市场尤其如此）事实。

总体上，欧文·费雪和亨利·西蒙斯都是自由市场的坚定支持者，对政府干预深表怀疑。但是，他们始终认为信贷和货币创造非常不同且本质上具有社会性，自由市场原则并不适用。他们正确地指出，信贷创造太过重要不能由银行家决定，未来的政策应该反映这一事实。

## 解决债务积压

遗憾的是，危机前没有采取这些政策。相反，信贷被视为普通商品，其供给、需求和配置完全交由自由市场力量决定。[9]因此，我们遭受了严重的危机，目前还面临着庞大的债务积压，严重抑制了经济增长。在为未来设计一个好的金融体系时，我们应竭尽所能地解决由过去错误政策造成的债务积压。为此，我在本书中主张，应采用之前被视为禁忌的政策。

一旦经济中的债务过度，完全清除债务几乎不可能。2007—2008年以来我们所做的全部工作就是转移债务，从私人部门转向公共部门，从发达国家转向新兴市场，如中国。包含公共债务和私人债务在内的全球债务占GDP比例仍在上升。

面对巨额的遗留债务，所有政策工具似乎都失灵了。财政赤字能

11

**债务和魔鬼**

够刺激经济，抵消私人部门去杠杆的紧缩效应，但结果是公共债务占GDP比例上升，加剧了关于债务可持续性的担忧。至于极度宽松的货币政策，如利率接近零和量化宽松，肯定比什么都不做要强，否则发达国家将陷入更深的经济衰退。但是，宽松货币政策只能通过刺激私人信贷进一步增长来发挥作用，而这正是目前困境的源头：私人信贷增长为高风险的金融工程提供了激励，它对资产价格的影响扩大了贫富差距。通过债务重组和债务减记来降低债务价值肯定有一定作用，但在某些情况下，可能会加大通货紧缩的压力。

因此，我们注定会陷入这样的困境：欧元区持续的疲弱增长和财政紧缩，美国乏善可陈的复苏、英国失衡的复苏；同时，在正常情况下，日本从未偿付的公共债务还将不断扩大。随着2015年的临近，中国信贷激增终结于潜在危害很大的经济下行的可能性不断上升。

我们似乎已无计可施，政策清单空空如也。但是，如果我们面临的问题是名义需求不足，政策清单永远不会是空的，至少还有一个选项。这就是法定货币创造，也就是说使用中央银行印制的货币为新增的财政赤字融资，或用于核销存量公共债务。我在本书第十四章中强调，应该运用这一工具。到目前为止未使用该工具已经导致了不必要的长期深度衰退，加剧了未来金融不稳定的危险，这是持续极低利率的必然结果。

我的建议可能吓坏了许多经济学家和政策制定者，尤其是中央银行家。"印钞票"为公共赤字融资是一项政策禁忌。确实，它几乎相当于弥天大罪，是魔鬼的作品。2012年9月，德国中央银行行长魏德曼援引了歌德《浮士德》第二幕中的一个故事，魔鬼的化身梅菲斯托引诱国王印制并分发纸币，增加购买力，核销政府债务。起初这些货币推动了经济上行，但是，在魏德曼看来，该政策不可避免地"陷入愈演愈烈的通货膨胀，最终摧毁了货币体系"。[10]

但令人惊奇的是，20世纪中期提出全额准备金银行制度的经济学家，虽然如同对待自由市场一样强烈推崇低通胀，却相信，与依靠私人信贷创造相比，法定货币创造是一种刺激名义需求的安全方法。[11]他们的观点来自对信贷和货币的性质、对名义需求增长源泉的深刻反思。

## 债务和魔鬼：危险的抉择

从本质上讲，可以采取两种方法促进名义需求增长：政府货币创造和私人信贷增长，两种方法各有利弊，每一种方法在一定限度内都是积极的，而一旦过度就变得危险。

历史上有许多政府通过印制货币成功刺激持续经济增长的案例。美国南北战争期间北方联邦（Union government）印制"绿钞"（greenback）用于支付战争支出，并未引发危险的高通胀；20世纪30年代前期，日本财务大臣高桥是清从中央银行融资弥补财政赤字，将日本拖出了经济衰退的泥潭。[12]但是，美国南北战争期间的南方邦联（Confederate states）、魏玛时期的德国以及当代津巴布韦提供的反例说明该方案的危险性：一旦允许政府印制货币，货币发行可能会过度，诱发恶性通胀。

在达到一定规模前，私人信贷创造也是有利的。与印度相类似的国家会强烈支持该主张，对这些国家来说提高私人信贷占GDP比例的好处很明显。但自由市场本身将使私人信贷和货币创造超过最优水平，并错误配置，导致不稳定的资产价格周期、危机、债务积压和后危机时期的衰退。

我们面临着收益与危险之间的权衡取舍，而非在完美与必然的灾难之间进行选择。

危机之前的数年间，正统经济学认为，政府信用创造是可怕的，却对自由市场创造的私人信贷规模持完全放任的态度。但是，后者导致了全球许多普通民众仍在经历的灾难。为防止未来危机的发生，我们需要强化对私人信贷创造的控制。为走出债务积压，我们需要打破用货币为财政赤字融资的政策禁忌，同时确保该政策不被滥用。

## 本书结构

本书分为五篇：

第一篇描述了金融体系的急剧增长以及危机之前人们对金融体系巨大收益的确信不疑。本篇证明，所有金融市场事实上都是不完美的，而且是潜在不稳定的；因此，金融规模扩大并非必然是有利的。但是，本篇也认为，即便不完美的金融市场仍可以发挥积极的作用，并对我们能够或应该追求绝对完美的错误观点提出了警告。

第二篇关注金融不稳定的核心驱动因素，即过度信贷创造。本篇不仅解释了银行和影子银行如何创造信贷和货币，这种能力导致的积极后果和消极后果；还识别了经济增长高度依赖信贷扩张的根本原因，以及过去半个世纪过度信贷创造导致的债务积压问题的严重性。本篇主张不能将信贷创造的数量以及在不同用途之间的配置完全交由自由市场力量决定，并描述了刺激名义需求增长的各种备选方案，进而指出如果不采取治本之策我们可能面临长期需求不足导致长期停滞的危险。

第三篇考察信贷创造在经济发展中的角色和国际资本流动产生的影响。本篇阐述了最成功的发展中国家如何使用信贷指导推动经济快速增长，并说明了这种方法的潜在危险；同时也反驳了危机之前全球金融一体化好处无限的正统观点，主张国际金融体系一定程度的分割并非坏事。本篇还考察了欧元区这一特例。欧元区政治设计方面的缺陷使之未能有效应对不可持续的私人信贷创造和资本流动带来的后果，如果不进行彻底改革，欧元区不会取得经济上的成功。

引言　银行家不能解决的重要问题

　　第四篇和第五篇是政策建议。第四篇提出了未来建立低信贷密集型经济所需的政策，以降低未来危机的风险。第五篇讨论了如何解决过去错误政策造成的债务积压以及应对长期停滞危险的政策措施。

　　后记提出了为什么现代经济理论使我们未能察觉危机的来临，以及为什么现代经济学以奇怪的健忘方式忽视了上一代经济学家的真知灼见。我们不仅应该对政策而且需要对经济学、社会科学的方法和理念做出重大改变。我们应该避免经济学可以给出精确答案以及政府或市场能够取得完美结果的"致命的自负"。

15

# 第一篇

## 膨胀的金融

2007—2008年危机之前的40年间，金融增长远快于实体经济的增长，私人信贷扩张快于GDP增长，金融交易规模急剧扩大，并变得越发复杂。如第一章所述，大多数专家对金融业发展充满信心：金融规模和复杂性的持续上升改善了资本配置，刺激了经济增长，只要通胀率低而稳定就不会对经济稳定形成威胁。

但是，2007—2008年的金融危机表明，这种信心是完全错误的，其理论基础非常不稳固。如第二章所述，所有金融市场都可能是不完美的、无效率的和不稳定的；金融业有一种独特的能力，可使规模扩张超过社会之所需，即使未增加实际社会价值，也能从中谋取私利。

因此，公共政策不应被更多的金融创新、完备市场和流动性一定有利的假设所左右：简单的和小规模的金融可能更好，金融交易税之类的政策可能使经济更有效率。

但是，政策也应该反映这样一个事实：政府主导的资本配置可能效率更低、不完美的金融市场依然能够发挥重要功能。因此，政策方面的改革应关注金融膨胀最易于形成损害的特定领域，其核心问题是债务创造过度。

# 第一章　金融成就一切的乌托邦

> 过去30年间，全球金融体系的急剧变化实际上相当于一场革命，带来了许多进步。我们正在走向金融成就一切的乌托邦。
>
> ——拉古拉迈·拉詹、路易吉·津加莱斯，《从资本家手中拯救资本主义》[1]

与30年或40年前相比，无论是发达国家还是新兴市场，金融规模都大了许多，读者几乎不需要确凿的证据。报纸和电视节目关于全球资本市场和交易业务巨大规模的报道比比皆是。纽约、伦敦、香港、新加坡等金融中心的重要性迅速上升。银行交易员和管理层的巨额奖金在许多国家或地区充满了争议，但与对冲基金经理相比，仍相形见绌。金融业已成为全球一流大学和商学院优秀毕业生就业选择的首选目标。这种现象被称为经济"金融化"。这个词汇并不新鲜，但似乎抓住了事实：金融越大，收入越高，在经济生活中作用越广泛。

这些印象通常具有欺骗性。但是，在金融业中，冷静的分析证实了这些趣闻轶事。在大多数发达国家，金融业占国民收入的份额明显上升，美国和英国金融业更是急剧扩大。放眼全球，在许多不同的金融市场上，交易业务规模均大幅度上升，其增速远远超过实际经济活动。

自19世纪现代资本主义兴起以来，金融业增速就高于实体经济增速。安德鲁·霍尔丹的分析表明，1865—2008年，英国金融业年均增速为4.4%，同期经济年均增速为2.1%。[2]

**债务和魔鬼**

但是，霍尔丹的分析也显示，不同时期的增速差异很大。1856—1914年，英国金融服务业增加值增长快于国民收入的3.5倍。由于工业增长以农业为代价，经济生活变得更加复杂，公司在公开市场上发行债券和股票；个人开始积累储蓄；伦敦成为服务于全球资本流动的金融中心，金融业重要性上升。1914—1970年，尽管由于两次世界大战，经济增速仍快于前一时期，金融增长慢于GDP增长：1970年金融业占GDP的比例较1914年有所下降。1970年以来，特别是1980年以后，情况再次发生变化。1970—2008年，英国金融业增速是国民收入的2倍，并且每隔10年，金融业呈加速增长态势。

如图1.1所示，美国的经历也相似。从1850年至2009年金融崩溃期间，金融业在国民收入中的份额由2%上升到6%，特别是20世纪20年代，该份额显著上升；20世纪30年代，份额急剧下降，直到20世纪70年代还远低于4%；1970—2008年，份额上升了1倍多。以金融业在GDP中的占比衡量，2007年金融业在所有发达经济体中的角色均比以前更加重要。[3]

图1.1 美国GDP中金融业的份额

资料来源：Philippon（2008），转引自 Haldane、Brennan and Madouros（2010），经授权使用。

第一章　金融成就一切的乌托邦

即便我们未遭遇2007—2008年金融危机，1970年以后的金融业增长以及随后几十年间的加速增长对经济研究来说也是一个重要议题。毕竟，金融业不是类似于汽车、餐饮和服装行业的商品和服务消费，可以自我增值。没有人早晨一起床就说："我今天要享用金融服务。"金融在我们实际享用的产品和服务的生产过程中发挥必要的功能。金融业在全部经济中的份额相当高，其履行功能的成本效率（cost efficiency）对人们生活水平有很大的影响。即使未发生金融危机，我们也应该提出货币是否创造价值的问题。

但是，2007—2008年金融危机使得探讨金融密集度显著上升的经济影响不再仅仅是一个有趣的问题，而且至关重要。由于金融危机及之后发生的事件是一场经济灾难，挫败了市场经济体制的成功，历史上只有两次世界大战和20世纪30年代的大萧条能够与其比肩。

因此，我们不能回避这些问题：持续上升的金融密集度哪些方面是有利的、哪些方面是有害的？哪些因素导致了危机？如何推进彻底的改革以防危机重演？

## 扩大实体经济的借贷和储蓄

第一步是确认哪些特殊金融业务对金融业显著扩张的贡献最大。罗宾·格林伍德和戴维·沙夫斯泰恩的研究表明，两个因素占主导地位。[4]

第一，金融业通过向实体经济（尤其是家庭部门）提供贷款创造了大量的货币。第二，资产管理业务和利润急剧增长，由此增加的各种收费流向了证券公司、共同基金、对冲基金以及风险投资等不同类型的金融机构。但是，这也推动了大规模交易、做市和融资业务的发展，这些业务是资产管理活动的重要组成部分。

其他金融活动也有所增长，但速度较慢。例如，保险业占GDP比例缓慢上升,并未出现债务和资产管理业务那样的爆炸性增长。

格林伍德和沙夫斯泰恩揭示了一个惊人的重要现实:债务在美国以及其他绝大多数发达经济体中的作用显著强化。由于家庭部门和企业部门举债大幅增加,金融通过提供信贷创造了大量货币。1945年,美国私人部门总债务(包括家庭部门和企业部门)占 GDP 比例约50%,2007年达到了160%。1964年英国家庭部门总债务占 GDP 比例为15%,2007年高达95%。1980—2007年,西班牙私人部门债务占 GDP 的比例由80%上升到230%。[5] 图1.2展示了所有发达经济体私人部门债务演化的趋势。私人部门的杠杆率显著上升:家庭部门(包括一些国家的企业部门)的债务收入比明显恶化。

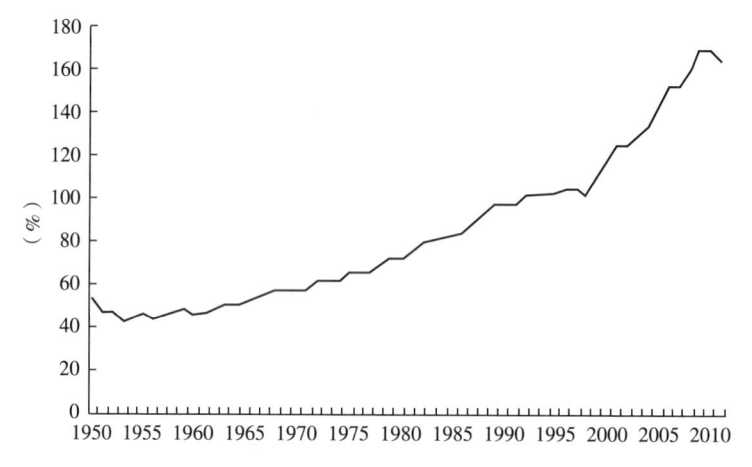

图1.2 1950—2011年发达国家国内私人部门债务占 GDP 比例

资料来源:C. Reinhart and K. Rogoff, "Financial and Sovereign Debt Crises: Some Lessons Learned and Those Forgotten", IMF Working Paper 13/266, December 2013。

借款增长也有助于解释资产管理收入的增加。在一个经济体中,每笔债务和金融负债都有对应的资产,有时这种对应关系容易发现:一家公司发行的公司债务由一家养老金管理公司持有;有时这种对应关系是间接的,难以识别:货币市场基金的投资者通过多个中介环节为住房抵押债务间接提供了融资。

但是，总体而言，债务占 GDP 比例的增长必定对应于固定收益资产、货币或某种债券的扩张。1964—2007 年，英国居民存款占 GDP 比例由 40% 上升到 75%；[6] 1980 年美国货币市场基金为零，但到 2007 年高达 3.1 万亿美元。[7] 机构投资者持有的银行债务和非银行信贷证券也急剧增长，直接或间接地为新增加的借款提供了融资。

因此，固定收益类金融资产占 GDP 比例必然上升，1970—2012 年，美国的该比例由 137% 上升到 265%。[8] 股票形式的金融资产也保持增长，1989—2007 年，美国股票市值占 GDP 比例由 58% 上升到 142%。[9] 还有许多其他需要管理的资产，也推动了资产管理业务的发展。

金融增长的部分原因非常简单，实体经济部门（包括家庭部门和企业部门）金融负债扩张的同时也拥有了更多金融资产。因此，为评估金融密集度上升的影响，必须评估实体经济更广泛地使用金融服务是否有利。

对于大多数行业，我们无须提出该问题。如果人们选择将更多收入花费在一项特定服务上，如去饭店消费或旅游，我们通常相信他们使用收入的方式能使其福利最大化。但是，金融服务有所不同，因为金融供给和消费对整体经济增长和稳定性具有重要影响。

从资产端看，扩大金融消费的收益似乎非常明显：人们持有更多金融资产听起来是件好事。但是，私人部门杠杆率的急剧上升将产生重大的不利影响。本书的中心论点就是危机之前私人债务的过度积累是 2007—2008 年金融危机造成如此重大经济损失的最根本原因。

**日趋复杂的金融体系**

但是，20 世纪 70 年代以来的金融增长明显加速不仅仅是家庭部门和企业部门更广泛使用金融服务的结果。同样引人注目的是,对实体经济享用的每一单位金融服务而言,金融体系自身需要做更多且更复杂的业务。

图1.3展示了美国金融体系的债务结构,描述了金融体系的复杂性上升。如图所示,企业部门杠杆率逐步上升,家庭部门杠杆率明显上升。但图1.3中最引人注目的特征是金融体系内部不同金融机构之间的资产、负债和其他合约。与1970年之前相比,金融机构之间的交易活动扩大了很多。

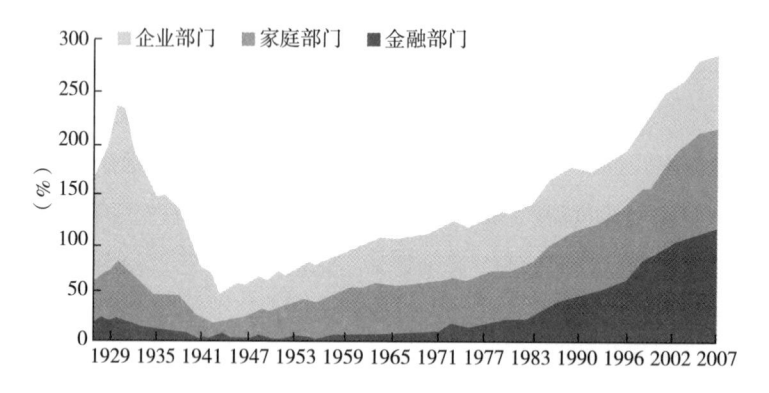

图1.3 美国债务占GDP比例(按债务人分类)
资料来源:Olive Wyman。

观察20世纪60年代一家典型银行的资产负债表可以发现,除了持有政府债券和现金外,主要是对家庭和企业的贷款和存款。1964年,英国银行对实体经济的贷款、持有的政府债券以及在英格兰银行的准备金占总资产的比例超过90%。[10]但是,到2008年,全球许多最大银行,如JP摩根、花旗银行、德意志银行、巴克莱银行、苏格兰皇家银行和法国兴业银行,超过一半的资产由金融同业之间的存贷款合约或金融衍生品合约构成,包括银行与银行之间,银行与货币市场基金、机构投资者或对冲基金等其他金融机构之间。

这部分反映了金融交易活动的迅猛增长。金融机构之间相互购买

## 第一章　金融成就一切的乌托邦

和销售金融工具的规模比 40 年前扩大了许多。相对于基本的实体经济流量，金融交易量急剧上升。1984 年，石油期货交易量不足实际石油产量和消费的 10%，而目前是实际石油产量的 10 倍。[11] 当前，全球外汇交易量约为全球产品和服务贸易量的 73 倍。[12] 1980 年前后在全球金融体系中衍生品交易的作用微乎其微，到 2007 年未清偿利率衍生品合约的名义本金高达 400 万亿美元，相当于当期全球 GDP 的 9 倍。[13]

金融交易活动增长遍及许多不同资产和合约种类。但是，最重要的变化之一是信贷证券交易的增加，其中的关键因素被称为"资产证券化"和"影子银行"。

可交易的信贷证券和债券代表着对交易对手的债务索取权，其发展历史与银行贷款相当。1950 年，当时美国金融业在 GDP 中的份额仅为 2% 左右，政府和企业就已经大量发行债券，但债券交易量相对较小。但是，20 世纪 70 年代以来，信贷证券创设的规模迅速膨胀，最初主要在美国，随后遍及所有发达经济体和主要金融中心。连接最终借款人和最终存款人的信贷中介体系发生了变化。

新体系建立在信贷证券化、信贷结构化和信贷衍生品创新的基础之上。资产证券化使得对住房所有者、汽车购买者、学生和企业的贷款被打包组合成信贷证券，并出售给最终投资者，而不是在银行资产负债表内持有到期。资产证券化将基于债券的金融从政府和大企业扩展到更大范围的借款人。信贷结构化将特定贷款组合内生的风险和收益进行分层，从而创设了不同层级的信贷证券，从低风险低收益的"高优先级"（super senior）到高风险的"夹心层"（mezzanine）或股权。这种金融创新为我们提供了一系列以字母为代号的金融产品，如 CLO（抵押贷款凭证）、CDO（抵押债务凭证），甚至是 $CDO^2$（双层抵押债务凭证）。1995 年根本就不存在 CDO，2006 年新发行的 CDO 高达 5 600 亿美元。[14] CDS（信贷违约掉期）的发明使银行能够对冲信

**债务和魔鬼**

用风险，但也使银行、其他投资者或交易商通过持有头寸获取利润，1990年CDS尚未起步，到2007年其名义本金达到了60万亿美元。[15]

这些创新加起来使一个国家的银行（或非银行）发起的信贷风险敞口能够被分销给全球的最终投资者。对英国住房所有者发放的住房抵押贷款能够被转换为证券并由美国货币市场基金间接提供融资。既想追求高收益又不希望承担高风险的德国州立银行（German Landesbanks）能够为发放给美国低收入家庭的次级抵押贷款提供融资。

但是，将该体系称为"发起-分销"模式并未充分反映其复杂性。事实上，信贷证券以及在此基础上繁衍的信贷衍生品能够在多个机构之间反复交易多次。同一信贷证券通过许多中介环节才从借款人到达最终投资者那里。借助资产支持商业票据（ABCP）市场的转手合约，并通过结构化投资工具（SIVs）或管道，又或者通过回购市场和对冲基金，原本投资于明显低风险且随时可赎回的货币市场基金的投资者能够间接地为长达30年的住房抵押贷款提供融资。

危机前夕，信贷证券化和影子银行体系的复杂性发展到难以想象的地步。纽约联储试图在一张图上捕捉所有可能路径及内部联系，结果绘制了一块约91厘米×122厘米的巨大展板；他们认为，试图理解该体系的任何人都需要绘制同样的图，更小的图无法阅读并进行标识。

总体影响如图1.3所示。对于实体经济每一单位的借款和储蓄，金融体系都要做更多且更复杂的工作。

因此，除评估不断上升的实体经济杠杆率的影响外，我们需要评估金融体系本身复杂性上升的（正面和负面）后果。尽管可能存在如第六章所述的一些积极影响，但净效应可能是非常负面的。复杂性上升使金融体系本质上更不稳定，并导致了信贷过度投放和实体经济杠杆率提高，因此使危机更可能发生且后果更加严重。

## 金融体系越大，收入越高

金融体系越大、越复杂，金融业的收入越高。即便在危机四年后的2012年，伦敦年收入超过100万英镑的银行家仍多于2500人。[16]

关于金融家收入与金融活动同步增加的传闻被量化分析所证实。金融业收入上涨远快于其他经济部门。托马斯·菲利蓬和阿里埃尔·雷谢夫分析了美国金融业的"超额工资"，即金融业收入超过其他行业技能相当者的收入的数量。[17]超额工资的多少反映了金融业相对规模的变动。20世纪20年代，随着金融业在经济中的作用日益显著，超额工资从零上升到40%。1929年大危机及紧随其后的金融监管之后，超额工资显著下降，20世纪30年代到80年代，超额工资为0～5%（有时还是负值）。然而，到2007—2008年危机前夕，超额工资快速上涨到50%。

贫富差距扩大是过去30年间大多数发达国家的一个显著特征，经济金融化在其中扮演了主要角色。无须惊讶，金融业招揽了大量高技能人才，远高于它在经济中所占的份额。与20世纪五六十年代不同，金融业已成为一流大学和商学院优秀毕业生就业的首选目标，全球交易室中挤满了顶尖的数学和物理学毕业生，他们的技能贡献给了交易策略和金融创新，而不是科学研究或工业创新。如果这些交易策略和创新有助于提高市场经济的效率，或增强金融体系的稳定，那么这些一流人才对社会是有用的；否则，他们的技能就白白浪费了。

## 金融的影响：危机之前对金融的好评

随着金融体系变得越大、越复杂，金融业的收入也越高。直到2007—2008年，大多数政策制定者和学院派经济学家均相信，金融增长的影响是正面的、积极的，最差也不过是无足轻重而已。

这种好评可以分为三个流派。金融理论家和许多监管者认为金融创新和流动性增加具有无可争议的好处。实际政策制定者认为扩大信贷供给对经济增长非常重要。宏观经济学家和中央银行家开发的模型完全忽视了金融体系的存在，金融活动对宏观经济毫不重要。虽然精确的论证有所差异，但这三个流派合在一起证明对金融密集度上升持善意或宽松态度是合理的。

### 完备市场、效率和稳定性

强有力的正面评价主导着金融学术界，至少也隐约地影响了监管当局。这体现了如下假设：自由竞争一定会带来有益的而不是有害的活动，金融活动增加使市场更加完备和更有效率，从而必定会改善经济中的资本配置。

既然如此信任自由市场，实际上也就没有必要精确理解特定金融创新如何发挥其经济魔力。但是，金融密集度上升使经济更有效率的一般理论是清晰的。交易活动的扩大增加了市场流动性，确保了更好的价格发现，金融合约由此能更精确地被定价，实体经济中的资本配置效率也将更高。同时，资产证券化和信贷衍生品使市场智慧（market wisdom）能够透明地为信贷设定可观察的、理性的信贷价格，贷款人制定贷款条款时可参考该价格。在 2004 年的一篇文章中，格伦·哈伯德和比尔·杜德利充满信心地总结道："美国股票、债券和衍生品市场深度的提高改善了美国的资本和风险配置。"其结果就是"更多就业和更高的工资"。[18]

并且，更高的效率伴随着稳定性的增强。信贷结构使投资者能选择最符合其偏好的风险、收益和流动性精准组合。因此，风险被配置到最能有效地管理风险的人手中。伴随资产证券化和影子银行而发展的，是那些看似精巧新颖的风险管理技术，如逐日盯市制度、抵押债务合约的使用以及风险价值模型。据称，这些技术使金融体系更有韧性。

2006年4月，离金融危机爆发仅有15个月，国际货币基金组织的《全球金融稳定报告》称："银行向更广泛和更多元的投资者分散信贷风险……这有助于使银行体系乃至整个金融体系更加稳健。"该报告进一步指出，金融体系稳健性的增强"将表现为更少的银行破产，更连续的信贷供给。因此，今天的商业银行更不容易受到信贷或经济的冲击"。[19]

这种金融有益论在全球金融监管者中非常流行。2008年秋天我就任英国金融服务局主席，随即意识到，支持市场和市场流动性，即尽可能多的金融合约、尽可能广泛的交易，已是公认的信念。因此，大多数政策制定者从未试图约束金融业的显著增长，而是推崇放松监管，因为这可带来更多的金融创新。投资银行与商业银行之间旧有的防火墙被拆除，衍生品市场发展受到鼓励；作为成功经济发展战略的一个关键组成部分，新兴市场被敦促实施金融自由化。

**扩大信贷以促进经济增长**

如第二章所述，完备市场和流动性必然产生有利结果的假设基于公开、成熟但错误的理论。按照有效市场假说，该结论不言自明。金融有益论的第二个流派更加务实，但理论基础较弱：它简单地假定银行和影子银行体系增长能为企业和家庭部门提供更多贷款，并认为这是有益的，因为更多的贷款被认为可以推动经济增长，能使更多人拥有住房。

尽管这一论点很简单，但影响很大，设计《巴塞尔协议Ⅱ》资本监管标准时，对部分监管者来说，公开目标之一就是银行能够"节约使用稀缺的资本"以及对实体经济发放更多贷款。甚至危机之后，在接受《经济学人》杂志采访时，一位美国高级监管官员仍声称"资产证券化是件好事。如果所有资产都计入银行资产负债表内，信贷投放将不足"。[20]哈伯德和杜德利也非常认可地指出，流动性更加充沛的债券和衍生品市场意味着"有时业主能够获得购房所需的100%融资"。[21]2009年初，应英国财政部要求，我作为金融服务局主席撰写金融危机报告，在考虑如何表述信贷衍生品时，金融服务局内部专家提醒我，如果我们限制信贷违约掉期的市场流动性，将给银行发放更多贷款造成困难。

确实，该论点的前半部分，即更大的银行以及影子银行体系使实体经济获得更多贷款成为可能，是显而易见的，也符合事实。然而，本书第二篇和第三篇将讨论的问题是：额外的信贷创造是有利还是有害。

**现代宏观经济学和金融体系面纱**

大多数金融专家和政策制定者认为金融增长是积极的、有益的。但是，对中央银行的政策制定来说，金融体系发展既不是积极的，也不是消极的，而是完全中性的。虽然金融服务可能具有重要的微观经济效应，可以提升效率或满足消费者需求，但在宏观层面，金融是无足轻重的。

经历了20世纪二三十年代金融和经济动荡的哈耶克、欧文·费雪或凯恩斯等上一辈经济学家认为，金融体系的运行，尤其是银行体系，对整体宏观经济稳定有着举足轻重的影响。但是，自70年代以来，他们的观点逐步被抛弃或忽略。

相反，现代宏观经济学和中央银行的实践却倾向于假设：量化模型可以用来分析经济中的货币运行，而在此类模型中银行体系几乎不发生任何作用；鉴于中央银行通过操控利率可以成功实现低而稳定的通胀目标，宏观经济稳定运行就有保证。金融仅被视为连接实体经济合约的一层"面纱"，其规模和结构不会产生重要的影响。正如英格兰银行行长默文·金在2012年秋季的一次演讲中指出，现代货币经济学的主流理论模型"缺乏对金融中介的解释,因此货币、信贷和银行未发挥有意义的作用"。[22]

按照该理论,实体经济或金融体系的杠杆率上升没有任何宏观经济意义。中央银行应专注于抑制通胀,将金融体系的问题交由金融监管当局处理。随着时间的推移,我们似乎找到了抑制通胀并实现宏观经济稳定所需的政策。以低而稳定的通胀和宏观经济稳定为标志的"大稳健"似乎已经实现。

现代宏观经济学从不同角度进一步论证金融密集度上升和市场自由化有益论。如果银行和更广的金融体系没有任何宏观经济意义,关注金融的微观意义就足够了。大多数金融理论家和监管者对金融密集度和复杂性上升使经济更有效率的观点深信不疑。

总体而言,欢呼者众,担忧者寡。

## 金融深化:经验证据

上述三个理论流派似乎均证实了金融急剧增长有益论。历史和实证研究似乎也支持这一理论判断。

尽管证明是困难的,但经济史充分表明,金融业在现代经济体系发展的早期阶段确实发挥了重要的支撑作用。债券和股票市场以及银行体系使得多元分散的投资者能够为商业项目提供融资,而不再依赖单个企业家的资本积累。如果没有金融市场和金融机构,推动早期英国工业增长的运河和铁路投资是无法想象的;19世纪后期的德国工业化主要依靠银行体系;美国股票市场在20世纪前期的新产业增长过程中扮演了主要角色。19世纪金融增速远快于实体经济,这对经济发展进程至关重要。[23]

经济学家试图运用定量分析来补充经济历史的叙述性描述。2005年,罗斯·莱文全面梳理了相关文献并发现了一个广泛共识:金融深化是有利的。[24]尤其是，私人部门信贷占GDP比例与经济增长之间、股票交易量与经济增长之间正相关。从社会的角度看，更多信贷和更多市场流动性似乎也是对社会有益的。

因此，理论判断和实证支持结合起来形成了危机前的强烈共识：金融扩张有利于经济增长，它可以使经济更有效率、更加稳定。2004年关于金融市场对实体经济影响的一本著作给出这样的结论："过去30年间，全球金融体系的急剧变化实际上相当于一场革命，带来了许多进步。我们正在走向金融成就一切的乌托邦。"[25]

但是，该共识被证明是完全错误的。2007—2008年，发达经济体遭遇了20世纪30年代以来最大的金融危机，严重的后危机经济衰退接踵而至。危机的起源和经济复苏疲弱的原因都植根于金融密集度和复杂性上升这一本质特征，但在危机之前这些因素受到正统观点的追捧或忽视。

危机之前的正统观点完全未能对即将到来的危机发出预警。更可悲的是，它公然断言导致危机的金融体系过度膨胀会使危机爆发的可能性下降。该失败反映出两方面重大的知识缺陷。

第一，未能意识到金融市场不同于其他市场（如酒店和汽车），在其他行业中支持市场自由化的强烈主张在许多金融领域的说服力要弱得多。

第二，也是更重要的，未能意识到信贷和货币创造、银行和影子银行、普通债务合约，尤其是特定债务类型，具有极其重大的宏观经济影响。

因此，即使金融业在市场经济中扮演至关重要的角色，一定限度内的金融密集度上升有利于经济发展，但两者之间的关系不是线性的，也不是无限制的。越过某点后，尤其是债务规模越过某点后，金融扩张可能是有害的，自由金融市场就不能有效地满足社会需求。

# 第二章　无效率的金融市场

> 对近期股市估值上升难以做出合理的解释。市场价格并非如许多人设想的那样代表着那些仔细评估长期证据的专家形成的一致判断。市场上涨是数百万人无差异思考的综合结果。这些人中没有人觉得应该认真研究整个股市的长期投资价值，他们的情绪、游移不定的关注点以及对传统智慧的认知很大程度上决定了其行为。
>
> ——罗伯特·希勒，《非理性繁荣》[1]

过去200年间，经济增长带来了人类福利的突破性改善。市场经济被证明显著优于计划经济。如果没有充满活力且相当复杂的金融体系，市场经济难以运行。

金融促进了资本动员和配置。既有知识又有投资项目的企业家或企业可以通过资本市场和银行从存款人那里获得资本。如果没有这些市场和银行，资本积累或受限于单个企业家的财富，或必须依赖于国家。股权市场动员了部分资本，但是，如第三章探讨的，债务工具也扮演了关键的角色。部分资本之所以被动员起来，就是为了获得固定收益承诺，而债务合约提供了这种承诺。

股权和债务资本都需要配置到相互竞争的备选投资项目中。在股权投资领域，或者需要一个高流动性的股票市场，不同投资者基于他们对投资的分析相互交流，以确定价格；或者通过私募股权基金来配置股本。在债务领域，需要债券市场分析和价格发现，或者由银行决定谁应该得到贷款。

股票市场、债券市场和银行都在流动性和期限转换中扮演着非常重要的角色。[2]高流动性的股票和债券市场使投资者能够为长期投资项目融资,同时还能持有可随时转换为现金的资产。银行使持有短期存款的存款人为长期贷款提供资金。若没有流动性或期限转换机制,资本动员的目标难以实现。

因此,没有复杂金融体系的发展,市场经济的高度发展几乎不能想象。英国在19世纪工业化中的领导地位也反映了当时其金融体系较为发达。霍尔丹发现"1856—1914年英国金融增长明显快于实体经济",这并不出人意料。罗斯·莱文的发现也不足为奇,他认为,"以债务占GDP的比例、股市交易量占GDP的比例衡量,在一定范围内金融密集度的上升与经济增长两者之间正相关"。[3]在金融扩张到一定水平之前,支持金融扩张有令人信服的理由。

但是,问题的关键在于我们已经不再处于金融发展的早期阶段,而是要面对发达市场经济在过去半个世纪的金融快速增长。这些国家在20世纪五六十年代就已经建立起发达的工业化经济,有着适度复杂的金融体系。20世纪50年代的美国是极其成功的资本主义经济,当时金融业占GDP的比例不足3%,随后扩张至2007年的8%,然而这并非保证美国经济持续增长的关键所在。金融扩张可能是经济增长的必然结果,并促进了住房所有者群体的扩大。如金融深化理论的拥戴者所称,金融扩张可能在某些特定方面有助于改善经济效率。但是,不能因为经济增长早期阶段需要金融业快速扩张,我们就假定金融扩张在任何情况下都是有利的。

事实上,若将金融市场完全交由自由市场力量决定,可能产生私人部门获利但对社会无益的金融活动,可能导致金融体系太大、交易太多、过度追求完备市场。

# 第二章　无效率的金融市场

## 危机前正统观点的理论基础

如第一章所述，赞同进一步金融深化有益论的主张通常并非建立在观察到的经验分析基础之上，而是基于对更加自由和流动性更强的市场必定提升经济效率的信心。确实，这种主张或明或暗地建立在一个最重要的经济学理论之上：如果所有市场都存在，并且以信息充分和完全理性的方式运行，经济效率必将达到最大。

自亚当·斯密发表《国富论》[4]以来，自由市场经济学家均隐含地接受了这一推论，1954年肯尼斯·阿罗和杰拉德·德布鲁发表的一篇著名文章则用数学证明了这一推论。[5]他们认为，如果所有市场都存在并有效运行，生产和消费将达到任何人的福利改善都不可能不损害他人福利的状态，该结果被经济学家称为"帕累托效率"。[6]可能还存在关于经济蛋糕如何分配方面的争论，但蛋糕的生产效率一定是尽可能大的。

事实表明，所有市场都存在一定程度的不完备和不完美。后来，阿罗的相当一部分工作是寻找实现"竞争均衡"所需的前提条件不存在或不可能存在的情形。但是，至少在某些经济部门，市场运行非常有效，证实了支持市场自由化以及完备市场（使得家庭和企业按其愿望缔结许多不同的合约）的一般性命题。如餐饮市场运行良好，有关餐饮业是否具有社会价值或价格过高的争论基本不存在。

市场不完美的一种可能应对方式是通过提高信息透明度、鼓励更多参与者进入市场以及采用新型合约使市场完备。危机前的正统观点就建立在如下理念之上：即便金融市场在某些方面不完美，市场自由化和完备市场至少会让我们接近完美。信贷违约掉期合约被认为能完善信贷风险市场，能够更有效地发现价格和对冲风险。扩大交易量会带来更多流动性，因此可以更加有效地确定价格。

因此，竞争均衡理论似乎为金融创新和金融密集度上升必定有利

债务和魔鬼

的假设提供了强大的理论支撑。当然，如果自由金融市场以有效的方式运行，并能够反映对所有单个经济"行为人"（包括家庭、企业或金融机构）的理性评估结果，该观点就是成立的。危机前的正统观点借助了证明这些条件确实成立的理论。两个理论主张在危机之前的金融学和宏观经济学正统观点中扮演了核心角色，那就是有效市场假说和理性预期假说。

有效市场假说认为，如果金融市场中的证券价格充分而又理性地反映了所有可得信息，并且价格变化反映了新的可得信息而不是已有信息的分析或非理性情绪的影响，该市场就可以界定为有效金融市场。[7]这说明，平均意义上的投资者，无论是个人、养老金、对冲基金、共同基金，还是银行交易部门，不能持续地战胜市场。尤其是，有效市场假说认为，基于过去观察到的变化模式试图预测未来股票价格变化的"图表"分析无异于浪费时间和资源，换言之，投资于证券市场，没有免费午餐。

有三个论点可以解释为什么有效市场假说适用于金融市场。第一，总体上人是理性的。第二，即使部分人不理性，他们的不理性程度也是随机的，许多人可能不理性地购买，但同时也有人不理性地出售。因此，他们的行为可被忽略，不会对股票和债券价格产生影响。第三，即使有足够多的不理性投资者使价格偏离有效率的理性价值，理性套利者也会发现这种偏离，并从回归有效性的交易中获利，他们的行为能保证价格迅速回归到均衡水平。此外，大量的实证分析似乎也证明该理论是正确的。1978年有效市场假说的创立者之一迈克尔·詹森宣称"经济学中没有其他定理比有效市场假说获得了更多的可靠实证证据的支持"。[8]

同时，理性预期假说将人类理性假设运用于开发和宏观经济学相关的定理。理性预期假说提出，经济中的个体行为人（可以是个人或企业）根据他/它对未来经济如何发展的理性评估采取行动。因此，

第二章　无效率的金融市场

理性预期假说为有效市场假说提供了理论支持。理性预期假说还认为，重大的宏观经济不稳定仅起源于真实的外部冲击（如新资源发现或新技术发明），其影响不可能太大；或者源于有害的和预料之外的政府政策干预。如果政府和中央银行采用基于规则的明智政策，过去的宏观经济问题就不会再现。由理性行为人组成的自由金融市场内部不会产生经济不稳定。

但是，真实世界的证据和更符合实际的理论与上述两个假说相矛盾。这些证据和理论认为，人类不是完全理性的；即便是，市场不完美也会产生不稳定的金融市场，使之明显偏离理性均衡水平。这些理论也解释了为什么市场不完美是内生的且无法解决；为什么完备市场、金融创新和金融深化远未拉近我们与有效均衡之间的距离，有时还会使经济运行效率更低、更不稳定。

## 无效率和非理性的市场：真实世界的真相

只要金融市场有交易，甚至是真实资产交易，就不仅容易受到非理性繁荣和随之而来的恐慌与绝望情绪的影响，还容易受到无法解释的经济基本面波动的影响。查尔斯·金德尔伯格的著作《疯狂、惊恐和崩溃：金融危机史》[9]描述了许多案例，时间跨度从1635—1637年的荷兰郁金香泡沫、1719—1720年的南海和密西西比泡沫，到20世纪20年代后期的美国股市过热及1929年的崩溃，以及20世纪90年代后期的纳斯达克（NASDAQ）过热。

在一些案例中，如郁金香泡沫中，投资者购买了价格快速上涨的资产，而这些资产的实际"价值"本质上反复无常，比如1636年早秋，一磅名为"Switsers"（泡沫非常严重的一类）的郁金香值60荷兰盾；1637年2月1日，价格达到1 400荷兰盾；两星期后价格达到了1 500荷兰盾的峰值。在随后的崩溃中，部分郁金香价格下跌了

**债务和魔鬼**

99%。[10]在其他疯狂案例中，如南海泡沫中，投资者有时会相信那些完全不切实际的项目故事，其中大多数是欺诈。如果债务融资在投机活动中扮演重要角色，由此助推的繁荣与崩溃的危害性最大，这是本书第二篇和第三篇的主题。但是，在所有案例中，价格确定均由有效市场假说和理性预期假说无法解释的观念和行动驱动。

金德尔伯格在书中描述的案例以及此前查尔斯·麦基（1841）在《非同寻常的大众幻想与全民疯狂》一书中探讨的极端案例，都非常明显地反映了市场的无效率和非理性。[11]这种现象在突然的市场大崩溃中也展现得非常清楚：1987年10月19日（黑色星期一）道琼斯工业企业指数从开盘到休市下跌了23%，没有任何"新信息"能够证明这种下跌是理性的。

但是，正如经济学家罗伯特·希勒指出的，这一现象比较普遍，比如20世纪股市波动太大，难以用可信的预期现金流变化解释，而有效市场理论认为股票价格基于预期现金流。[12]股票市场价格的总体水平持续波动的原因与未来商业情景的新信息并不相关，而且有时显著偏离对基本价值的任何合理估值。图2.1显示，在信息技术泡沫形成和崩溃期间，纳斯达克高科技股票指数，从1995年7月的1 000点上升到2000年3月的5 048点，到2002年10月又跌回到1 108点。列入指数的所有公司的预期现金流都不能合理地解释2000年最高点时的总市值。当真相开始显现，随后的下跌在所难免。这是非理性繁荣在发挥作用。

五个因素可以解释泡沫和随后的崩溃为什么注定会发生。第一，人类决策并非完全理性。如安德鲁·霍尔丹指出："在做出困难的跨期决策时，我们完全可能沿着两条不同的思路。"[13]人的大脑包括能够耐心地进行理性分析的前额皮质（prefrontal cortex）和促使人们做出直觉式情绪化反应的边缘系统（limbic system）两个部分。人类是演化的产物，这一方面使人类具备理性思维的能力，另一方面使人类很

## 第二章 无效率的金融市场

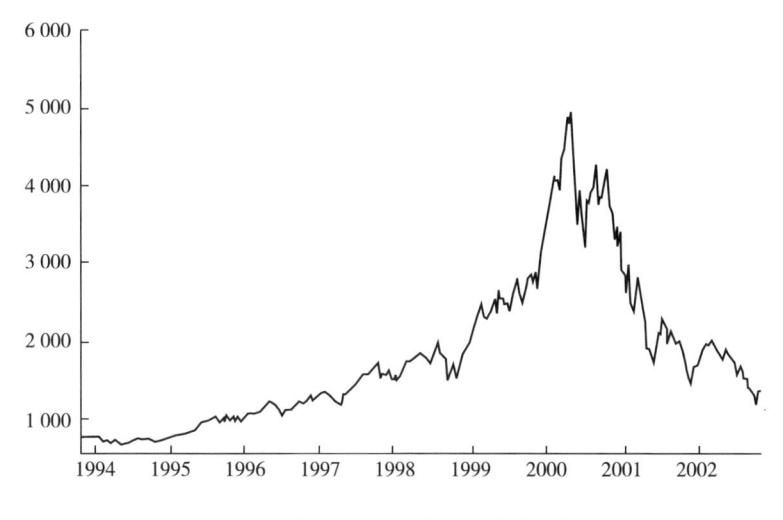

图 2.1 1994—2002 年纳斯达克指数

资料来源：经授权使用。

自然地容易受到羊群效应的影响，因为与身边的人、同类人和大多数人保持一致是本能的冲动，在人类演化史的某些阶段，为了生存下来这种冲动是非常重要的。[14]

第二，如有效市场理论指出的，非理性的影响不是独立和随机的，而是高度相关的，不成熟的投资者像羊群那样行动，他们对未来的看法强烈地受到其他投资者对未来看法的影响。纵然是成熟的投资者也受制于同样的偏见，因为最终投资者通过观察管理层相对于市场总体状况的表现来评价他们的业绩，也就是判断管理层"能否跑赢大市"。

第三，也是非常关键的一点，在单只股票或债券的价格出现相对偏离时，理性套利者能将价格快速地拉回到有效均衡水平的理论或许能够成立；但是，当整个市场总体价格出现偏差时，该理论完全不成立，因为不可能以无风险的方式对冲整个市场。如安德烈·施莱弗在关于无效率市场的克拉伦登（Clarendon）讲座中指出，"套利者认为整个股票市场定价过高时，他不能卖空股票和购买一个替代组合，因

**债务和魔鬼**

为该组合根本不存在……因此套利无助于锁定整个股市或债市的价格水平。"[15]

第四，由于前三个因素的共同作用，虽然足智多谋的成熟投资者本人不会受困于非理性的羊群效应，但有时进一步推动价格偏离均衡水平的做法对他来说也是完全理性的。凯恩斯有一个著名比喻，将专业投资比作特定形式的"选美"比赛，这在20世纪30年代的报纸上相当流行。在比赛中，"选手必须从100张照片中挑选出6张最漂亮的，谁的选择与所有参赛选手的平均偏好最接近，谁就获奖"。[16]因此，成功取决于"推测大多数人认为的这个平均偏好是什么"。但是，大多数人的选择可能是完全理性的。观察到价格非理性繁荣的理性投资者能够在价格上行中获利，由于他们非常机敏，又能够在泡沫崩溃前溜之大吉。个人角度的理性行为可能导致集体不稳定和非理性结果。因此，金融市场受到乔治·索罗斯提出的"反射"（reflexive）过程的驱动，推动价格远离长期均衡水平。[17]

第五，也是最后一点，有效市场假说和理性预期假说两者都存在缺陷，因为它们未能意识到未来充满着不可消除的内在不确定性和数学上不可建模的风险。[18]这一特点对于理解金融市场的潜在不稳定性非常重要，但在危机之前经常被主流经济学家、监管当局和风险管理者忽略。如第六章所述，监管当局和金融机构均认为风险价值模型能够控制不断扩大的交易风险，实际上却存在着致命的缺陷。这意味着，如弗莱德曼和戈德堡的文章所指出的，市场价格短期大幅偏离均衡水平是必然的。[19]

这些因素解释了为什么金融市场注定会受到无效率和集体非理性的影响。尤其是，这些因素表明，股票价格、债券价格和收益率的总体水平可能显著偏离理性均衡水平，但是，有效市场假说的有些实证分析结论仍然成立。确实，凭借简单规则（如根据图表分析的建议）获利的机会几乎不存在，新产生的相关信息能够非常迅速地反映在单只股票的价格中。因此,在确定股票或债券的相对价格方面,市场还是相当有效率的。

即便市场价格的总体水平经常以非理性方式变动,上述结论也是成立的。如经济学家詹姆斯·托宾指出的:"信息套利效率"(information arbitrage efficiency)和"基本估值效率"(fundamental valuation efficiency)是两个完全不同的概念。[20]无论如何,没有免费午餐的事实,或者相对价格能够合理地被确定的事实,并不意味着绝对意义上的"价格是合理的"。

## 市场无效率的启示:零和金融活动以及不必要的成本

如果金融市场有可能是无效率的,那么,以金融创新和金融密集度能够使市场完备、提高市场流动性和效率为理由,支持金融创新和金融密集度上升的公理式主张就不再有说服力。相反,我们应该意识到,金融活动的扩张和完备市场可能同时具有正面和负面效应。

我们需要区分两种可能的负面后果。第一,更多的金融活动可能给经济带来更多不必要的成本。第二,更多的金融活动导致市场波动性扩大,或通过其他方式使经济更不稳定。

在许多外部观察者看来,金融体系显而易见地存在一些无意义的金融活动和不必要的成本。如第一章所述,随着商业银行、投资银行和为数众多的其他金融机构之间的交易规模持续扩大,过去30年见证了金融体系中的金融活动急剧增加。确实,在大多数金融市场中,不同金融机构之间的交易量超过与之相关的基本投资和贸易量的数倍。汤姆·沃尔夫的著作《虚荣的篝火》(*The Bonfire of the Vanities*,又译《夜都迷情》)中有这样一个场景:谢尔曼·麦科伊的妻子朱迪对丈夫从事的债券交易的所谓社会价值冷嘲热讽,她对女儿解释说,债券交易就好比反复多次传递根本不存在的蛋糕,每传递一次都捡起一些蛋糕屑作为交易利润和手续费。对许多普通公民而言，许多金融交易没有社会价值的观点几乎不证自明。[21]

当然，一些金融交易会带来重要的间接收益。虽然，本书的主要目的是要论证我们的金融可能已经过度了，但是理解金融交易发挥的积极作用也是重要的。流动的市场（liquid market）能促进资本投资，有助于保证理性的资本配置。但流动的市场需要做市商，他们愿意在最终投资者希望出售时买入，反之则卖出，但这需要持有头寸，而持有头寸就是一种赌博。即使一个金融体系只发挥有益于社会的功能，许多企业和个人依然能从许多人难以理解的交易业务中获取大量收入。

但是，做市、交易和市场流动性在一定限度内有益的事实，并不意味着其好处无限。若任其发展，自由金融市场产生的金融体系内部交易规模将远远超过社会需要的最优数量。

约瑟夫·斯蒂格利茨的诺贝尔经济学奖演讲讨论了该问题的原因。[22]经济学理论解释了为什么企业、个人或国家之间进行商品和服务贸易能够增进人类福利：如果一个人喜欢苹果，另一个人偏爱橙子，或者一个人善于生产苹果，而另一个人精于生产橙子，如果他们能够交换并消费不同于各自生产的水果组合，他们的福利将得到改善。商品和服务贸易受偏好的内在差异或生产能力的不同驱动，而金融交易受预期的差异驱动，反映了不同的分析和不同的信息源。因此，金融市场参与者可能投入绝大多数资源预测极短时间内的价格变动，以走在市场的前面；采用这种方式对单家金融机构来说也许有利可图，但不可能扩大经济蛋糕的规模。确实，对整个社会来说，影响是负面的，因为金融交易需要投入高技能劳动力、计算机和物理设施，成本不菲。

有效市场假说的追捧者对此回应说，这些活动一定有价值，因为它们改进了价格发现机制，保证新信息能得到更快捷和更高效的处

## 第二章 无效率的金融市场

理,从而有利于整个经济的资本配置。然而,考虑到做出实际投资决策所需的时间,该观点完全站不住脚。如果一家公司的股票价格能反映明天新的可得信息,实体经济资本配置决策不可能改善,因为公司在今天只能预测信息。一旦流动性达到合理水平,更多交易带来的边际"价格发现"收益一定会下降。

至于有多少流动性就足够了,我们并没有科学方法进行精确估计。但是,随着高频交易的出现,我知道我们已大大越过最优流动性水平。当计算机需要在1微秒的时间里做出交易策略时,就不可能反映与真实世界中的资本配置相关的信息,只不过是对刚刚获得的市场价格最新变化做出迅捷的市场反应。这与有效的价格发现也没有任何关系,只是能否早1微秒发现价格变动而已。如迈克尔·刘易斯在《高频交易员》一书中所述,使用高频交易的公司在计算机和通信系统方面投入巨额资金,以确保他们的订单能够比其他竞争者早1微秒进入市场。[23]其结果便是为了没有任何社会价值的金融交易活动展开技术和高技能人才的"军备竞赛"。

因此,自由金融市场为金融体系内部的交易活动提供了私人激励,使得金融交易活动的规模远远超过它们能创造的实际社会价值。这种现象已经远不止高频交易这个神秘世界:许多研究表明,相对于和指数挂钩的被动策略,大多数积极的资产管理并未创造任何额外的价值,反而增加了大量额外成本。

实际上,关键的问题是投资者能否从资产管理活动中获得货币增值。私募股权基金和对冲基金费用在毛收入中占相当高的比例。受管理资产(assets under management)占GDP比例的显著上升并未体现出规模经济效应,即随着规模增加每单位产出的成本下降,而在绝大多数其他行业中规模经济非常普遍。尽管无效金融活动的无谓成本也非常重要,它表明采取强有力的公共政策干预是正当的,但这并非本书的重点。对最终投资者收取的资产管理费因为不必要的成本而膨胀，但这不是2007—2008年金融危机爆发的原因。这种物非所值的资产管理活动给最终消费者带来的成本约占GDP的1%，更大的问题是，目前发达经济体的GDP水平相对于危机前的GDP增长趋势而言，下降了10%~15%左右。

更关键的问题是金融密集度上升是否使金融市场和宏观经济更加不稳定。

## 金融密集度、完备市场和不稳定性

金融市场显然容易受到集体非理性价格变动的影响，这与有效市场假说相矛盾。但是，这也提出了一个有待回答的不同问题，即更多交易活动和金融创新是否至少使市场更有效率、更稳定，还是进一步恶化了不稳定和无效率。

经济学家围绕该问题展开了激烈的讨论，至今也未能得出定论。但是，无论是理论分析还是实证分析均表明，人们不应该毋庸置疑地相信"完备市场和交易活动扩大总能带来好处"，换言之，在某些情形下，完备市场和交易活动扩大极有可能带来危害。

理论上，交易活动扩大对市场波动性的影响取决于交易策略和时间期限。非理性"噪声交易者"（noise traders）的行为受羊群效应驱动，他们的交易量增加会扩大市场波动、降低市场效率。对完全理性的投资者来说，如果他们的投资策略是在市场走势向好的时候进行投资而在市场走势逆转之前及时退出，其交易量增加带来的结果与噪声交易者并无二致。相反，理性套利者能够识别出市场价格偏离基本价值，在价格回归理性水平的过程中获利，他们的交易越多，市场会更有效和更稳定。惩罚短期交易的金融交易税理论上能够降低有害波动，因为这将打击受羊群效应驱动的交易者，但并不影响关注长期基本价值的理性投资者。[24]

然而，实证分析的结论不尽一致。一些研究表明，交易量增加扩大了市场波动性，但其他研究提出了反证。一些研究表明，金融交易税降低了波动性，但其他研究发现没有显著影响。[25]最可能的结论是金融交易的扩大对价格波动性的影响是不确定的，并且在不同市场、不同环境下有所差别。不管如何，扩大交易、增加市场流动性总能降低波动性并改善价格发现的论断并未得到证实。

市场流动性增加对资本动员效率的影响也是不明确的。流动性适度的股票市场使存款人能够为长期投资提供融资而无须长期储蓄承诺。但是，市场流动性也减少了投资者对长期投资项目进行深入分析的需求，使他们更加关注短期市场趋势的预测。在债务市场中，流动性增加注定是把双刃剑。高流动性的政府债券市场弱化了投资者评估政府能否真正履行其承诺的需求，转而关注短期内市场情绪和收益率如何变化。如果危机之前的数年间希腊政府债券市场流动性不足，投资者可能更加关注其债务可持续性，而不是在2006年依然借钱给希腊，且收益率仅比德国国债高30个基点。

至于金融创新通过创造出之前不存在的各种金融合约使市场完备，肯定存在正负两方面效应。理论上，更完备的市场使更有效的风险管理和资本配置成为可能，在某些情况下也确实如此。一个合理的例子是石油和天然气期货市场的扩张促进了独立能源公司的出现，这提高了美国能源市场的效率。

但是，正如约瑟夫·斯蒂格利茨指出的，如果市场一定程度的不完美是固有的，那么实现完备市场的特定措施可能产生效率更低的结果。[26]可被用于对冲头寸和降低风险的任何新工具也会被用于赌博。如上所述，创建一个有合理流动性的市场需要一些赌博，但是，大规模的赌博会产生不利于社会的波动性和不稳定。信贷违约掉期的发展丰富了对冲信贷风险的工具，并使信贷定价更加透明，但是，如第六章所述，由此形成的价格容易导致图2.1所示的超调式不稳定。大规模使用信贷违约掉期进行对赌，是导致复杂性和相互关联性激增的重要原因，这使得影子银行体系成为不稳定的引爆器。

市场的确更完备了，但是，其社会影响却是负面的。

## 正确的结论和错误的结论

金融市场并非总是有效率，总体市场价格水平有时会明显偏离理性均衡水平。一些金融交易活动大幅度提高了成本却未产生收益，某些形式的完备市场通过金融创新产生了有害的经济影响，一些市场交易的扩大可能加剧了价格波动，使价格发现效率更低。

但是，这些因素本身并不能证明对金融市场活动施加重大限制的合理性，而只是说明，我们对金融以及更一般性地对市场经济的态度应建立在现实而不是准宗教信仰的基础之上。

支持市场资本主义经济的理由，并非它本身的完美，而是它总体上优于计划主导的经济。支持活跃的金融市场的正当理由，并非它总是有效率的和理性的，而是有活跃的金融市场比没有活跃的金融市场要好。

金融市场有时会遭遇大规模非理性超调，但依然发挥着重要的经济功能。我们在获得收益的同时也要坦然面对一些缺陷。某些金融市场上的交易活动会超过社会需要的最优规模，但是其中一些交易仍然是有益的，不过，我们既没有科学方法确定最优水平，也没有政策工具实现最优水平。

此外，对必定会经历动荡过程的市场导向型创新和投资来说，甚至非理性的股票市场也有着至关重要的作用。如风险资本家兼经济学家威廉·詹韦的著作《创新经济中的资本主义经营》所述，以完全理性的方式计算未来现金流分布概率的方法几乎从未被用于评估重大创新的收益。重大创新浪潮或者是政府战略目标（如国防、交通和健

## 第二章 无效率的金融市场

康)的副产品,或者是源于大公司的研发部门为追求自身利益而开展的研发活动。[27]但是,詹韦也指出,股票市场的非理性繁荣及其与风险资本产业的相互作用,能够带来有利的副作用。21世纪前10年的中期,纳斯达克的股价是非理性的,导致实际资源的严重错配。许多年轻人成立了几乎成功无望的互联网公司,许多投资者损失惨重。但纳斯达克的繁荣和衰退留下了许多公司、基础设施和观念,驱动了新一轮创新。信息充分的完美的经济计划者也许能够做得更好,可以一直推动股市上行而不会出现无序的价值破坏。但是,如此完美的计划者根本不存在,有时非理性繁荣的股票市场也有利于改进我们的福利,比没有资本市场要好。

因此,金融市场不同于其他市场,它可能是无效率的、非理性的,还会带来无谓损失,这一事实本身并不能证明大幅度减少金融活动必然有利。

但是,这意味着我们不应该完全接受支持更多市场自由化和完备市场的公理式主张。我们应该从实际出发,考虑采用公共政策干预措施解决金融市场物有所值的问题。我们应该识别哪些金融活动最容易产生完全不必要的成本并导致宏观经济不稳定。若这些金融活动涉及债务合约和银行,其负面影响的可能性将达到最大;对金融活动扩张和完备市场可以带来无限好处的确信不疑若在信贷市场上盛行,损害就最严重。第二篇和第三篇将解释其中的原因。

# 第二篇

## 危险的债务

2008年金融危机之后的经济衰退如此之深，经济复苏如此乏力，最重要的原因就是私人部门在危机前数十年间的过度信贷创造。第二篇主要探讨过度信贷创造的原因及危害，并说明如何能在信贷扩张的同时保持低而稳定的通胀率。

第三章阐述债务合约的价值和潜在危险，解释银行如何创造信贷、货币及购买力。第四章分析各种不同类型的信贷履行的经济功能，探讨城市房地产在现代经济中的重要性上升带来的潜在影响。这两章共同阐明，银行体系自身必然会创造出过量错误的债务，从而造成金融不稳定，并引发危机。

危机前的杠杆过度增长导致后危机时期严重的债务积压，一切政策工具似乎都失灵了。如第五章所述，修复银行的政策手段不足以修复整个经济。因此，我们需要采取更为根本性的政策。

第六章讨论证券化和影子银行如何像本书描述的那样带来负面影响。银行间交易活动和金融创新的增加并未使金融体系更加有效和更加稳健，反而加剧了信贷周期的内在不稳定，造成更严重的债务积压。声称能够降低风险的各种风险管理工具，实际上扩大了风险。同时，资产管理业中总量急剧增加的体内交易循环是一场零和博弈，不仅没有增加社会福利，由此产生的成本还会减少终端客户的投资收益。因此，对过去30年金融创新的总体评价几乎完全是负面的。

第七章探讨一个看似两难的问题。2008年前的信贷过度扩张确实导致了危机和债务积压，但就当时来看，我们需要信贷急剧扩张来实现充分的经济增长。然而第七章指出，现代经济也可以实现无信贷过度扩张的增长，但要满足两个前提条件：一是要妥善解决"不必要"的信贷扩张的三个动因，即房地产价格上涨、贫富差距扩大和全球失衡加剧；二是要认识到政府发行货币为财政赤字融资是直接刺激需求的有效手段，其危险有时要小于私人信贷创造。事实上，这可能是应对长期停滞（长期性的需求不足而非简单的周期性问题）的唯一治本之策。

# 第三章　债务、银行及货币创造

> 狂热与恐慌循环源自货币供给的顺周期变化……在狂热时期，货币往往看似唾手可得。
>
> ——查尔斯·金德尔伯格，《疯狂、惊恐和崩溃：金融危机史》，1978年[1]

查尔斯·金德尔伯格关于金融危机史的经典著作证明，金融市场永远都在创造繁荣、崩溃及金融不稳定。书中的案例涵盖了股票、郁金香、房地产以及各类商品，地域覆盖了北欧、日本、韩国、美国、英国和其他许多国家。尽管历次危机的具体模式和经济影响各不相同，但结论显而易见（该结论也获得了其他研究者的支持）：顺周期的信贷供给，即繁荣时期信贷急剧扩张且极易获得，随后的衰退时期却突然短缺，驱动了繁荣及崩溃循环，并造成最严重的经济危害，远远超出单个投机者蒙受的损失。尽管非理性繁荣普遍潜伏于各类资产市场当中，但在债务融资的助推之下，其经济危害将更为深重。

2007—2008年危机前的10年间，几乎所有发达国家的私人信贷都出现急剧扩张：美国年均增速9%，英国为10%，西班牙则为16%。[2] 多数国家的信贷扩张快于名义GDP，私人杠杆率（私人信贷/GDP）显著上升。但是，这10年间的信贷扩张只是对过去60年间实体经济持续加杠杆这一长期趋势的延续（如第一章所述）。1964—2007年，英国私人部门总杠杆率由50%上升至180%；1950—2007年，美国由53%升至170%。一些新兴市场经济体也随之呈现类似的趋势。从1970年至1997年亚洲金融危机爆发前夕，韩国私人部门杠杆率由62%升至155%。在中国，债务与GDP的比例由2008年的124%上升至目前的200%。[3]

实体经济杠杆率增长的原因是私人部门信贷扩张快于名义GDP。这引出了一个根本性的问题：我们是否真的需要如此快速的信贷扩张来维持经济以合理速度增长？或者经济增长能否不依赖债务扩张？第七章将探讨上述问题。第三章至第六章将阐释债务水平上升为何导致危机及后危机时期的经济衰退。

## 债务合约和银行的积极作用

人类学家大卫·格雷伯的新著《债：第一个5000年》[4]回顾了债务的发展历史。人类社会使用债务合约的历史与货币相当。而事实上，格雷伯指出债务的历史较货币更为悠久。不过在相当长的历史时期，哲学家和宗教对计息的债务嗤之以鼻，认为其本质上有失公平。债务合约要求债务人必须支付固定的回报，即便其借钱融资的商业项目未获得成功。譬如，佃农必须如期向借钱给他的地主偿付利息，即使庄家歉收也不能豁免。因此，计息的债务合约可能进一步扩大贫富差距。不仅农业社会如此，现代社会亦是如此。第七章将探讨现代社会中债务与贫富差距之间的双向联系。伊斯兰教禁止高利贷；中世纪基督教亦对其颇有微词；亚里士多德在《政治学》一书中将高利贷描述为积累财富的"最可恨方式"。[5]

但现代经济学理论认为，债务合约对于推动经济增长发挥了至关重要的作用。不仅如此，债务合约的固定性质，即不论借钱融资的商业项目成败如何，债务人都应向债权人支付固定的回报，凸显了其独特的价值。

金融市场为动员资本提供了便利。理论上，这一功能完全可通过股权市场实现：所有资本均以股权合约形式从投资者流向企业家及其商业项目；投资者对商业项目的索取权全部以股份形式存在，商业项目100%采用股权融资。

但事实上，自工业革命初期至今，债务资本市场和银行体系在资本积累过程中扮演的重要角色与股权市场相当。经济学理论也有充分的论据表明，假如没有债务合约，资本动员将更加困难。

在股权合约中，投资者回报的多寡取决于其出资支持的商业项目是否成功。但无论是企业家还是投资者，都无法预测项目的成败。一旦项目完成，企业家或经理人远比投资者更为清楚收益实情，其行为决策可能因此对投资者不利，譬如私自提高自身薪酬，侵吞投资者收益。

因此，股权合约将投资者置于不可控的风险境地。全面掌握项目收益实情的成本高、难度大：套用金融学理论术语，即投资者面临"高成本的状态查证"（state verification）的挑战。相反，债务合约的收益是事前约定的，只要项目没有真正破产，就可获得固定收益。[6] 因此，对那些不愿以股权形式出资的投资者而言，债务合约提供了一种更为适宜的出资形式，促进了资本动员。回顾19世纪的英国，如果没有铁路公司债券和股票发行，私人部门投资支持铁路建设的进程将大大放缓。

实现上述好处的一种较为简单的形式是"直接"债务合约，即公司发行债券，投资者出资购买。在流动性较好的债券市场中，投资者可投资于期限较长的项目，并可在较短时间内将其持有的债券出售变现。如第二章所述，债务市场和股权市场具备的这种流动性转换功能，对促进资本动员起着重要作用。

银行作为联结存款人与借款人的中介，进一步强化了流动性转换功能，因为银行允许存款人快速甚至即时支取本息，而且可以保持本金不变。因此，"部分准备金银行"（即将少数存款以流动性最高的现金形式保存,其余部分则投放于长期资产)的兴起可能对当时的经济发展发挥了重大作用。1878 年,白芝浩在介绍英国银行体系的经典专著《伦巴第街》中指出:英国的银行体系比欧洲大陆的许多国家更为先进,它并非简单的保管资金,而是将储蓄资金池做大,使更多资金可供企业家借贷。[7] 经济史学家亚历山大·格申克龙认为,在 19 世纪晚期的德国,投资银行和工业技术对推动经济增长发挥了同等重要的作用。[8]

因此毋庸惊讶,实证研究表明,金融深化(多以私人债务/GDP 或银行资产/GDP 衡量)在国家经济发展的早期阶段具有积极效应。当前,在一些新兴市场国家,比如印度,我们可以找到有力的证据表明:银行体系向小城镇或农村地区扩张,将为中小企业募集资本提供便利,假如资本积累只能采用股权或直接债务合约的形式,中小企业就不可能便捷地募集到资本。

## 债务合约的危险

成也萧何,败也萧何。债务合约和银行的固定性质一方面创造了重要的经济价值,另一方面也带来了潜在的危害。债务合约的投资回报看似确定,但这种特性加剧了非理性繁荣的危险,使泡沫破灭后的灾难也更为深重。债务合约的潜在危险由五个相互联系的特征构成:

第一,债务合约容易误导我们忽视风险。债务合约的收益不直接取决于商业项目成败,但这并不意味着没有风险,只是风险以另一种形式存在而已。

投资者如果购入股票,他预期的收益只是诸多可能的结果之一,真实收益可能远超预期,也可能大为逊色。不仅如此,股票价格日间波动也时刻提醒投资者关注其内在风险。相反,债务合约的收益水平很大程度上是固定的,即全部本金加上事前约定的应付利息。实际收

**债务和魔鬼**

益不可能超出这一固定水平,但在极少数情况下可能出现大量的本息损失。

这种收益模式容易导致短视行为,经济学家安德烈·施莱弗等人也称之为"局部思维"(local thinking):在繁荣时期,投资者认为全额收回本息完全不成问题,对可能发生的损失视而不见。[9]于是在危机前夕,风险最高的贷款和债券几乎被视为无风险资产,由此埋下危险的伏笔。正如安德烈·施莱弗等人描述的那样,投资者热衷于购买债券,银行乐于投放信贷,是因为"人们对其风险熟视无睹"。毫无疑问,2008年危机前夕的美国正是这种情形。如第二章所述,市场不完美会导致所有金融市场价格不稳定。但债务市场不仅如此,市场不完美还可能创造出理性市场根本不可能存在的债务合约。

第二,债务市场可能面临新增信贷供给的"突然终止"。一度忽视风险的投资者和银行家开始关注各种可能的结果,于是不愿意新增信贷投放。债务合约的这一性质蕴含着危险:债务融资(无论是发行债券还是银行贷款)一开始极其容易获得,尔后却突然枯竭,出价再高也无济于事。2004—2008年,爱尔兰信贷供给年均增速高达20%;2009—2013年大幅收缩至1.3%。[10]信贷供给大起大落都会危害经济。

与股权融资相比,债务融资突然终止的危害性更大。这是因为债务合约具有固定期限,存量债务需进行滚动展期;而股权融资是永久性的,无须在特定期限内偿还本金,甚至收入分配(股息)也有一定自主空间。因此,试想一个经济体完全关闭新股发行市场数年之久,在此期间尽管可能发生经济损失,但商业经营和新的投资活动仍然能够维持。但是,一个积累了大规模存量债务的经济体则高度依赖新增信贷供给。新增信贷一旦终止,负债依存度高的公司将停止投资,更有甚者出现倒闭。相较于股权密集型经济体、债务密集型经济体,尤其是过度依赖短期债务融资的经济体,在面临投资者信心突然崩溃或银行信贷能力突然萎缩时，显得更加脆弱。

第三，当债务合约不可持续时，无法进行相应的平滑调整。美联储前主席伯南克指出，"在有着完备市场的世界中（即阿罗－德布鲁模型描述的理想状态，参见第二章），根本不可能发生破产"。[11]相反，债务合约会事先约定借贷双方的损失分担机制，尽管投资收益令人失望，公司却能继续经营。但在现实世界中，由于高昂的行政管理成本以及在经济周期的谷底"折价甩卖"资产而蒙受损失，破产程序时常被迫中断。

第四，投资者信心突然下降和信贷供给突然收缩引发的资产价格下跌会进一步削弱投资者信心，减少信贷供给。违约和破产迫使失败的公司甩卖资产，导致公司资产价格进一步下跌。随着公司和家庭购买信贷资产的意愿和能力降低，信贷供给减少将使资产价格下跌的势头蔓延。而资产价格下跌将损害银行的清偿能力，进一步制约信贷供给。

第五，资产价格下跌造成债务积压和通缩风险。面对资产价格下跌，债务人忽然开始担忧负债过度。为降低存量债务、保证清偿能力，债务人削减消费（家庭部门）和投资（企业部门）支出。在宏观层面上，家庭和企业部门的这些行为将抑制总需求及经济增长，并使资产价格和信心进一步承压。如第五章所述，我们当前面临的严重债务积压，是后危机时期经济复苏如此乏力的首要原因。

综上所述，准固定性质的债务合约、本质上不完善的市场以及短视的人类行为，这三者的相互作用导致了金融和宏观经济不稳定。这些因素共同助长了过度繁荣的泡沫，又共同导致后危机时期的经济衰退。1933年，经济学家欧文·费雪在一篇著名论文中指出，美国面临大萧条的原因是信贷过度创造诱发的自我强化式的债务－通缩。图3.1展示了债务－通缩过程。[12]由此反观2007—2008年危机及随后出现的大衰退，债务－通缩似乎正在重演。

### 债务和魔鬼

1. 债务清偿导致资产廉价出售；
2. 存款货币的收缩；
3. 价格水平下降；
4. 企业资产净值的更大下降，加速了企业的迅速破产；
5. 利润同时下滑；
6. 产出、贸易和就业减少；
7. 悲观蔓延、信心缺失；
8. 囤积货币，货币流通速度进一步下降；
9. 复杂的利率变化，表现为名义利率下降，实际利率上升。

图3.1 费雪的债务－通缩动态机制：关键特征

因此，债务可能是危险的，即使全部债务都采用发行债券的直接融资形式（特别是期限较短的债券）也不能避免这种危险。而银行的介入进一步放大了危险，因为银行创造信贷、货币和购买力。

## 银行及其创造的货币

不论是本科生的经济学教材，还是研究金融中介的学术论文，对银行的描述不外乎如此："银行从家庭部门吸收存款，并向企业部门提供贷款，在各种备选的资本投资机会之间进行资本配置。"[13]但对于现代银行而言，这种描述不免脱离实际，难以反映出银行的本质功能及内涵。

银行创造信贷和货币，进而创造购买力。银行向借款人发放贷款，并在自身的资产负债表中记为资产，同时将贷款资金存入借款人账户，派生出相应的负债。贷款应在到期日偿还，而借入的资金立即可供使用。正是这种"期限转换"功能创造了有效购买力。借款人可能（几乎一定会）将这笔资金支付给其他企业或居民，从而在对方账户中创造了货币。现代经济中所谓的"货币"，绝大多数都是以这种方式创造出来的：英国98%的货币均以这种形式存在，由国家直接发

## 第三章 债务、银行及货币创造

行的纸币和硬币仅占2%。[14]

银行通过创造信贷和货币增加了购买力,因此,银行的货币创造对刺激名义需求增长发挥着关键作用。如第八章所述,银行信贷和货币创造可能引导购买力相对集中于投资领域,至少在一定时期内推动经济较快增长。但这种功能同样可能导致购买力相对集中于金德尔伯格描述的资产投机活动。因此,银行信贷创造的数量及用途成为至关重要的议题。

事实上,不论目的是否正当,创造信贷及购买力的能力并非银行独有。假如企业销售产品或服务时愿意接受本票,而无须支付现金,实质上就以某种形式创造了信贷。假如客户的信用资质毋庸置疑,供货商可将客户的本票支付给上游供货商。那么,这张本票实际上已等同于货币。自发兴起的贸易信贷扩大了经济体中的购买力,即使没有银行参与,也可能滋生投机性泡沫。1638年发生于荷兰的郁金香球茎狂热中,银行的作用微乎其微。相反,供应商融资方面的创新导致未清偿贸易信贷的价格与价值出现自我强化的交替上升。如第六章所述,游离于正规银行体系之外的影子银行同样能够创造信贷与货币等价物。

部分准备金银行的出现极大地拓展了创造信贷与购买力的空间。瑞典经济学家魏克赛尔在《利息与价格》(1898年出版)一书中阐明了其中的原理。[15]在以银行为基础的信贷(魏克赛尔称之为"有组织的信贷")体系中,银行资金成为主导性的交易媒介。基于便利性和安全性的原因,家庭和企业部门持有的货币几乎全部为银行存款,支付交易几乎全部依托于银行间清算系统,通过不同账户之间的资金划转来实现。因此,货币一旦通过银行新增信贷创造出来,几乎必然在银行体系内部循环;仅有极少量货币"漏出",以纸币和硬币形式使用。

魏克赛尔由此得出结论,银行体系能极大地增加经济体中的潜在购买力。而这种能力被银行间拆借市场进一步强化:虽然单家银行必

**债务和魔鬼**

须在资产中持有一定数量的流动性储备（以备存款人要求将资金划转至其他银行），因而可能受到约束，但如能在银行间拆借市场借入资金，约束便解除了。银行间拆借市场的流动性越高，银行体系创造新的信贷和货币受到的约束就越少。[16]

基于此，魏克赛尔担心自由市场银行体系本身可能创造出过量信贷，并导致有害的通胀。他提出两种解决方法应对这一问题。第一种方法是要求银行将固定比例的负债资金存入中央银行作为流动性储备，并由中央银行负责控制储备比例，从而约束银行的信贷创造活动。但实际上，现代中央银行已不再倾向于这类数量型调控手段。

第二种方法是中央银行将市场利率维持在魏克赛尔定义的"自然利率水平"（即实体经济的实业投资项目所能获得的收益率水平），从而合理控制信贷创造数量，并避免通胀的危险。魏克赛尔主张，只要将利率维持在"自然水平"，企业家就有动力借入资金，投资于最有可能提高实际生产率并与创造出的额外购买力相适应的商业项目。这样，购买力与产出便能保持均衡增长，不会带来通胀风险。

危机前，中央银行的正统经济学至少间接地继承了魏克赛尔的见解。作为诠释危机之前中央银行正统经济学的经典著作之一，迈克尔·伍德福德的《利息与价格》就深受魏克赛尔思想的启发。[17]中央银行逐渐树立起这样的信念：只要利率水平能使通胀率保持在低而稳定的水平上，银行体系创造的信贷数量根本无关紧要。低而稳定的通胀率足以保障金融和宏观经济稳定。

然而，2007—2008年金融危机证明上述观点是完全错误的。尽管通胀维持低位，过量信贷还是引发了危机。究其原因，可归结为以下两方面：一是信贷投放创造的债务合约可能导致了负面后果；二是发达经济体的多数信贷未用于支持新的资本投资。前者本章已作探讨，后者将在第四章具体阐述。

## 第四章　太多的错误债务

在1928年和1970年,大多数银行的核心业务是向公司发放非抵押贷款,鲜有例外。及至2007年,许多国家的银行业务转型为房地产贷款……标准教科书中描述的金融部门职能通常是在家庭部门储蓄与企业部门生产性投资之间提供中介服务。然而,这类传统业务在当今银行业务中的份额微不足道。

——奥斯卡·霍尔达、莫里茨·舒拉里克和艾伦·泰勒,《大抵押》[1]

教科书对银行的描述通常假定向企业部门发放贷款是为新的资本投资筹集资金。对金融深化价值的解释几乎全部集中于更多信贷资源流入商业部门和企业家手中产生的积极效应。[2]但是在现代银行体系中,多数信贷并未用于支持新的资本投资,而是为购买现存资产提供资金,特别是为购买现存房地产提供资金。

这种现象在一定程度上不可避免,因为房地产在发达经济体的财富总量中占据一多半。不仅如此,从借款人的个人角度看,抵押贷款显然具有社会价值。而从私人银行的角度看,以房地产为抵押发放贷款似乎是最便利、最安全的业务。

然而,房地产及房地产抵押贷款的重要性上升对金融和宏观经济稳定产生了深远影响。不同类型的信贷发挥着不同的经济功能,其后果更是天壤之别。信贷只有用于支持新的有效资本投资,才能产生额外的收入流,以确保债务是可持续的。危机爆发前,正统观点认为,信贷创造的数量以及在不同用途之间的配置应当完全交由自由市场力量决定。但事实恰好相反，如任由银行自行发展，必然会导致太多的错误债务。

**不同类型的信贷**

按照教科书的说法，信贷投放是为新的资本投资提供资金。但它同样可以为扩大消费和购买现存资产（如油画、住房、办公楼或公司）融资。

图4.1显示了英国2012年银行信贷的分类情况：住房抵押信贷占65%，无抵押的消费信贷占7%；而在公司信贷中，多数被用于商业地产开发或投资。[3]这些分类数据无法准确对应于投资、消费和购买现存资产的信贷用途划分。住房抵押贷款可能用于购买房地产，也可能用于扩大消费；购买的房产可能是现存的，也可能是新建的；商业房地产贷款可能用于现存房产投资，也可能用于新盘开发。但显而易见的是，在英国的全部银行信贷中，为房地产以外的其他资产投资提供资金的信贷占比不超过14%。类似的现象广泛存在于其他发达经济体，甚至在越来越多的新兴市场经济体中也初现端倪。要探究2007—2008年危机及后危机时期经济衰退的根本原因，则必须理解不同信贷类型产生的不同经济影响。

**为消费融资的信贷**

在多数发达经济体中，纯粹为消费融资的信贷业务在信贷总量中仅占很少份额。英国家庭部门无抵押信贷（包括个人贷款、账户透支及信用卡）占GDP比例仅为10%，[4]美国仅为5%。[5]但上述数据低估了以信贷融资的消费的作用，因为抵押信贷资金亦用于支持消费扩张。2007—2008年危机前的美国住房抵押信贷急剧扩张，对刺激美国

# 第四章 太多的错误债务

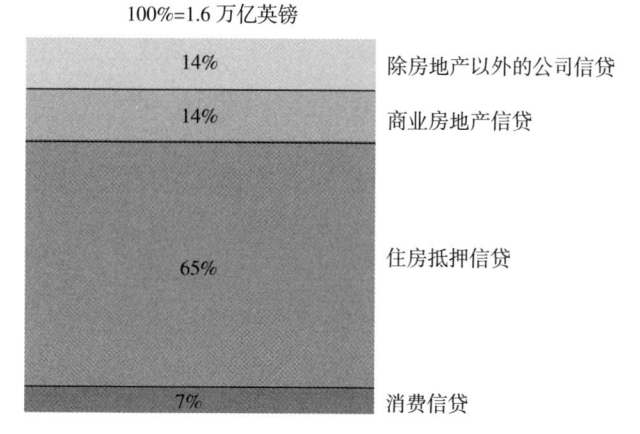

100%=1.6万亿英镑

| 比例 | 类别 |
|---|---|
| 14% | 除房地产以外的公司信贷 |
| 14% | 商业房地产信贷 |
| 65% | 住房抵押信贷 |
| 7% | 消费信贷 |

图4.1 2012年英国银行信贷分类情况
资料来源：英格兰银行。

居民消费增长发挥了重要作用。

个人贷款和信用卡使人们面对收入波动的同时能保持消费相对平滑。以抵押贷款为消费融资，则是在终生总收入的约束内，使人生不同阶段的消费水平相对平滑。这种"平滑消费"的功能与信贷流动和配置无关，但仍是有价值的，即经济学中所谓的"福利改善"。[6]

但是，消费信贷也可能对个体和宏观经济带来负面影响。特别是在贫富差距加剧的情况下，人们可能过度举债，不顾未来收入前景的约束，盲目追求客观上难以承担的高额消费。他们要偿付的贷款利率如此之高，以至于借贷消费反而使终生可支配收入大幅减少。如第七章所述，债务扩张与贫富差距加剧在一定程度上互为因果。

大量债务为消费融资也是导致后危机时期债务积压的重要原因。如果以房地产为抵押进行贷款，借款人的偿债能力随着房价上涨而提高。但是，当房价下跌，过度负债的家庭面临违约并设法去杠杆，从而抑制经济增长。

简而言之，如果信贷为消费扩张融资，而未支持有效的资本投资，那么信贷创造出的债务最终可能难以为继。这种情况在公共财政

债务和魔鬼

领域屡见不鲜：如果用财政赤字为消费融资，而未用于支持促进增长的投资活动，那么将更容易累积不可持续的公共债务负担。对于私人部门的信贷创造，这一点同样成立。

## 为投资和过度投资提供资金的信贷

如果信贷被用于支持有效的投资，进而使未来生产潜力得以提升，那么就可以得到清偿，换言之，投资本身产生的收入可供偿还债务。但是，其中最关键的标准是"有效"，即使信贷融资被用于支持新的资本投资，同样可能造成浪费和经济不稳定。

信贷创造为资本投资提供了便利。如第八章所述，一些发展中国家通过信贷指导实现了较高的投资水平和较快的经济增长。但哈耶克和明斯基的研究指出，信贷创造可能导致周期性过度投资，造成实际资源浪费和债务积压。[7]

周期性过度投资由两个因素共同导致：一是投资项目未来收益的内在不确定性；二是新建资本资产所需的漫长周期。基于上述因素，我们不可能通过完美的市场机制来确保自由市场选择的投资水平恰好适应于未来的产品和服务需求。若预期某种产品或服务需求增加，用于生产它的资本资产需求也相应增长，那么现存资产价格将随之攀升，从而刺激大量新增投资，使之远远超出合理水平。

纵观历史，基于信贷融资的周期性过度投资历来是资本主义的一大特征，远至19世纪的铁路兴建热潮，近至20世纪遍及美国、西班牙、爱尔兰等国的房地产建设热潮。截至2006年，爱尔兰每年新建住房约9万套，而该国人口仅400多万。[8] 不少建筑商和开发商随后破产。坐落于"鬼宅"上的2万套住房已被摧毁，建设投资全部付诸东流。然而在上行周期，住房建设和对其投放信贷看起来都是有利可图的。若纯粹从个体角度看，事实常常是如此。一些幸运的开发商赶在

第四章 太多的错误债务

2008年夏季之前竣工并出售房产，的确实现了盈利；而此前到期的贷款通常都已全额偿还。直至2008年危机爆发前夕，自由市场一直释放出追加投资的信号。

然而从总体角度看，后果却是灾难性的。尽管某些投资实现了盈利，但这仅仅是因为源源不断的新增信贷供给暂时推升了竣工项目的价格。套用明斯基的定义，信贷体系已由"对冲型"（hedge，即信贷支持的资产投资能产生足够的收入用以偿还债务）转化为"投机型"（speculative，即新增信贷供给成为偿还存量债务的必要手段）。[9]

由此可见，自由市场信贷体系可能导致周期性过度投资，进而产生以下两种危害。一是实体经济资源配置失灵。20世纪末至2007年，西班牙建设投资占GDP比例由8%升至12%以上；爱尔兰由4%升至9%。同时，两国建设部门的就业人口份额迅速增加。[10]于是，后危机时期失业率高企成为不可避免的后果。美国佛罗里达、亚利桑那等州也出现过房地产建设热潮，情况也颇为相似。

二是债务积压效应。即使信贷繁荣没有带来新的投资，而是全部集中于现存资产，债务积压问题也依然会出现。实际上，集中投向现存房地产资产的信贷繁荣可能进一步强化了哈耶克和明斯基描述的信贷周期。[11]

## 为现存资产融资的信贷：房地产的重要地位

信贷资金可用于购买各式各样的现存资产。理论上，艺术品的价格可能被信贷泡沫推升，因其价值仅仅取决于主观审美偏好。1638年荷兰爆发郁金香泡沫，直接原因就是郁金香球茎外形漂亮，备受追捧。

一些非房地产商业融资集中于其他现存资产。例如，不少私募股权收购项目本质上是为了提高现有公司的杠杆水平，在不必增加投资

## 债务和魔鬼

的情况下承担更高风险,以期提升潜在收益。

但是,以现存资产为抵押的信贷业务绝大多数为房地产抵押贷款。在多数发达经济体中,大部分银行信贷均以现存房地产为抵押。越来越多的新兴市场经济体也呈现这种趋势。

这种现象并非长期存在。霍尔达、舒拉里克和泰勒的研究表明,发达经济体的银行业务在过去45年中发生重大变化(如图4.2)。1928—1970年,房地产信贷占全部银行信贷的比例由30%逐步上升至35%。到2007年,这一比例接近60%,而其余40%的银行信贷中也有相当一部分可能是为商业房地产融资的。[12] 正如霍尔达、舒拉里克和泰勒所述:

> 在1928年和1970年,大多数银行的核心业务是向公司发放非抵押贷款,鲜有例外。及至2007年,许多国家的银行业务转型为房地产贷款……标准教科书中描述的金融部门职能通常是在家庭部门储蓄与企业部门生产性投资之间提供中介服务。然而,这类传统业务在当今银行业务中的份额微不足道。

虽有部分房地产信贷用于支持新建房地产投资(包括住房和商业地产),但绝大多数房地产信贷被用于购买现存房地产资产,即家庭用贷款购置存量住房;公司和机构投资者贷款投资现有商业地产。例如2000—2007年,英国出现的抵押信贷繁荣和房价上涨主要集中于现存房地产,新建房地产投资仅出现小幅增加(这与美国佛罗里达州、西班牙、爱尔兰的房地产建设热潮有所不同)。

我们必须认识到,即使发达经济体完全不进行新建房地产投资,银行新增信贷同样会集中于房地产融资。这反映出一个不可避免的趋势:随着社会富裕程度提高,房地产在财富中的重要性不断上升。

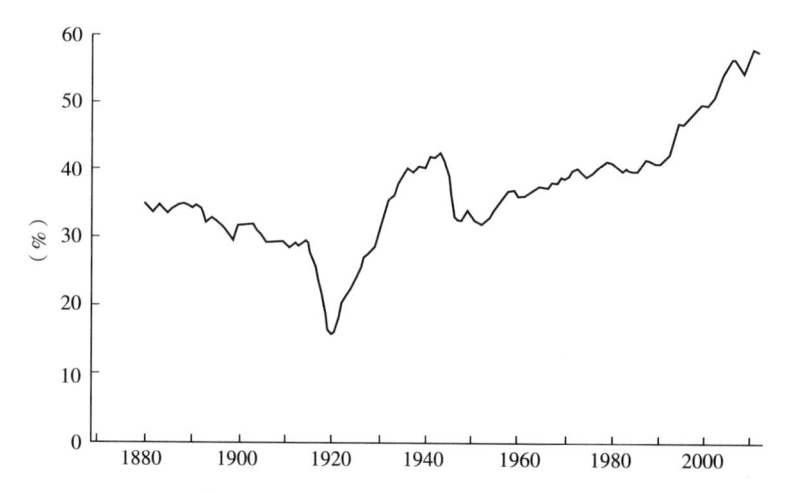

图4.2　17个发达经济体的房地产信贷占全部银行信贷的份额

资料来源：Jordà、Schularick and Taylor（2014a）© 2014 by Òscar Jordà, Moritz Schularick, and Alan M. Taylor。版权所有，经授权使用。

## 房地产在财富中的重要性上升

托马斯·皮凯蒂在《21世纪资本论》一书中注意到这样一个现象：发达经济体的财富收入比在过去40年间出现了惊人上升，[13] 1970年财富总量是国民收入的3倍左右，到2010年扩大至5~6倍。

造成这种变化的原因是多方面的，但首要原因当属住房价值大幅攀升。在许多国家，住房是财富的主要组成部分，也是财富与收入比上升的最主要来源。例如法国和英国，住房占据一半以上的财富总量；两国总财富与收入比自1970年以来不断上升，其中90%~100%可由住房财富相对于国民收入的增长来解释。在英国，住房财富占国民收入的比例由1970年的120%升至2010年的300%；在法国，住房财富占GDP比例由1970年的120%至2010年的371%（见图4.3）。此外，虽然商业地产数据在图4.3中没有单独列示，但它在非住房财富中应占据显著份额。

67

**债务和魔鬼**

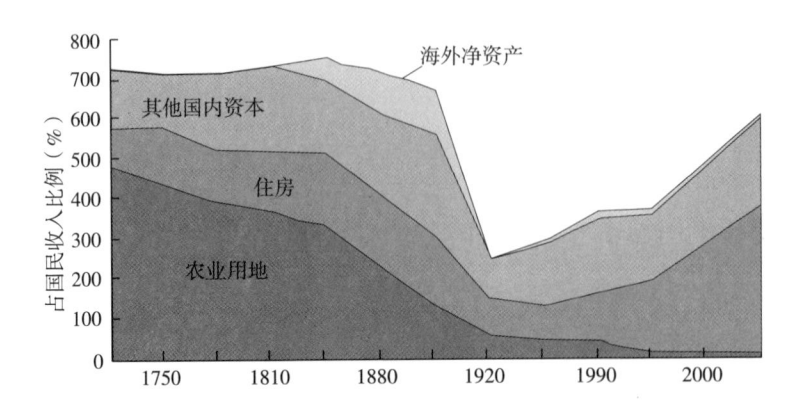

图4.3 1700—2010年法国各类资本占国民收入比例

资料来源：Piketty（2014），Arthur Goldhammer 译，第117页，Cambridge, MA: The Belknap Press of Harvard University Press, Copyright © 2014 by the President and Fellows of Harvard College。经出版商授权引用此表。

绝大部分住房财富体现的并非房屋的建筑价值，而是房屋所在城市的土地价值（在许多国家，住房财富的增长也是如此）。在伦敦、巴黎、纽约、旧金山、香港等特大型城市，实际建筑支出对房地产价值增长的解释作用微乎其微。1950—2012年，发达经济体的住房价格上涨平均有80%应归因于土地价格上涨，仅有20%归因于房屋建筑价值增加。[14] 在所有富裕国家，城市土地（特别是那些最受欢迎、最具价值的地段）占据总财富的份额不断上升，而通过资本投资积累的存量资本的份额则相应缩水。近年来，许多新兴市场经济体也开始呈现这种趋势。

这种现象乍一看难以理解。现代经济被许多经济学家称为"失重"经济，因为实物产品的重要性在下降，而软件和应用程序的重要作用日益凸显。然而，土地作为实物商品的典型，其重要性反而有增无减。有趣的是，土地在经济中的重要性上升，恰恰是信息和通信技术迅猛发展的直接后果。未来，信息和通信技术发展越快，房地产和土地的重要价值将愈加凸显。

## 第四章 太多的错误债务

最近,麻省理工学院经济学家埃里克·布莱恩约弗森和安德鲁·麦卡菲在新著《第二次机器革命》中指出,信息和通信技术之所以具有独特的优势,主要源于两个显著特征:首先,硬件容量的价格将根据摩尔定律迅速贬值,每1.5~2年折价一次;处理器、存储器、带宽等其他许多方面亦是如此。第二,软件一旦研发成功便可大量复制,边际成本几乎为零。[15]

上述特征使得信息和通信技术公司能以少量资本投资创造出巨额财富。2014年末,脸书(Facebook)的权益估值高达1 500亿美元,而公司运转依托的软件"机器"最多由5 000名工程师花数年时间便可建成。这与汽车、飞机或传统铁路公司消耗的巨额投资相比,简直微不足道。不仅如此,这两个特征还揭示出普适性的规律:支持业务运转的"机器"如果大量运用信息和通信技术的硬件或软件,其资本设备相对于当期产品和服务将持续贬值。国际货币基金组织的数据显示,1990—2014年,资本设备相对于当期产品和服务的价格下降了33%。[16]

这种趋势不可避免地导致一种后果:相对价格未出现下降的资本支出在投资中占据的份额不断上升,其中最重要的当属实物建筑。随着内嵌于资本品之中的信息和通信技术含量迅速增加,房地产及基础设施建设在全部投资价值中的份额必然相应上升。

与此同时,消费模式转变使理想地段的土地变得更加重要。随着生活水平提高和收入增长,人们选择消费的产品和服务组合也开始发生变化。某些支出类型接近饱和(如食品、衣物和家居用品),数量及金额增长均慢于收入增长。另一些支出类型(如平板电脑、手机、电脑游戏)的数量继续增长,而价格反向变化、迅速下降,因此支出金额增长最多与收入增长同步。

与上述"低收入弹性"的产品和服务相对应的,是需求收入弹性大于1的产品和服务,也就是支出增长快于收入增长的产品和服务。

其中最重要的就是特定地段的住房。为了能够居住在城市的最佳地段，消费者不惜以高价竞争，购房支出在收入中占据的份额越来越高。如果最佳地段是稀缺的，理想房地产所在的土地是不可再生的，那么唯一可以调节的就是房地产的价格。

因此，房地产和可建设用地的重要性上升在一定程度上是科技因素及消费偏好因素共同作用的结果。发达经济体的房地产密集度日益提高，其原因在于信息和通信技术密集度和富裕程度的普遍提高。但是，一旦人们认识到房地产价格上涨的趋势，将进一步推升房地产的重要性。人们将房地产作为一个"资产类别"进行投资，不仅为了享受居住空间，而且希望实现资本利得。

实际上，在高端住房市场中，"资产投资"可能已成为购房的首要动机。在伦敦、迪拜和纽约，极尽奢华的住房大量出售，却鲜有人入住。这种现象并不局限于高端住房，在普通住房市场中也普遍存在。如果人们担心因房价上涨蒙受损失而将购房时间相对提前，他们实质上已将住房视为投资。对多数人而言，住房绝对是毕生最重要的一项投资。在英国，用于出租的住房投资，即"买房出租"投资占存量住房的比例已升至15%。

因此，即使没有杠杆助推，发达经济体的房地产密集度依然会不断增加。这种趋势将不可避免地导致杠杆扩张，从而使房地产密集度进一步增加。

## 房地产与杠杆：信贷偏向及信贷与资产价格周期

目前，大多数银行信贷（在美国则是资本市场的多数债务融资）都被用于为购买房地产融资，与50年前大相径庭。这一定程度上说明房地产占财富总量的份额增加了，也说明抵押信贷在促进住房流通转让（包括不同个体、不同代之间的转让）方面具有重要的社会价

## 第四章 太多的错误债务

值。但是,这同时足以说明银行过分偏重以房地产资产为担保的信贷业务。

对房地产以外的其他商业项目投放信贷,必须严格评估项目前景及未来现金流情况,不仅流程繁杂,而且成本较高。一旦项目失败,资产几乎没有转售价值。而房地产(包括商业地产和住宅地产)的价值在不同的用户手中均能充分体现。因此,以房地产资产为抵押看似能够简化风险评估程序。那些希望快速提高市场份额的银行,往往侧重发展房地产业务;相对而言,其他信贷业务只能稳步发展,无论是客户关系还是专业知识都需要长期积累、深耕细作。即使面临重大的经济衰退,住房抵押贷款的实际损失通常也非常有限(商业地产则不同)。在本轮危机中,美国住房抵押贷款的实际损失占贷款总量的7%,原因是危机前的次级信贷扩张过于激进。英国同样经历了抵押信贷急剧扩张,而在本轮危机中的实际损失占比仅1%。[17]

从银行个体角度看,以房地产为抵押的信贷业务似乎比其他信贷业务风险更低,也更易于管理。一些情况下也确实如此。20世纪中叶以前,一些发达经济体不鼓励银行进入房地产信贷市场,甚至采取多种限制措施。如日本、英国、加拿大都对银行房地产抵押信贷业务实行管制。一旦管制放开,这些银行机构对房地产信贷便趋之若鹜。[18]

但是,以房地产(特别是供给增加相对困难的现存房地产)为抵押发放贷款可能导致信贷供给、信贷需求和资产价格的自我强化周期。图4.4展示了上行周期:信贷供给扩张推升资产价格,从而提高了借贷双方的资产净值,增强了信心。对银行而言,资产价格攀升使信贷损失维持低位,资本基础增强,从而能够投放更多信贷;同时,良好的贷款表现强化了银行管理层及信贷部门的信心,认为未来的贷款将同样安全。对借款人而言,在抵押比给定的情况下,净值增长使借款人能借入更多资金;同时,人们对价格上涨的感受将使他们产生乐观的预期,认为资产价格在中长期内将继续上涨。纵观现代经济

### 债务和魔鬼

史，房地产信贷与价格保持同步变化。在2000—2007年的最近一轮上行周期中，美国住房抵押信贷规模和房价分别增长134%、90%；西班牙分别为254%、120%；爱尔兰分别为336%、109%。[19]

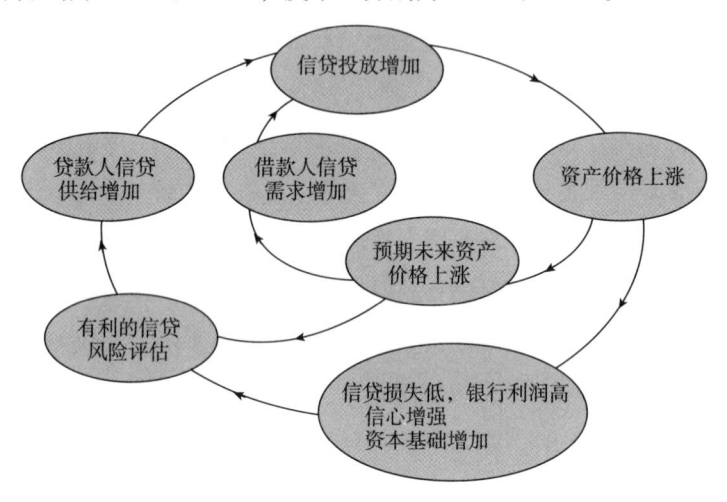

图4.4　信贷与资产价格周期

上述信贷与资产价格周期有时会导致新建房地产投资热潮。爱尔兰、西班牙、美国佛罗里达州及内华达州，都曾出现危机前的房地产建设热潮。不仅如此，这种周期还可能导致现存房地产及土地价格的涨跌周期。譬如，英国房地产价格的涨跌周期主要出现在现存房地产市场中；而美国曼哈顿、旧金山等特大城市由于住房建设空间更为受限，情况更是如此。[20]即使在一些出现新建房地产热潮的国家或地区，现存房地产价格暴涨（例如，爱尔兰都柏林市中心房地产）对于保证新建项目实现盈利也起到了重要作用。

在现代经济体中，金融不稳定的核心在于无限的信贷供给能力与缺乏弹性约束之间的相互作用。除非受到政策约束，否则银行和影子银行（如第六章所述）就能够无限地创造信贷、货币及购买力；而理想地段的房地产（本质上是土地）的供给往往缺乏弹性，在某些城市甚至近乎固定。因此，潜力无限的名义需求与有限的供给之间相互作

第四章 太多的错误债务

用,导致特定地段的房地产价格难以预测、大起大落。由此产生的信贷和资产价格周期,正是现代经济体中金融不稳定的本质所在,绝非其中的细枝末节。[21]

上行周期推升了房地产价格,使房地产在财富中的重要地位愈加彰显(如图 4.3 所示)。然而一旦周期反转下行,经济将更容易遭受金融危机及后危机时期的衰退(如图 4.4 所示)。在下行周期,资产价格持续下跌导致借贷双方净值缩水,信心受挫,从而抑制信贷供给和信贷需求。于是,经济陷入债务积压的困局,相关影响将在第五章具体阐述。

# 第五章　陷入债务积压困局

家庭债务急剧扩张通常是经济灾难的前奏。事实上，这两者总是呈现出稳健的相关性，几乎可视为宏观经济学中的一条实证定律。

——阿蒂夫·迈恩和阿米尔·苏非，《债居时代》[1]

肇始于发达国家的金融危机爆发至今已有六年之久，全球经济仍未步入去杠杆的正轨，这与人们的预期大相径庭。事实上，全球债务总量占GDP比例仍持续上升，并且速度不减，屡创新高：2008年至今已上升38个百分点，达到212%。

——路易吉·布蒂廖内、菲利普·莱恩、卢克雷齐娅·赖希林、文森特·莱因哈特，《去杠杆，什么样的去杠杆？关于世界经济的第16份日内瓦报告》[2]

2007—2008年金融危机拉开了信贷紧缩的序幕，危机前急剧扩张的信贷戛然而止。因此，修复金融体系（特别是银行）被视为当务之急。更高的银行资本要求和压力测试旨在消除市场对银行清偿能力的疑虑，扫清银行融资障碍。公共注资和中央银行流动性便利旨在鼓励银行重新开始放贷。这些政策虽然恰到好处、切中要害，但不足以解决问题。

这是因为当前最大的问题不是金融体系受损，而是实体经济面临严重的债务积压。修复银行体系显然不是治本之策。事实上，面对严重的债务积压，所有政策工具似乎都失灵了。其结果是持续七年的经济衰退，至今仍复苏乏力。

## 日本：矿井中的金丝雀

危机前夕，私人部门杠杆率疯狂飙升（如第一章图1.2所示）却几乎无人关注。但我们本应以史为鉴，有所警觉，因为日本20世纪90年代以来的惨痛教训已充分说明债务积压的巨大危害。辜朝明2008年出版的重要著作《宏观经济学的圣杯：日本经济大萧条的教训》（中译本书名为"大衰退"）阐释了债务积压如何危害经济。[3]

20世纪50年代到80年代，日本成功运用信贷指导政策带动大规模投资，实现快速经济增长。然而自80年代初期开始，银行逐渐被允许涉足房地产信贷，而且对这项业务趋之若鹜。不仅如此，许多非银行机构在从事核心制造业和消费者服务业务之余，大量参与房地产投机活动。

一场由信贷驱动的房地产繁荣由此拉开帷幕。1985—1989年，日本国内银行信贷规模增长65%，而房地产信贷规模增长4倍，土地价格上涨245%。[4]1990年，日本所有土地总价值约为GDP的5.2倍，总财富收入比相应从1980年的510%升至800%。[5]假如按当时的市场价格重建东京市区中心皇宫周边的花园，其价值将与整个加利福尼亚州相当；而东京千代田区的土地价值据称已超过整个加拿大。[6]

房地产泡沫最终破裂于90年代。某些地段的商业地产价格大幅下跌80%。[7]基于房地产价格持续上涨预期而大量举债的日本公司，突然意识到债务膨胀的压力，并设法用经营收入流偿还债务。因此，公司削减投资，试图去杠杆。相对于经济体其他部门而言，公司部门由净借款方变为净存款方。即使下调利率水平趋近于零，也无法扭转这种局面。日本已进入辜朝明所说的"资产负债表衰退"（balance sheet recession）。公司部门决意偿还存量债务以改善资产负债表，即使采用低利率政策也无法刺激支出。于是，日本经济经历了长达 20 年的缓慢增长和持续通缩。

但在 2007—2008 年危机前，日本的经验教训并未引起西方经济学家、监管者和中央银行的重视。他们普遍认为日本经济形势与西方相去甚远，只能作为特例，不具有普遍意义。但霍尔达、舒拉里克和泰勒的分析表明，由房地产信贷扩张导致的债务积压问题在不同发达经济体中都呈现出愈演愈烈之势。[8] 平均而言，发生于抵押信贷大幅扩张之后的经济衰退通常更为深重，持续时间更长。而银行体系对房地产的过分偏重，进一步加剧了抵押信贷导致的债务积压问题的严重性。作者还指出："如果繁荣时期抵押债务急剧扩张，其后经济衰退通常更加深重，经济复苏也更加缓慢。"无论金融危机是否导致大型银行或金融机构失败，上述情形都是成立的。典型例证是英国 20 世纪 90 年代初期的经济衰退。20 世纪 80 年代，英国经历了一轮强劲的信贷扩张和房地产繁荣，但随后便出现房价急剧下跌、需求萎缩和经济衰退，并且经济复苏十分缓慢；而当时银行贷款并未出现大幅损失，故而并未危及银行体系的清偿能力。

金融危机和银行破产确实可能造成严重的危害，但私人信贷过度创造导致的债务积压将带来更深重的灾难。

## 美国和房债

2007 年，发达经济体私人部门杠杆率，特别是以房地产抵押的杠杆率创下历史新高。正因如此，后危机时期债务积压的影响才尤为严重。过量债务对美国经济造成了哪些严重危害？阿蒂夫·迈恩和阿米尔·苏非的《债居时代》一书深刻阐释了这一问题。[9]

作者们阐释了债务积压效应如何影响单个家庭的行为决策。在繁荣时期，家庭倾向于借钱购买住房，这种做法在房价持续上涨的情况下似乎非常合理。但是当房价下跌,借款人的净值缩水,杠杆率越高,蒙受损失的比例越大。假设抵押贷款的最大抵押比为90%,5%的房价下跌将使房屋净值损失50%。

面对净值减少,家庭开始缩减消费开支。这种转变部分地遵循了简单的"财富效应":当人们感到富裕程度下降,便倾向于削减消费增加储蓄。但是,如果借款人担心净值严重缩水甚至会资不抵债,并可能面临破产程序、重新安置、以跳楼价(fire sale price)抛售房产的额外成本,那么削减消费的倾向就会进一步强化。还有一个重要的问题是,人们害怕一旦违约,未来将无法申请贷款(除非愿意支付高昂的利率)。

因此,当房价下跌,降低债务水平成为高杠杆家庭的当务之急(美国家庭部门与辜朝明分析的日本公司部门类似),消费支出的缩减抑制了经济需求。但同时,作为净贷款方(net creditor)的其他经济部门并没有增加支出抵消家庭部门消费支出的减少。[10]事实上,房产价格下跌将导致信贷证券的价格下跌,或引发对银行清偿能力的担忧,净贷款方本身也会相应缩减开支。

迈恩和苏非运用美国特定县的抵押贷款和房屋价值的相对数据,阐明了债务积压的作用机制。他们得出了四个重要结论:

第一,2007—2008年危机前后,房价涨跌幅度最大的城市是那些因人口密度大和分区限制而最难扩大住房供给的城市。如第四章所述,这说明了土地供给缺乏弹性造成的影响。

第二,家庭部门杠杆率最高(因此净值缩水也最严重)的县往往也是2008年后消费支出急剧下降的县。

第三,在上述这些县中,本地导向型行业(如商店、汽车中介、酒店)就业率下滑最为严重。

第四,公司部门商业投资之所以减少,其原因并非信贷供给受到限制,而是家庭部门消费支出减少,导致产品和服务需求相应萎缩。

上述结论与辜朝明及霍尔达、舒拉里克和泰勒的观点相互契合,同时蕴含着简单却至关重要的启示：修复银行不足以修复经济。

## 修复银行不足以修复经济

危机爆发后，所有受波及的经济体信贷扩张戛然而止。美国年均信贷增速由危机前 10 年间的 8.8% 降至 2009 年的 -2.5%；西班牙由危机前的 17% 降至 2009—2014 年的 -3%。[11] 从表面上看，恢复稳健的信贷增长似乎是推动经济复苏的关键所在。

然而，脆弱的银行体系看似阻碍了信贷供给：银行面临庞大的资本缺口，难以支持新的信贷投放；市场对银行清偿能力存疑，银行融资成本居高不下。中央银行担心"货币政策传导机制"已经受损失灵，表现为中央银行下调利率至最低水平，并实施量化宽松，但银行对家庭和公司部门的信贷供给未见有效扩张。

为清除这些掣肘，审慎监管者和中央银行实施复杂的政策组合，努力平衡相互冲突的政策目标。例如压力测试、资产质量评估、提高资本充足率要求，这些政策旨在重塑市场对银行清偿能力的信心。但是，鉴于资本监管要求提高可能导致银行信贷进一步缩减，关于新监管规则的实施进度到底该快还是慢，我们长期争论不休。政府直接向银行注资或为募集私人资本提供支持，以设法保证银行资本充足率的提高来自资本基础扩大而非信贷减少。一些中央银行推出新的融资便利计划，向实体经济直接提供信贷。英格兰银行于 2012 年推出"融资换贷款计划"（Funding for Lending Scheme），银行只要向家庭和公司部门增加信贷，便可从英格兰银行获得低成本资金支持。借鉴上述做法，欧洲中央银行于 2014 年 9 月推出定向长期回购计划（Targeted Long-Term Repo Scheme）。

这些政策经历长达四年半的争论才得以出台。我亲身参与这一过程，对政策的重大意义深信不疑。诚然，信贷供给受限会拖累经济增

## 第五章　陷入债务积压困局

长。如第三章所述,债务合约的一个危险就在于新增信贷供给可能突然停止,存量债务无法滚动展期。然而,20世纪90年代日本的经历和2007—2008年西方国家的经历均表明,恢复信贷供给能力不足以恢复经济增长。

对20世纪90年代日本危机的分析通常着眼于银行体系危机造成的影响。但辜朝明指出,20世纪90年代中期,日本银行体系以近乎于零的低利率向公司部门提供信贷,而公司信贷需求仍然疲弱。宽松货币政策已有效转化为廉价的信贷供给,但信贷需求相对缺位,因为借款人的杠杆率已经过高。

英国的情形亦是如此。2009—2013年,英格兰银行专注于探究银行为何不以量化宽松提供的资金投放信贷。但种种迹象表明,更重要的问题在于需求不足。即使银行已向公司提供信贷便利,信贷的实际使用却非常有限。英格兰银行的信贷情况调查(Credit Conditions Survey)多次发现,与获取信贷的难易程度相比,对产品和服务的需求不足是抑制商业活动的更重要因素。

至于欧元区,欧洲中央银行在2011年后特别强调应重塑对银行体系的信心,认为一些国家的银行融资成本和信贷利率过高,阻碍了货币政策传导和经济增长。然而,2011—2014年,银行融资成本和信贷利率双双大幅回落,却未能有效推动信贷增长。2014年9月,欧洲中央银行推出欧元区版的"融资换贷款计划",以低至0.1%的年利率向银行提供为期四年的长期融资。该计划总规模4 000亿欧元,而银行实际借款仅800亿欧元。廉价的信贷供给虽得以保障,但在债务积压的影响下,信贷需求仍然不足。

阿蒂夫·迈恩和阿米尔·苏非指出,债务积压的影响如此举足轻重,我们应将政策重心从"银行取向"转向"债务取向"。前者以恢复银行体系健康运转作为当务之急,而后者可能主张减免一定数量的私人债务。我个人认为,信贷供给和信贷需求都非常重要。但迈恩和

**债务和魔鬼**

苏非正确地指出，2007—2008年危机后的政策讨论过度侧重于信贷供给问题，而关于债务积压严重性的认识相对滞后。

这种偏向可能部分地反映了人们的"一厢情愿"。修复银行体系不仅是当务之急，相对而言也更为可行。相反，债务积压问题如此严重，所有政策工具似乎都无济于事。

## 债务并未消失，只是转移

1990—2010年，日本公司部门债务占GDP比例由139%降至103%，实现了去杠杆。[12]同期，日本政府债务占GDP比例却由67%升至215%。[13]政府债务扩张正是公司部门去杠杆的必然结果。由于公司部门削减投资，经济出现衰退，导致税收收入下降而社会支出增加，财政赤字相应增加。

公共财政赤字在对冲私人部门去杠杆带来的通缩压力方面，发挥了重要作用：如果日本政府在公司部门去杠杆的同时继续维持预算收支平衡，其后果将不只是为期20年的缓慢增长，而是更严重的经济衰退。但赤字同时也带来了问题：应如何应对公共债务存量增长？杠杆不会自行消失，而是由私人部门转向公共部门。

2007—2008年危机之后，许多国家均出现了上述现象（图5.1）。美国私人债务占GDP比例下降12个百分点（由2008年的192%降至2013年的180%，主要原因是私人部门杠杆显著降低），但公共债务占GDP比例由72%升至103%。2008年前，西班牙私人部门债务占GDP比例一度大幅上升，但在2008—2013年，由215%降至187%，同期公共债务占GDP比例则由39%升至92%。[14]图5.2展示了发达经济体的总体情况。自2009年以来，家庭部门债务占GDP比例下降，公司部门基本持平，而公共部门债务大幅上升。实体经济的债务总量（即剔除金融体系内部的债务）仍持续上升。[15]

# 第五章 陷入债务积压困局

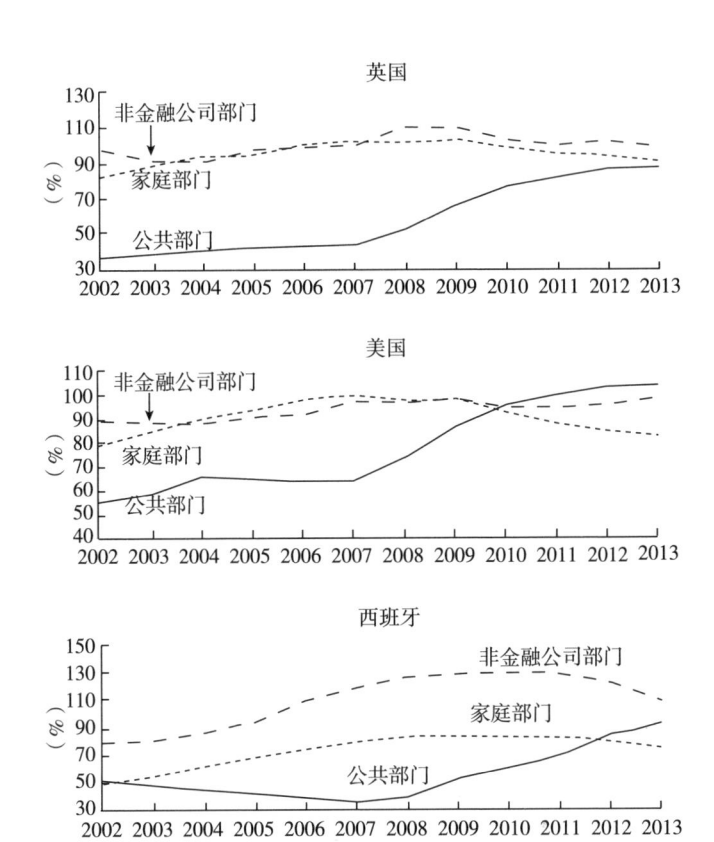

图 5.1 杠杆转移：英国、美国、西班牙私人与公共债务占 GDP 比例
资料来源：International Monetary Fund, Organisation for Economic Cooperation and Development, McKinsey Global Institute。

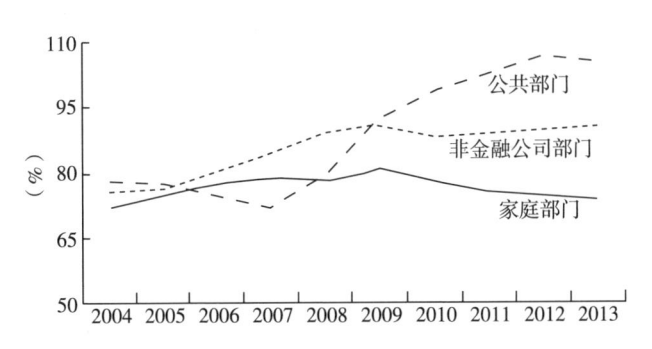

图 5.2 发达经济体债务占 GDP 比例
资料来源：Buttiglione et al.（2014）。

**债务和魔鬼**

对公共债务扩张的讨论往往聚焦于公共支出，似乎表明当前问题的根本原因是政府花销无度。一些国家尤其是希腊确实如此，超出税收收入的过度公共支出是问题产生的核心所在。诚然，所有发达经济体都长期面临公共财政压力，必须进行妥善处理。但对于大多数国家而言，危机以来公共债务急剧扩张的原因非常简单，那就是过度的私人信贷创造导致了危机及后危机时期的经济衰退。

几乎在所有国家，扰乱公共财政的罪魁祸首都是后危机时期的经济衰退，而非救助银行体系发生的直接成本。英国救助银行（包括股权注资、担保和中央银行流动性支持）的净成本总共占GDP的1.3%左右，[16]而公共债务占GDP比例由2007年的44%升至2013年的92%。[17]美国救助银行体系的总成本为负值，公共部门已从救助中实现了盈利，但联邦债务占GDP比例由76%升至103%。仅在爱尔兰和希腊，银行救助产生的直接成本是公共债务上升的主要原因。而在其他国家或地区，公共债务扩张几乎完全是因为危机前私人部门过度杠杆化导致了债务积压和后危机时期的深度衰退。

由此可见，杠杆并没有下降，而是由私人部门转向公共部门。不仅如此，杠杆还在不同国家之间转移。如第八章所述，中国2009年后出现信贷激增，社会融资总量占GDP比例由2008年初的124%升至2014年的200%，目前仍在继续上升。[18]这轮信贷激增的直接原因是2007—2008年危机，而更深层次的原因则是危机前肇始于发达国家私人部门的杠杆扩张。2008年秋，全球出现严重的经济衰退。中国政府当局担心经济增长放缓以及由此带来的不利社会影响，于是通过激进的信贷扩张来提振经济。在当时看来，这似乎是唯一可用的政策工具。一方面是发达经济体经历私人部门去杠杆化及经济衰退，另一方面是中国大举实施信贷扩张的"稳增长"政策。杠杆并未自行消失，而是转向了其他国家。

实际上，一些国家即使实现了去杠杆，其成功的关键也要取决于其他国家是否相应地增加杠杆。德国是目前私人杠杆率（108%）低于2007年和2000年的为数不多的几个国家之一。但实际上，推动德国经济增长的力量仍来自不可持续的债务扩张。只不过这种债务扩张发生在其出口市场。2007—2008年危机前，德国能够实现出口增长和庞大的经常账户顺差，原因在于美国、英国及欧元区外围国家（如西班牙）的私人信贷和总需求迅速扩张，这些国家相应出现经常账户逆差。危机后，德国经常账户顺差继续扩大，原因在于英美等国的公共债务扩张及中国的信贷激增。

因此，我们应从全球视角理解过度信贷创造和债务积压问题。图5.3展示了全球债务情况。其中，发达经济体的总体杠杆率仍在增加，增速略逊于2007年前；而新兴市场经济体的债务急剧扩张，导致全球债务总量占GDP比例的上升速度更快于危机前。[19]总体而言，去杠杆的种种努力似乎徒劳无功。

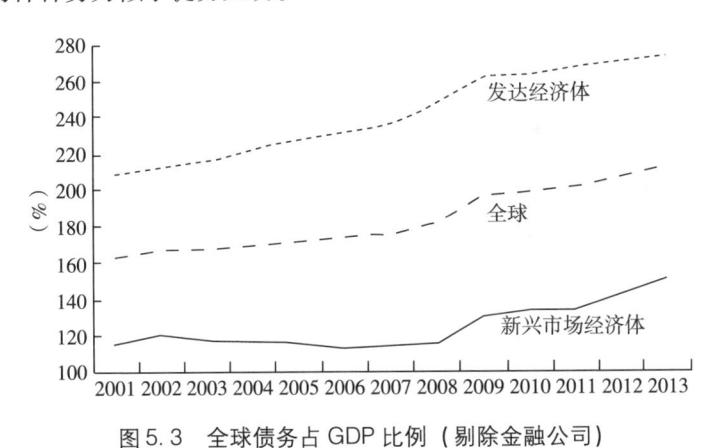

图5.3 全球债务占GDP比例（剔除金融公司）
资料来源：Buttiglione et al.（2014）。

## 没有更好的政策选项吗？

缓慢的去杠杆进程揭示了一个事实：一旦债务过度，所有传统政策

**债务和魔鬼**

工具都无济于事，甚至会产生副作用。债务积压困局似乎难以摆脱。

### 受约束的财政政策

财政赤字无疑能在短期内产生刺激效果。2009—2010年，许多国家采取了赤字扩张政策，从而避免了更严重的经济衰退。相反，财政节俭无疑会降低经济增速。2010年后，一些欧元区国家激进地实施财政整顿（fiscal consolidation），导致严重的经济衰退。另一个典型例证如第十四章所述，一些国家2009年后过快收紧财政政策，使经济复苏放缓。

然而，如果已经积累了庞大的公共债务，确实有必要削减公共支出或增加税收，以促进财政整顿。当然，我们首先要回答一个问题：如何偿还公共债务？[20]

因为一旦杠杆过度，财政政策将被置于"前狼后虎"的两难境地。

### 货币宽松的间接危害

面临巨额的存量债务，货币政策工具的有效性也大打折扣，并可能产生有害的副作用。所有货币政策工具都要通过调整利率方能起作用。常规货币政策可将短期政策利率下调至零甚至略低；而量化宽松和前瞻性指引能够降低长期利率，并维持未来短期利率持续走低的预期。"融资换贷款"这类计划旨在降低家庭和公司部门实际支付的利息成本。

货币政策当局希望通过降息来激发实体经济的活力。当银行融资成本降低，其放贷意愿可能随之增强；而贷款利率降低将鼓励更多家庭和公司向银行借款。无风险的政府债券收益率下行，将推升债券及其他资产价格，促进财富增值，从而刺激家庭部门增加消费，推动投资者和公司部门加大投资力度以实现更高收益。上述政策确实有效降低了通缩风险，促进了经济增长。据英格兰银行估计，实施量化宽松政策使2012年英国名义GDP增长率提高了1.5个百分点。[21]

## 第五章　陷入债务积压困局

但是，货币政策发挥积极作用的同时，也带来间接危害。量化宽松政策通过推高资产价格来刺激经济，因此必然加剧贫富不均。据英格兰银行估计，量化宽松使家庭部门总财富增长逾 6 000 亿英镑，假如将财富增量平均分配给所有居民，那么人均财富增量为 1 万英镑。[22]但由于最富裕的10%家庭拥有全部金融资产的70%，财富增值的收益绝大多数流向了富裕群体。[23]量化宽松使富人受益，因此极度宽松的货币政策扩大了贫富差距。如第七章所述，贫富不均本身就是信贷密集型经济增长的驱动因素。

更严重的问题在于，低利率政策只能通过再度刺激过度的信贷扩张发挥作用。英国经济目前正在复苏。根据预算责任办公室（Office for Budget Responsibility）的最新预测，公共债务占 GDP 比例 2017 年将停止上升，其后将缓慢下降；但同时私人杠杆将重新步入上行通道。2010—2014 年，家庭债务收入比一度下降 22 个百分点；但预测显示，到 2020 年该比率将上升 40 个百分点。届时，英国总体杠杆率（即公共部门和私人部门总和）将达到历史新高（如图5.4）。[24]

同时，极低利率持续的时间越长，投资者和公司部门将越有动力通过加杠杆逐利，金融体系也越有动力进行复杂的金融创新，为杠杆融资提供新方法。鉴于发达经济体银行信贷的实际用途，极低利率将更多地刺激现存资产投资，而不是新的商业投资。

毫无疑问，实施极度宽松的货币政策总好过无所作为。假如我在 2009—2012 年受聘于英格兰银行的货币政策委员会，我会支持所有这些刺激措施。但对于债务积压问题，极度宽松的货币政策显然不是治本之策。

**真的无计可施了吗？**

只要存在高杠杆，所有政策工具似乎都不理想。看起来我们已无

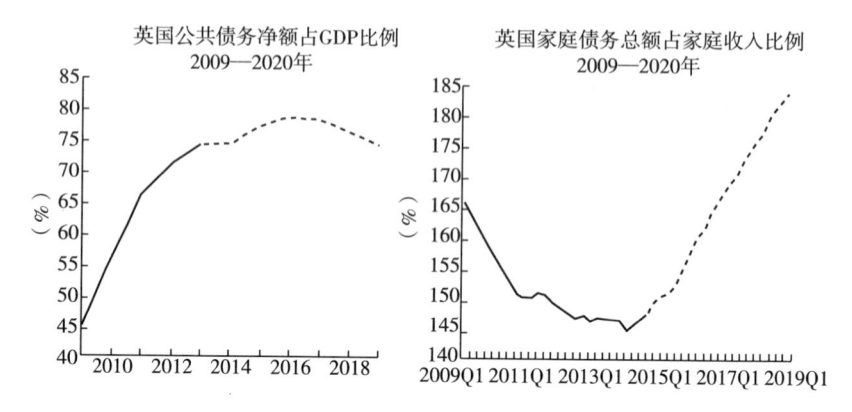

图 5.4　英国杠杆率：重新回到私人部门

注：图中 Q1 表示第一季度。

资料来源：Office of Budget Responsibility, Economic and Fiscal Outlook, December 2014。

计可施，政策清单中似乎根本不存在利大于弊的选项。但事实上，如第十四章所述，政府和中央银行如果全盘考虑所有可能的政策选项，那么应对当前债务积压及通缩问题绝不会无计可施。

鉴于债务积压造成的严峻困局以及后危机时期经济衰退和复苏乏力造成的重大经济损失，建立一个不依赖于过度信贷创造的经济增长模式显得至关重要。因此，我们必须理解为何信贷急剧扩张在危机前被认为是保证充分的经济增长的必要条件。第七章将阐述这一问题。但同时，我们还应认识到金融超常增长的第二维度，即金融体系内部的复杂性和金融创新不断增加在信贷创造过程中扮演的重要角色。

由于金融体系内部的复杂性和金融创新不断增加，更易于创造过量的信贷，而监管者和中央银行更难以识别潜在的风险，从而加剧了金融体系的脆弱性，为危机埋下伏笔。影子银行、金融创新及金融机构之间的复杂交易活动，造成金融体系的内在不稳定，为信贷周期火上浇油，并使债务积压更可能出现。第六章将进一步讨论该现象。

# 第六章　自由化、创新与变本加厉的信贷周期

一个广泛的共识正在形成：银行向更广泛和更多元的投资者分散信贷风险……这有助于使银行体系乃至整个金融体系更加稳健，金融体系稳健性的增强将表现为更少的银行破产，更连续的信贷供给。因此，今天的商业银行更不容易受到信贷或经济的冲击。

——国际货币基金组织，《全球金融稳定报告》，2006 年 4 月[1]

资产证券化是件好事。如果所有资产都计入银行资产负债表内，信贷投放将不足。

——一位美国高级监管官员的评论，参见《玩火》，《经济学人》，2012 年 2 月 25 日[2]

从人类社会诞生货币和负债开始，金融危机便出现了。但最近三四十年间，金融危机频发；若向前追溯 30 年，即 1945—1975 年，危机发生频率远没有如此频繁。

根据卡门·莱因哈特和肯尼斯·罗高夫在《这次不一样：八百年金融危机史》一书中的记述，1980—2010 年出现了 153 次银行危机；1945—1970 年仅出现 2 次；1970—1980 年仅出现 9 次。[3]莫里茨·舒拉里克和艾伦·泰勒在《信贷繁荣破灭》一书中提道："1945—1971 年，危机发生频率几乎为零；但自 1971 年起频率明显增加，概率年均约为百分之四。"[4]查尔斯·金德尔伯格分析指出："尽管不同历史时

期在某些方面缺乏可比性,但总体结论毋庸置疑:与任何历史时期相比,最近30年发生的金融危机频率更加密集,影响更加广泛。"[5]这段话写于2000年,距2007—2008年金融危机爆发为时尚早。

最近三四十年也是金融规模赶超实体经济的历史时期。金融占GDP的份额不断上升,金融部门薪酬显著增长,各种金融创新如火如荼。如第一章所述,金融发展一定程度上反映了实体经济对金融服务需求的增加:家庭和公司部门更多地借贷,杠杆随之增加。但同时,这也反映出金融体系内部交易的增长速度快于实体经济。外汇资金交易量的增长远远快于实际贸易量;资本流动总额的增长远远快于外商直接投资;衍生品市场规模急剧扩大;在大银行的资产负债表中,实体经济中的家庭与公司部门存贷款不再占据主导地位,取而代之的是对其他金融机构的债权和债务。

危机前,人们普遍认为金融体系内部交易的增加有助于优化资本配置,使金融体系和经济更加稳健。无须惊讶,金融业自身不免对那些日益复杂的交易活动大加赞扬。如第一章所述,杜德利和哈伯德的一篇文章认为金融创新"改善了美国的资本和风险配置"。发表该文的是著名的高盛公司。[6]甚至连国际货币基金组织也认为信贷结构化和金融衍生品将使全球金融体系更加稳定。

但事实证明,这种信心完全是盲目的。没有任何证据表明1970年后显著上升的金融密集度使发达经济体整体上变得更有效率,因为经济增长率并没有提高。事实上,金融体系规模扩张和创新反而导致2007—2008年危机及后危机时期严重的经济衰退。

就像以前的各次危机一样,信贷周期是造成危机及后危机时期经济衰退的根本原因。但是,在这次危机中,信贷周期变本加厉。据称,金融体系的这种发展趋势能够保证更稳定、更有效的信贷供给,实际上却加剧了不稳定和浪费。证券化、结构化信贷、衍生品等金融创新使信贷周期波动加剧,进一步放大了错误债务积压的危险。

## 第六章　自由化、创新与变本加厉的信贷周期

因此，本章旨在探讨金融体系内部活动及复杂性增加带来的影响。首先说明促进金融密集度提高的几个相互关联的因素：全球化、国内市场自由化以及层出不穷的影子银行业务。随后阐释看似成熟的风险管理工具为何反而放大了风险。结论部分指出金融密集度上升对实体经济造成的两个负面影响：一是信贷资源浪费；二是追逐更高的收益率，这种行为对市场参与者个体而言是理性的，但总体而言增加了成本，却不能产生额外收益。

## 全球化与放松约束

20世纪五六十年代是令人注目的历史时期，没有金融危机来袭，所有经济体一派欣欣向荣。这种金融稳定部分地说明各国国内市场管制严格，但同时也说明当时的国际货币体系限制了全球资本流动。

20世纪40年代末至1971年，主要发达经济体均加入布雷顿森林体系，实行可调整的固定汇率制度。英镑、德国马克、法郎等主要货币均与美元保持（至少基本维持）固定汇率，而美元可按35美元/盎司的价格兑换黄金（至少在一定条件下可以）。如果某些国家无法维持原先的固定汇率，可将其货币对美元贬值，重新采用一个新的固定汇率（例如1967年英国的情况）。

这种货币体系旨在维护各国汇率的稳定，促进国际贸易，同时也允许必要的调整，以免汇率过于僵化而导致金本位崩溃，这种情况曾经发生于两次世界大战之间的时期。但是，该体系有效运转的前提条件是限制跨国资本流动。如果英国的家庭和公司部门能以美元或德国马克自由投资，英国官方外汇储备将面临枯竭，从而使固定汇率无法维系。鉴于此，发达经济体之间的资本流动受到严格限制。

限制国际资本流动必然对国内信贷创造构成制约。[7]国内信贷急剧扩张将推动进口增长，形成不可持续的经常账户逆差，从而对固定汇

### 债务和魔鬼

率构成威胁。但是，假如国外银行可自由向国内市场投放信贷，国内信贷约束就会被削弱。以日本为例，该国通过信贷指导和金融抑制促进投资，推动经济快速增长。为实现政策目标，日本必须严格限制国内及国际资本流动（第八章将详细介绍）。又如英国，该国经常账户长期呈逆差状态，因此采取了一系列监管措施限制国内消费信贷。而对美国而言，维持国际收支平衡相对无关紧要，因为美元在国际货币体系中享有储备货币的特殊地位。不过，重重约束之下的全球金融市场为美国本国市场管制提供了便利的外部环境。自20世纪20年代至30年代起，美国便对本国市场实行管制。"Q条例"（Regulation Q）设定了银行存款利率上限；1927年《麦克法登法案》（McFadden Act）限制银行跨州经营；1933年《格拉斯—斯蒂格尔法案》（Glass-Steagall Act）规定投资银行与商业银行维持分业经营。

70年代初期，布雷顿森林体系崩溃。资本管制的好处之一是为国内实施短期经济刺激政策提供了自由空间，但是，这也使一些国家的经济刺激政策造成本国通胀，最终导致固定汇率难以为继。由于美元作为国际储备货币的特殊地位，美国的财政和经常账户相对更易于维持赤字状态，但不断上升的赤字使其他国家开始怀疑美国长期维持固定汇率的承诺。随着国际贸易日趋活跃，贸易项下的货币自由兑换频繁进行，有效资本管制的实施难度不断加大。上述负面因素的相对重要性仍存在争论。但及至70年代，国际货币体系不可持续已成为不争的事实。[8]

取而代之的是浮动汇率体系。新的货币体系无须维持固定的汇率水平，破坏性投机活动的威胁看似不复存在，因此似乎无须对国际资本流动加以限制。在许多经济学家看来，资本自由流动具有积极作用，也即确保资本在全球范围内有效配置，并将投资资源转移至最具生产潜力的领域。20世纪70年代至80年代，发达经济体几乎取消了所有跨境资本流动管制；而在世界银行和国际货币基金组织的鼓励

## 第六章　自由化、创新与变本加厉的信贷周期

下,越来越多的新兴市场经济体也开始步发达经济体的后尘。

事实上,如第九章所述,资本自由流动并不像自由市场理论认为的那样完美无缺。但它对金融体系规模的影响是显而易见的。目前,金融机构资产负债表相对于国民收入大幅度扩张(其中以金融体系内部资产负债扩张最为显著),其中一个原因就是大型国际化银行频繁参与全球资本流动和资金交易活动,并与银行同业建立广泛的跨境联系。

国内金融市场自由化浪潮进一步强化了这种扩张趋势。

## 国内市场自由化

自由浮动的汇率体系使国内信贷管制显得不再必要,自由的跨境资本流动大大削弱了信贷管制的实际效果。如果公司或家庭部门能自由向国外借贷,国内管制将毫无意义。然而,国内市场自由化不应简单视为一种务实的妥协,而是积极的适应。

20世纪70年代至90年代,几乎所有发达经济体都掀起了金融市场自由化浪潮,许多新兴市场经济体亦参与其中。在美国,银行利率管制逐步解除,"Q条例"规定的利率上限也随之取消;《格拉斯—斯蒂格尔法案》确立的投资银行与商业银行分业经营管制也逐渐松动,并于1999年被完全废除。在英国,1971年《竞争与信贷控制法案》(Act on Competition and Credit Control)取消了此前对信贷投放实施的数量管制。英国大型商业银行(或"清算行")竞相涉足住房抵押贷款市场,竞争日趋激烈;而此前主导这一市场的建筑业互助协会,也被允许自由进入商业房地产领域,并可改组成立银行。1986年的"金融大爆炸"消除了伦敦批发资本市场中不同类型金融机构之间的业务界限。在西班牙,对银行业竞争的限制政策于20世纪80年代初逐步放宽。几乎同期,一些北欧国家开始放松银行信贷规模管制;日本中

**债务和魔鬼**

央银行不再对商业银行信贷投放在产业间的配置提供"指引"。拉丁美洲和亚洲的一些新兴市场经济体也开始实施金融自由化政策。

具体改革路径的差异主要体现在初始阶段：有些国家从国有银行入手，另一些国家则主要从管制森严的私人银行体系入手。但改革的最终目标共同体现为以下三个特征：

一是取消经济体中的信贷数量管制，包括总量和特定经济部门的信贷数量。改革后，人们普遍认为信贷总量及其在不同经济部门之间的配置应通过自由市场力量决定。如第四章所述，结果导致为房地产融资的信贷占比急剧扩张。

二是淡化不同类型金融机构之间的业务界限。银行可以更加自由地整合零售、公司及投资银行业务，金融机构可以同时经营银行和非银行业务。

三是中央银行更加依赖短期利率调控，视之为管理经济周期的唯一政策工具；更加专注于维持低而稳定的通胀率，将之作为唯一的或首要的货币政策目标。人们相信自由市场能够确定经济体中合理的债务水平。因此，只要维持低而稳定的通胀率，人们对自由市场选择导致的私人部门杠杆疯狂扩张熟视无睹。

事实上，人们逐渐将金融市场等同于其他普通市场，信贷也被视同于普通商品，能通过自由竞争市场形成最低的成本和最优的数量。

从20世纪70年代至21世纪前10年，金融自由化的新思潮席卷国际和国内市场。如第一章和第二章所述，自信满满的一套经济学理论为此提供了强有力的思想基础。

但这种理论自信最终受到现实的嘲讽。许多国家都在金融自由化初期后爆发了金融危机。在美国，利率自由化直接导致了80年代末的储贷协会危机。在北欧，20世纪80年代取消信贷管制导致银行信贷大肆流入商业房地产领域，最终引发90年代初期的危机。在日本，取消政府指令后激烈的银行自由竞争造成了1990年前后的房地产信

第六章　自由化、创新与变本加厉的信贷周期

贷泡沫和危机。1998年，对冲基金长期资本管理公司崩溃暴露了衍生品交易的内在危险。但人们总是设法避免将危机归因于金融自由化，而是归因于自由化不充分，或归因于执行层面存在问题。

新世纪之交的20年间，政策制定者日益坚信，信贷证券化"技术"的发展以及新颖而先进的风险管理工具的应用，足以应对金融自由化过程中出现的任何问题。

## 证券化、结构化和衍生品：影子银行与银行间市场

可交易的信贷证券是与银行贷款并存的一种融资手段。20世纪70年代前，信贷证券主要由政府和大公司发行，而且形式单一，即发行人对如约偿还利息和本金做出的承诺。然而，自70年代起，"证券化"创新使银行或非银行金融机构发放的诸多小额贷款集合在一起组合成信贷证券。由此，可交易的信贷证券拓展至新的信贷领域，如家庭抵押贷款、汽车金融贷款和学生贷款。证券结构化逐渐普及，资产池被切分为不同层级的信贷证券，为投资者提供多元化的风险收益组合。证券化产品创新层出不穷，一系列字母代号让人眼花缭乱：CDO（抵押债务凭证）、CLO（抵押贷款凭证），甚至是$CDO^2$（双层抵押债务凭证）。及至2006年，美国60%的住房抵押贷款被打包为可交易的信贷证券。[9]结果如图6.1所示，银行资产负债表规模占GDP比例上升平缓，而非银行金融机构由于广泛参与信贷证券发起、交易和投资，资产负债表扩张速度远快于银行。

此外，金融体系负债端的变化同样值得关注。货币市场共同基金兴起于20世纪80年代，账户可随时支取变现，而利率高于传统银行。于是，向美国家庭部门投放信贷的金融中介活动得以完全脱离银行体系，也即由专门的抵押贷款销售公司发起，将贷款组合打包为信贷证券，并由不同机构和法律实体组成的交易链条进行分销，而提供融资

**债务和魔鬼**

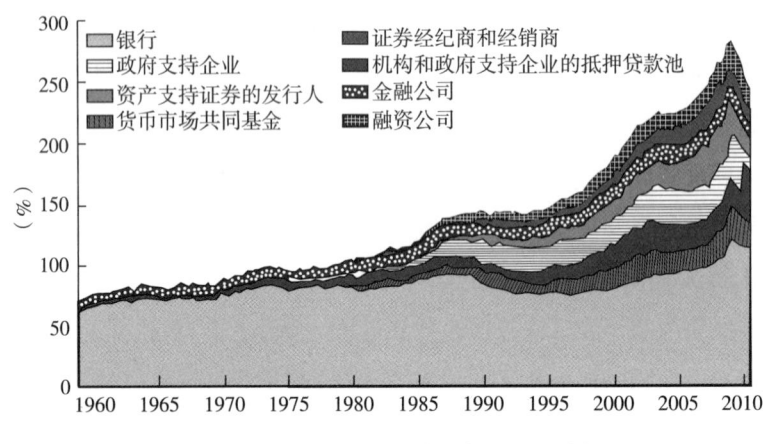

图6.1 美国金融部门资产占GDP比例

的终端通常是货币市场共同基金。

即使银行仍作为资金提供方参与交易,其角色也更接近于复杂交易链条中的某一个环节。一些银行存款流向货币市场共同基金,但这些资金往往经由批发融资市场再次存入银行。

衍生品市场亦是一派繁荣。兴起于20世纪80年代初的利率掉期和期权,为投资者、交易员和银行提供了风险管理和对冲工具,例如将浮动利率负债转换为固定利率负债,或反向转换。2007年,未清偿的利率掉期和期权合约的名义金额将近400万亿美元。

信贷违约掉期(CDS)出现于20世纪90年代,到2007年未清偿的名义金额增至60万亿美元。信贷违约掉期在特定的信贷证券出现违约时提供补偿,可视为一种信贷保险。有了这种工具,银行、其他金融机构和交易员可在不出售标的贷款或债券的情况下对冲信贷风险。但这种工具同时也为市场参与者提供了投机机会,通过预测标的信贷证券的价格波动可实现盈利。

美国是这些创新的发源地。在同期的欧洲和日本,传统的银行贷款仍是信贷投放的主渠道,银行存款仍是居民短期资金管理的主要方式。创新始于美国,其影响却覆盖全球。德国的州立银行是美国抵押

## 第六章 自由化、创新与变本加厉的信贷周期

贷款信贷证券的主要投资者;欧洲其他银行将美国货币市场共同基金作为重要的短期资金来源。德意志银行、巴克莱银行、瑞银集团、法国兴业银行等欧洲主要银行都是信贷证券和衍生品市场的重要参与者,交易币种不仅包括英镑和欧元,还包括美元。在伦敦,美国、英国和欧洲的银行从事大量美元信贷证券和衍生品交易,其活跃程度不亚于纽约。意大利地方政府从本国银行举债的同时,还从美国投资银行购买衍生品,以对冲贷款的利率风险。

在全球化、自由化及金融创新的共同作用下,银行的司库和交易(treasury and trading)角色发生了深刻的变化。20世纪70年代,银行司库部门承担的职能大多是被动的。银行与实体经济开展业务,即客户存贷款以及通过清算所进行的资金结算业务,往往会产生融资需求或盈余资金。司库负责从银行间市场借入资金弥补资金缺口,或将剩余资金拆放给其他银行。这一业务活动不需要紧盯全球市场价格信息,不需要高薪招揽交易员队伍,也不需要配置强大的电脑设备。司库作为服务部门,为银行拓展客户业务提供支持,自身不承担盈利职能。而20世纪90年代全球银行业出现了一种新趋势:司库职能与交易职能逐渐合二为一,成为主要利润中心,并招揽数以百计的交易员。他们通过做市、套利、主动持有头寸等一系列复杂的业务组合追求盈利。

这些业务活动大多涉及与其他金融机构之间的交易,如银行同业、非银行经纪商、对冲基金、资产管理公司或保险公司。因此,金融体系内部资产和负债逐渐占据银行资产负债表的主导地位。

## 梦想与现实

1980—2007年,全球信贷中介体系发生深刻变迁,而金融市场的复杂性急剧增加,发达经济体的银行与非银行金融机构之间的联系更

趋密切。业界人士及许多经济学家和政策制定者一致相信，市场复杂性增加将使经济更有效率、更加稳健。

人们普遍认为，证券化、结构化和衍生品使投资者持有最理想的风险收益组合，使信贷创造和优化风险分布同时成为可能。拉詹和津加莱斯于2004年写道："金融衍生品能精确地切分风险，并将其转移给最有能力承担的投资者，从而使高风险的商业项目更易获得融资。"[10]同时人们相信，证券化的信贷体系能够降低信贷供给的波动性，因为信贷投放较少受制于银行资本充足率的变动。杜德利和哈伯德深有同感地认为："银行周期性地突然终止对购房者发放贷款造成的'信贷紧缩'……已成为过去。"[11]格林斯潘指出："衍生品日益丰富是确保银行体系有极高韧性的关键因素之一。"[12]

理论上，证券化的信贷供给体系确实在一些方面优于纯粹基于银行的信贷体系。证券化能使客户有特定集中度（如地域或行业分布较为集中）的银行将部分贷款分销给资产组合更均衡的投资者。证券化还能降低期限转换产生的风险：银行资产负债表中虽有一部分中长期贷款由短期资金支持，但长期债务证券可由养老金、保险公司等长期投资者直接持有。

但是，证券化信贷的实际发展情况与理想状态相距甚远，主要包括四方面：第一，虽然多数信贷风险表面上转出银行资产负债表，但实际上并没有转向真正的最终投资者，而是由自身或其他银行的交易账户持有。2007—2008年市场形势恶化时，证券化信贷损失最严重的是大型商业银行及从事经纪业务或经销商业务的投资银行，而不是长期机构投资者。

第二，即使信贷风险确实转出银行资产负债表，期限转化风险却并未从银行体系中消除。30年期抵押贷款证券的投资者可能是一家"特殊投资机构"（Special Investment Vehicle），其资金部分源于资产支持商业票据（ABCP），这些商业票据由货币市场共同基金持有，而

## 第六章　自由化、创新与变本加厉的信贷周期

基金投资者相信自己持有的份额可随时变现。这种新兴的体系被形象地称为"影子银行"。它承担的期限转换风险与银行相同,却无须像银行那样受到流动性与资本要求的约束。如同正规银行体系能够从无到有地创造出新的信贷与私人货币,影子银行体系也能创造出新的信贷以及某种形式的"准货币",比如在货币市场共同基金中的投资余额。

第三,该体系严重挫伤了信贷分析的积极性。如果银行贷款直接分销给希望持有信贷证券直至到期的长期投资者,信贷部门可能会有意加强信贷分析。但实际上,信贷证券经过复杂的分销链条,每个参与者只需考虑证券出售给下家之前的市场情绪与价格将如何变化。抵押贷款销售人员将贷款发放给几乎不具备偿还能力的次级借款人,并相信能将这些贷款打包证券化,进而销售给遥远的投资者。许多投资银行家将价值可疑的信贷证券出售给在他们眼里缺乏判断力的投资者,就像俚语中形容的"来自杜塞尔多夫(Düsseldorf)的愚蠢德国人"。[13]

第四,衍生品不仅能对冲风险,同时也极大地产生了新的风险。如第二章所述的做市与流动性悖论,某些赌博能够向市场提供有效的流动性,使其他市场参与者得以对冲风险,但这种赌博本身也创造了之前没有的新风险。在信贷违约掉期交易中,赌注金额可能是"被保险"的实体经济信贷资产规模的千百倍。实际上,鉴于赌博需求极其旺盛,市场甚至创造出一种全新的、虚拟的信贷敞口作为赌博的标的资产,即合成型抵押债务凭证(synthetic CDO)。信贷敞口的多头和空头与实体经济活动完全无关,放大了金融体系中的交易对手风险。

## 完备市场的幻觉

由于上述特征的存在,证券化、结构化及衍生品等金融新技术未

能像支持者宣称的那样造就运行顺畅的完美市场"乌托邦",反而导致了2007—2008年危机。与纯粹的银行体系相比,这些金融新技术造成更多信贷浪费,使金融体系内部债权急剧扩张,一旦信心下挫,就会加剧自我强化的"多米诺效应"的潜在危险。

事实上,如第二章所述,危机前人们对金融创新的执迷反映了完备市场的幻觉。假如所有市场都能达到完美状态,所有人都能理性行事,那么金融合约越多,交易越活跃,流动性越好,就越有利于价格发现,市场将更加趋近于有效的竞争均衡,所有资源将得到有效配置。但在现实世界中,市场并不完美,信息也不完善,人类行为有时理性有时非理性。在此情况下,市场竞争加剧和流动性改善将有可能产生负面作用。住房抵押贷款证券市场的流动性越多,越容易给低质量的抵押贷款提供资金。

现实世界中的完备市场,特别是完备的金融市场如同一把双刃剑。将完备市场理论应用于全球债务市场,不仅加剧了信贷周期波动,而且助推了2007—2008年的灾难。

但在危机前,乐观主义者坚信金融体系是安全的,因为与日俱增的金融市场复杂性和日趋成熟的风险管理工具齐头并进,两者相得益彰。

## 风险管理的幻觉和"末日机器"

格林斯潘一方面盛赞"日趋丰富的衍生品"为增强金融体系的稳健性做出了重要贡献,另一方面也强调有必要"运用更加先进的方法测度并管理相关风险"。他进一步指出,这些新技术的应用范围不应局限于证券化信贷和衍生品领域,而应进一步拓展至整个金融体系,包括传统银行业。他认为:"部分由于《巴塞尔协议Ⅱ》资本监管要求……在衍生品基础上发展出的高精尖风险管理手段,正被更加广泛

## 第六章 自由化、创新与变本加厉的信贷周期

和系统地应用于银行和金融服务业中。"[14]

这些先进的风险管理手段的核心理念包括以下四个方面：第一，市场参与者可以观察风险的市场价格，并从中获取与风险相关的有效信息。第二，如果能以盯市方式持续测算风险敞口和盈利情况，金融机构就能够更好地管理风险。第三，抵押品、估值折扣（haircut）和追加保证金（margin call）能够为金融合约提供担保，有效控制风险，以确保即使交易对手违约，索偿的抵押品价值也足以覆盖风险敞口。第四，风险价值模型能准确估测任何给定头寸组合（包括贷款、证券、衍生品）的风险程度以及用于吸收风险的缓冲资本规模，而不论是金融合约层面的估值折扣，还是整个金融机构层面的资本。这些工具声称能够降低金融体系的风险，实际上反而使金融体系更不稳定。

观察到的信贷市场价格可用于推断信贷风险的合理定价，从而为新发放的贷款确定价格，这一理念颇受国际货币基金组织的推崇。国际货币基金组织在2006年4月的报告中指出，这种方法能"提高透明度，反映市场对信贷风险、信贷衍生品定价的整体判断，从而为评估整体信贷状况提供有价值的信息，引导发现信贷的边际价格"。[15]从市场参与者个人角度看，市场价格的确具有参考意义。如果新发放的贷款定价与当前市场中可比的信贷证券价格保持一致，那么贷款将更有可能在不招致损失的情况下发放出去。如果有效市场假说成立，那么人们观察到的市场价格总是正确的，因它反映了有效市场的集体智慧。因此，根据市场行情定价必然能使资本配置更有效率。

然而现实中的市场如第二章所述，可能受非理性繁荣和绝望情绪的驱动，市场参与者越是简单地依据他人的判断做出自己的判断，自我强化的周期就越危险。图6.2展示了2002—2008年大型国际银行和公司债券的信贷违约掉期的利差。2007年春季，所有利差均触及历史低点，随后急速攀升并创下历史新高。危机前夕，市场智慧不仅未能察觉渐行渐近的灾难，反而助推了信贷繁荣及崩溃。信贷违约掉期的

## 债务和魔鬼

价格确实有助于维持边际信贷价格与市场集体判断相一致。但不幸的是，市场集体判断完全是错误的。

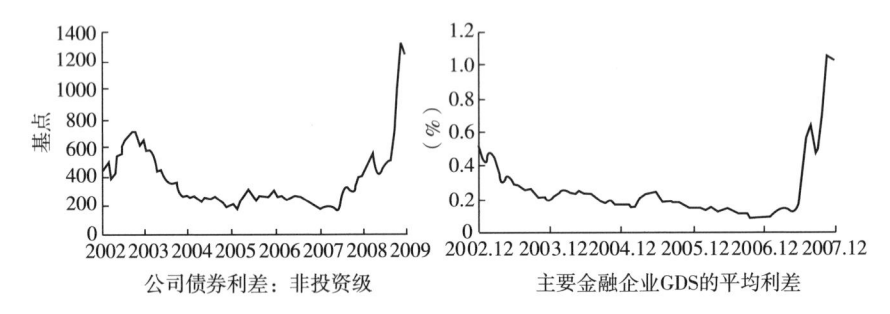

图6.2 私人信贷风险的市场认知

注：右图的金融机构包括美国市政债券保险集团（Ambac）、英杰华集团（Aviva）、桑坦德银行（Banco Santander）、巴克莱银行（Barclays）、伯克希尔－哈撒韦公司（Berkshire Hathaway）、布拉德福德－宾利集团（Bradford & Bingley）、花旗集团（Citigroup）、德意志银行（Deutsche Bank）、富通集团（Fortis）、哈里法克斯银行（HBOS）、雷曼兄弟（Lehman Brothers）、美林银行（Merrill Lynch）、摩根士丹利（Mogan Stanley）、澳大利亚国民银行（National Australia Bank）、苏格兰皇家银行（Royal Bank of Scotland）和瑞银集团（UBS）。信贷违约掉期（CDS）的利差于2008年9月达到峰值6.54%。

资料来源：（左图）Merrill Lynch；（右图）Moody's KMV；由Financial Service Authority计算。

市场价格可能是无效率且不稳定的，这意味着逐日盯市制度和收取抵押品这样的风险管理手段有潜在缺陷。交易业务只能采用逐日盯市制度而别无选择，因为交易账户中的头寸价值应当是能够出售的价格，最好的（尽管并不完美）衡量指标就是当前的市场价格。然而在大量的担保交易中，若以盯市准则确定抵押品要求，市场价格波动将带有显著的自我强化特征。假设A银行向B银行借出900万美元，并按照10%的估值折扣，收取价值1 000万美元的抵押品。如果抵押品价格下跌，B银行必须追加抵押品。那么该银行将被迫出售其他资产或停止交易，进一步诱发资产价格下跌。如第四章所述，银行体系可能加剧信贷和资产价格周期，而逐日盯市制度和越来越多地使用抵押品，将这种周期波动植入金融体系的中心。

## 第六章 自由化、创新与变本加厉的信贷周期

风险价值模型的使用进一步放大了金融体系的不稳定。模型的逻辑看似简单：用于吸收风险的资本数量应反映价格波动，而价格波动的历史数据似乎同样适用于未来。因此从表面上看，风险价值模型能明确告知管理层特定"置信水平"（如95%、99%、99.99%的概率）上可能出现的最大损失。该模型产生于20世纪90年代，被认为标志着风险管理手段成功迈向科学化。模型最初主要应用于交易账户的风险控制体系，随后根据《巴塞尔协议Ⅱ》资本监管标准，风险价值模型被应用于评估传统的银行贷款风险。

但同时，风险价值模型在设计细节和基本假设上存在双重缺陷。模型通常基于价格变化的历史数据，而数据周期太短，不能反映更长历史时期的价格波动。为尽可能简化数学建模，风险价值模型通常假设价格变化的概率服从"正态分布"；但大量证据表明，真实的价格变化可能更为极端（例如数学家本华·曼德博所证明的[16]），而这些极端情况被"正态分布"假设忽视了。

更根本的问题在于，风险价值模型建立在一个错误的假设之上，即金融市场未来发展变化的概率分布可以用历史数据进行推断。实际上，这些模型假设历史价格变化表现了从所有可能模式的总体样本中生成的随机样本，而未来价格变化表现了从同样的总体样本中抽样生成的样本。但这种假设没有认识到，决定未来的并非可量化的概率风险，而是固有的不确定性。

如上所述，风险价值模型在技术层面和基本假设上的缺陷，使其忽略了金融市场可能出现的极端情况，而这些极端情况正是金融危机的核心所在。[17]事实上，风险价值模型完全不能使金融机构幸免于2008年9月的市场混乱。模型显示的几乎不可能发生的极端价格变化实际上却持续多日。

由此看来，风险价值模型在极端的危机面前毫无意义。但是，即使在相对正常的时期，模型也会产生有害的顺周期效应。如果交易员的风险

101

**债务和魔鬼**

厌恶程度下降,且市场波动性有所降低,那么模型将建议接受更低的估值折扣,并允许交易员持有更大头寸,从而导致价格上升、信心增强、波动性降低的自我强化周期。相反,当风险厌恶情绪及市场波动性上升,模型将进一步助推市场交易活动减少、资产价格下跌的下行周期。

如同经济学家马库斯·布伦纳梅尔和申铉松指出的,逐日盯市制度、抵押品担保合约、追加保证金以及风险价值模型共同造就了极具危险的顺周期金融体系,市场情绪和价格的初始变化被金融合约条款和风险控制规则层层放大。[18]格林斯潘等人赞赏有加的精巧的风险管理工具却将不稳定植入金融体系之中。2008年秋季,它们变身为金融体系的"末日机器",一经开启便驱动了价格下跌、信心减弱、市场交易活动疲软的自我强化周期。2007年7月至2008年6月,一些回购交易要求的估值折扣从1%升至15%,[19]到2008年10月继续攀升至38%。[20]银行融资市场枯竭的原因不在于传统的客户存款流失,而是批发性担保融资市场近乎崩溃,而罪魁祸首竟是那些声称能确保市场安全的风险管理工具。

如单纯从个体角度看,在给定的整体市场走势下充分利用最新技术是完全理性的。那些相对严格地执行盯市纪律的银行或经纪商/经销商较早觉察到价格下跌的征兆,稍稍领先于他人将潜在的损失头寸平仓。[21]但是,个体层面的理性行为虽然是为了提高个人的相对优势,却导致了集体性的不稳定后果。

因此,对过去30年金融创新的总体评价是显而易见的:理论上多有裨益,现实中却以灾难告终。不过,危机前的乐观主义者至少有一个论断正确无疑:新技术为更多信贷创造提供了便利。

## 变本加厉的信贷周期:更多的错误债务

如第一章所述,危机前主流观点认为,金融深化是有利的。支撑

第六章 自由化、创新与变本加厉的信贷周期

这种正统观点的一大支柱就是：更多的信贷是件好事，能够促进投资和消费并推动经济增长。因此，证券化、结构化及衍生品等新技术也是有利的，因为更加充沛的信贷市场流动性将带来更多的信贷供给。杜德利和哈伯德欣喜地谈到，"住房金融革命"使住房所有者能申请到更多抵押贷款，有时甚至能够获得100%的购买住房所需的融资。[22]

但是，更多信贷并不一定是件好事，因为债务规模可能过度且债务类别也可能是错误的。影子银行虽能实现更快的信贷扩张，结果却导致私人杠杆率进一步增加，加剧了后危机时期的债务积压。

同时，影子银行还导致信贷进一步偏重于房地产和消费金融，偏离支持商业投资的传统融资功能。银行体系将房地产信贷作为主要业务，而证券化信贷市场主要为住房抵押贷款、商业地产融资，还以发放汽车贷款等形式为消费扩张融资。[23]

事实上，信贷创造的数量及配置如此重要，既不能交由银行家解决，也不能交由自由的证券化信贷市场决定。

## 追逐收益：高成本的零和博弈？

金融体系内部的业务扩张部分说明了信贷中介体系日益复杂。但同时，如第一章所述，实体经济中的家庭与公司部门在扩张债务的同时，以债务或货币形式持有的金融资产必然相应增加。市场参与者希望在不承担额外风险的同时实现更高的收益，于是资产管理活动兴起，一定程度上提高了金融体系内部的密集度。[24]不仅如此，自20世纪80年代末至危机前夕，无风险实际利率，即指数挂钩型政府债券的到期收益率由3%以上降至1.5%以下。在这种市场环境中，提升收益率的诉求显得尤为迫切。

金融稳定理事会2012年的报告描述了为追求收益率产生的金融体系内部的复杂关系。[25]对冲基金从一级交易商获得担保融资，并以借

**债务和魔鬼**

入的资金进行交易；长期机构投资者将证券租借给对冲基金或其他交易者并从中收取费用；而借入的证券可用于空头交易，或作为抵押品进行融资，以此进行更多交易；参与交易的金融机构还可通过抵押品互换（collateral swaps），获得比初始抵押品质量更优的抵押品，从而能够借入更多资金用于交易；作为融资担保物收取的抵押品可再次被抵押出去，融入资金并进行交易。实际上，一系列融资合约都是在同一份抵押品的基础上相继衍生而来。以资产管理为主的金融业务以及为实体经济提供信贷融资的新方式，在金融体系复杂的合约关系网络形成中扮演着重要角色。为全面展示这种复杂的关系网络，纽约联储绘制出一张约91厘米×122厘米的影子银行示意图。

不论是银行、经纪商－经销商、对冲基金、保险公司还是资产管理公司，对每个参与者个体而言，这些活动似乎都能创造额外收益而不增加风险。在某些特定情况下，事实的确如此。资产管理公司将投资组合中持有的证券租借出去并收取费用，可为客户赢得额外的投资收入；成功的交易策略实现的收益有时能够跑赢被动投资。

但是对所有投资者集体而言，如果实体经济的蛋糕没有做大，金融创新不可能凭空创造出额外的收益。在整个金融体系层面，所有的交易、证券租借、互换和融资活动唯有切实提高实体经济的资本配置效率，才有可能为最终投资者创造出额外收益。有效市场假说的推崇者认为，这些交易活动能改善市场流动性，促进价格发现，自然会带来额外收益。但如第二章所述，这种观点并不令人信服。

因此，多数交易业务必然是零和博弈，个别最高超的玩家能从中获利，但社会整体福利并没有任何改善，同时实体经济的资本、技术和人才资源大量消耗，最终由投资客户以某种形式承担。不仅如此，一些交易活动看似收益较高，仅仅因为其风险还不为人知，而这些风险通常在个体参与者从表面上不俗的业绩中获取丰厚回报后才开始显现。[26]

第六章　自由化、创新与变本加厉的信贷周期

针对这些交易活动提出政策问题超出了本书的范围。"崇尚盈利"的价值观在资产管理行业中固然重要，但在我看来，过度信贷创造产生的危害才是更值得关注的重要问题。如果金融体系中的某些交易活动整体上无益于社会，那么金融稳定的相关政策就应考虑这一因素。如第十章所述，一些政策方案受到抨击的原因是它们可能不利于抵押融资市场的交易活动和流动性。但如果这些交易活动没有社会价值，交易活动减少及流动性降低问题根本无须担忧。

## 信贷扩张和追逐收益率的根本动因

提高金融体系内部密集度的社会价值是负的。日趋复杂化的信贷中介体系加剧了金融不稳定，加大了严重金融危机发生的可能性；同时还刺激了过度信贷创造，使得后危机时期的债务积压问题更加严重。较之以往，人们越发迫切地追求收益率提升却不希望承担额外风险，这一目标不仅不可能实现，反而会产生额外的成本，增加金融体系的复杂性和危险性。

但从银行、资产管理公司、经纪商或交易商个体角度看，所有这些交易活动都看似理性，也符合客户利益。证券化正好适应了个体日益扩大的信贷"需求"，也满足了经济体的信贷"需要"。而在无风险收益率走低的市场环境下，肩负信托义务的资产管理公司必须寻求所有可能的机会来提升收益率。

要探究推动金融体系发展的根本动因，我们有必要追问以下问题：对信贷的需求或需要为何如此强烈？长期无风险利率为何如此大幅下跌？第七章将揭晓答案。

# 第七章　投机、不平等及多余信贷

> 虽然能够证明交换经济具有一致性和稳定性，但是，这并不能说明有资本主义金融机构参与的经济也同样如此。
>
> ——海曼·明斯基，《稳定不稳定的经济》[1]

> 1929—1930年，一台巨型水泵将大量新生财富源源不断地输送到少数人手中，帮助他们完成了资本积累。但与此同时，普通消费者的购买力被剥夺，人们不愿消费，产品鲜有人问津。有效需求的缺乏使积累的资本无法再投资于新建工厂。这如同扑克游戏，当筹码逐渐集中到越来越少的人手中，其他人只能通过借贷才能继续参与游戏。而当信贷消耗殆尽，游戏将被迫终止。
>
> ——美联储前主席马瑞纳·伊寇斯，《走向未知领域》，1951年[2]

2007—2008年金融危机前的几十年间，发达经济体的私人信贷扩张快于名义GDP，杠杆率相应攀升。过度杠杆使实体经济更加脆弱，最终导致危机、后危机时期的债务积压和经济衰退。

这种现象引发了一个问题：我们是否真的需要如此快速的信贷扩张才能实现合理的经济增长？乍一看，答案似乎是肯定的。20世纪90年代以来，欧洲和北美主要的中央银行在维持低而稳定的通胀率方面取得了引人注目的成功。其主要手段是通过利率调控影响名义需求增长，结果颇见成效：名义GDP年均增速维持在5%左右，实际增长率维持在2%~3%，通胀率大体控制在1%~3%。而与此同时，私人信贷以年均10%~15%的速度急剧扩张。假如中央银行当时设定更高

第七章　投机、不平等及多余信贷

的利率水平，那么信贷扩张将相对放缓，但名义 GDP 增长也将同时放缓，因为实际增长率或通胀率将会降低，或更可能两者同时降低。

这样看来，我们似乎确实需要每年 10%~15% 的信贷扩张，才能维持 2% 左右的通胀率，并保证实际经济增长与生产潜力相一致。但是，若果真如此，我们将面临严峻的两难境地：我们需要信贷扩张速度快于 GDP 增长，才能实现充分的经济增长，但是这必然导致杠杆率升高，引发危机和后危机时期的经济衰退。我们似乎不可避免地面临艰难选择：要么是金融和宏观经济不稳定，要么是低于最优增长率的缓慢经济增长。我们似乎不能幸免于难：要么是周期性的金融危机，要么是长期停滞。

但事实果真如此吗？我们是否真的需要如此急剧的信贷扩张，以致最终引爆危机？答案是否定的，主要原因有以下两方面：第一，多数信贷扩张对于刺激名义需求没有发挥决定性作用，却加剧了杠杆过度和债务积压。第二，若有必要，我们可采用其他方法刺激名义需求，而不必依赖于私人信贷创造。

因此，我们有可能找到更加稳健、更可持续的经济增长路径。但我们首先要妥善处理导致多余信贷扩张的三个根本动因，即房地产、贫富差距扩大、全球经常账户失衡加剧。我们还应摒弃危机前的错误观念，即私人信贷创造的数量及配置可交由自由市场力量决定；同时还应认识到，政府创造货币的危险有时要小于私人货币创造。

理论和政策为什么需要如此彻底的变革？要理解这一问题，我们需要追本溯源：我们为什么需要名义需求增长？实现名义增长有哪些备选途径？

## 名义需求增长的必要性及潜在来源

理论上，经济体不需要名义需求增长便可实现实际增长。理论

### 债务和魔鬼

上，如果经济体的实际增长率维持在每年2%，而物价水平每年下降2%，那么名义GDP增速为零。例如，在19世纪的大部分时间里，英国经济经历了温和的物价下跌。

但强有力的论据表明，持续通缩将危害现代经济。不同技能类别的实际工资水平需要根据消费需求和潜在生产率的变化灵活调整。当工资水平整体上升时，这种调整无须降低名义工资，因而相对容易实施。同时，维持温和通胀有利于偿还存量债务，因为如果价格水平下跌，存量债务的实际价值将上升。此外，如果通胀率过低或为负，中央银行通过降低实际利率刺激经济的能力将受到制约。假如价格水平每年降低2%，那么名义上的零利率意味着实际利率为2%。如果这一水平仍然过高，无法保证经济增长速度与产能相一致，则必须实施负利率。但负利率是有限度的，否则将导致银行存款转为零利率的现钞和硬币。"零利率下限"严重阻碍了最优货币政策的实施。[3]

因此，人们普遍达成共识：理想的通胀率应处于低位但保持正值，通常认为以2%左右为佳。将通胀率与实际增长率（与潜在增长率保持一致）相加，发达经济体名义GDP年均增速应达到4%~5%的水平。

名义经济增长可通过以下三种相互独立的方式（但实践中有时会产生重叠）实现：增加金属货币、政府的法定货币创造、私人的信贷及货币创造。某些情况（并非全部）下，财政赤字也能够刺激名义经济增长，但需要发行公共债务为赤字融资。事实上，当且仅当私人或政府创造货币为赤字融资，或赤字最终导致私人或政府的货币创造时，财政赤字才能产生持久的刺激效果。

### 金属货币

在纯粹的金属货币体系中，所有支付均通过交换黄金或其他金属实现，信贷体系尚未发展起来，名义购买力受制于被选定为货币的金

## 第七章　投机、不平等及多余信贷

属可获得数量及其流通速度。[4]

在现实中，从来没有一个大型经济体单纯依赖金属货币，因为当人类社会发展进步到需要使用货币的程度时，必然也会产生某种形式的信贷创造。甚至早在正规银行体系出现前，个人和公司就已经开始相互投放信贷，为无须立即以金属货币结算的交易融资。菲利克斯·马汀在《货币野史》一书中描述了中世纪晚期的大量交易如何通过交换并清算不同形式的本票进行融资。[5]19世纪的英国采用金本位制度，即便如此，仍有相当一部分购买力是通过商业银行的信贷投放创造出来的。

但是，如果商业银行自发或根据监管要求将部分负债存放在中央银行作为准备金，而中央银行依照规则按负债的一定比例持有黄金作为准备金，那么金属供给仍能对货币创造构成约束。因此，经济体的总购买力至少在一定程度上取决于黄金（或其他货币金属）数量，而黄金则处于不断发现和开采过程中。19世纪70年代到80年代的全球黄金供给增长有限，从而导致通缩压力，并造成深远的经济和政治影响；随后20年间，全球黄金产量大增，导致（至少是助长）了显著的通胀。在某种程度上，购买力取决于难以预知的新资源开采进程。

### 政府的法定货币创造

购买力也可通过政府发行法定货币（其价值源于政府的法律规定）来创造。如果政府印制的纸币具有公众认可的货币价值，政府便创造出有效的购买力。不仅如此，政府还可通过现代的电子化存单形式创造购买力。如第十二章所述，全额准备金银行是将全部存款存放在中央银行作为准备金的银行。假如政府维持财政赤字占GDP比例为1%，那么支付这笔赤字只需将相应金额记入私人客户在全额准备金银行的账户中，同时相应增加银行存放在中央银行的准备金余额。这样，等值于1%GDP的新增购买力便进入经济的支出流中，货币供给

**债务和魔鬼**

也等额增加。[6]

纵观历史，货币和购买力经常是由政府创造出来的。马可·波罗充满惊叹和神往地记述，忽必烈竟能以纸币创造出国家购买力。马可·波罗记载道："他（忽必烈）强行命令帝国的所有行省、王国和辖区一律使用这种货币进行支付"，"忽必烈发行的货币数量如此庞大，简直可以买下世界上全部财富"。[7] 早在纸张发明以前，中国历代君主就曾以普通金属制成的硬币作为法定货币。

法定货币能创造购买力，进而创造名义总需求。假定政府合理行使其创造法定货币的权力，理论上能够满足发达经济体名义 GDP 每年增长 5% 的要求，并同时维持 2% 左右的低而稳定的通胀率。米尔顿·弗里德曼在 1948 年指出，与私人银行创造信贷和货币相比，法定货币创造，即以政府创造的货币为小额公共财政赤字融资，是实现经济稳定和低通胀的更有效、更可靠的途径。[8]

一些历史案例表明，成功而负责的法定货币创造有效刺激了需求增长。18 世纪 20 年代，宾夕法尼亚殖民地通过印制纸币成功地刺激了经济。[9] 日本财务大臣高桥是清发行货币为财政赤字融资，使日本告别了 1931—1936 年的严重经济衰退，并避免了过度通胀。[10] 美国南北战争期间，北部联邦发行大量绿钞以支付相当一部分战争经费，结果虽出现了明显通胀（五年的战争期间总计 80%），但并未发展到恶性通胀的地步。[11]

而与此同时，南部邦联也通过印制货币支付军饷，但数量过于庞大，导致战争结束时通胀率竟高达 9 000%。由此可见，法定货币创造的效果关键取决于规模。正如亚当·斯密在谈到宾夕法尼亚殖民地时所说的，其发行纸币取得成功的关键是"分寸得当"，"美国其他一些殖民地虽然采用了同样的方法，但因分寸失当，造成的混乱远大于便利"。[12]

当代的津巴布韦以及 20 世纪 20 年代发生于德国魏玛共和国时期

第七章　投机、不平等及多余信贷

的恶性通胀表明，法定货币创造蕴含着政治经济风险。[13]一旦允许政府印制货币，货币发行可能会过度。

因此，所有发达经济体以及多数新兴市场经济体都对政府加以限制，使其不能任意发行法定货币为财政赤字融资。公然印钞为财政赤字融资成为一种"禁忌"：纵容这种行为将被视为有悖中央银行的职责，许多中央银行特别是欧洲中央银行的规定中明确禁止这种行为。

**私人的信贷和货币创造**

在发达经济体中，私人的信贷和货币创造是额外购买力和名义总需求的主要来源。这种现状不是公开的公共政策选择的结果，而是长期发展形成的。为客户保管黄金的金匠发现，可将保管的黄金或证明黄金所有权的票据借出，于是逐渐演变成部分准备金银行，也即，银行持有的黄金准备金只占总负债的一部分。起初，这些负债大多以真正的银行券（bank notes）形式存在。直到1844年，英国的私人银行可自行发行银行券；而美国则持续到1863年。随后这一权限虽然受到限制，但银行创造信贷、货币和购买力的能力未受影响。存放在商业银行的存款与商业银行发行的银行券是等值的。

因此，私人银行业的发展有助于购买力持续扩张并与潜在产出相匹配。但这一发展过程始终伴随着不稳定。19世纪所有主要经济体都发生了银行危机，先是大量购买力被私人银行迅速创造出来，而后银行倒闭，银行券和存款分文不值，购买力随之蒸发。1921—1929年，美国银行体系扩大信贷投放，使存量货币增加了40%；而在随后的1929—1933年，所有的货币增量消失殆尽。[14]芝加哥学派经济学家亨利·西蒙斯目睹这场经济灾难后得出结论："银行在繁荣时期发行大量货币替代物充斥整个经济，而后大面积的破产清算使繁荣瞬间成为泡影，这正是银行体系的本质所在。"[15]

于是，中央银行和监管者长期致力于减少银行体系的不稳定或抵消其负面影响。中央银行流动性便利旨在确保货币创造总量与商业需求相匹配，同时减少银行破产可能诱发自我强化的购买力下降的危险。银行资本监管要求旨在减少单家银行破产的危险。许多中央银行要求商业银行按存款或贷款的一定比例持有中央银行准备金，从而限制私人的信贷和货币创造规模。[16]

但过去30年来，发达经济体的中央银行大多不再重点关注私人的信贷创造数量及配置，转而开始担忧银行体系自身的清偿能力和稳健性。他们的政策理念逐渐与魏克赛尔的理论靠拢，认为只要维持低而稳定的通胀率，私人的信贷和货币创造数量必然是合理的。基于这一理念的中央银行政策造就了著名的"大缓和"，其间名义需求以合理速度增长，同时实现了低通胀率与稳定的实际增长率。然而，"大缓和"以灾难告终，因为信贷急剧扩张导致了过度杠杆、金融危机以及后危机时期的债务积压。

**为财政赤字融资**

法定货币创造被视为"禁忌"，而自由市场的私人信贷创造则引发了灾难。一些经济学家主张，刺激名义需求的另一种途径是发行公共债务为财政赤字融资，这种途径不需要任何私人或政府的货币创造。事实上，为财政赤字融资应视为应对需求不足的一种典型的"凯恩斯式"措施。[17]

这种措施真的有效吗？效果又是如何实现的？在一些特定情况下，答案是肯定的，但为财政赤字融资的刺激效果要长期维持，几乎必然需要以上两种形式的货币创造作为支撑。

如果政府扩张财政赤字，同时发行付息债券为其融资，那么最初并没有新的货币创造出来。一些家庭和公司响应政府号召，拿出现金购买债券，这些资金随即被政府花掉，以支持其超出税收收入的额外支出。货币供给并未直接增加，但私人金融资产有所增加，因为存量

## 第七章 投机、不平等及多余信贷

货币保持不变,而私人部门买入并持有了政府债券。

这种方法能否刺激名义总需求?经济学家对此仍有争议,需要具体情况具体分析。一种观点认为,这起不到刺激作用,主要基于两种可能出现的效应。一是"挤出效应",私人部门的投资或消费将有所减少,从而抵消政府增加公共支出或降低税收产生的刺激效果。如果债券利率必须提高才能动员私人部门购买政府债券,又或者中央银行上调政策利率,以避免财政刺激可能引发的通胀,那么这种效应确实会出现。二是潜在的李嘉图等价效应(Ricardian equivalence effect),即根据家庭和公司部门的理性预期,当前的财政赤字意味着未来税赋加重。于是他们削减投资或消费,储备资源以应对未来的税收增加。财政赤字直接产生的刺激作用因而被抵消。

鉴于这两种可能的效应,现代经济学的主流观点认为,在大多数情况下,为财政赤字融资并不能有效刺激名义需求。[18]但是,如果这两种效应不同时出现,那么为财政赤字融资便可能产生刺激效果。如果利率已经接近于零,且中央银行受制于"零下限",不能进一步下调利率,那么挤出效应将不会出现。[19]如第十四章所述,这意味着在2008年以后的特殊市场环境下,为财政赤字融资有可能达到刺激需求的效果。直接受惠于财政刺激政策的个体家庭或公司,其行为可能并不像李嘉图等价效应预测的那么理性,公共债务扩张对未来产生的税收影响可以忽略不计(至少在短期内如此)。

因此在某些情况下,即使没有货币被直接或间接创造出来,为财政赤字融资仍有可能刺激名义需求增长。但如果自始至终没有产生货币创造,刺激效果将难以持久。即使人们最初忽略公共债务积累带来的后果,但在未来某个时期,政府需要实现财政盈余来控制公共债务水平。届时名义需求将受到负面影响,从而抵消最初的刺激效应。

因此,要实现持续的名义需求增长,至少要满足以下两个条件中的一个:一是最初的财政刺激导致私人的信贷和货币创造永久性增加；二是在未来某个时点对累积的公共债务进行货币化，用不计息的法定货币取代计息的公共债务。[20]

所以，在现代经济体中，我们可通过两种方式实现永久性的名义需求增长：政府的法定货币创造或私人的信贷及货币创造。如果将印钞融资视为"禁忌"，我们将不可避免地依赖私人信贷。及至2008年，这种依赖终于酿成灾难。但这场灾难对经济理论及政策提出了两个关键问题。首先，急剧的信贷扩张为何没有导致名义GDP过度增长？假如这种情况出现，那么以通胀率为政策目标的中央银行必然会采取措施应对。其次，要保证充分的名义GDP增长是否要求信贷快速扩张，以至于导致危机及后危机时期的经济衰退？答案来自这样一个事实：在现代经济体中，多数信贷对经济增长而言都是多余的。相反，其中一些被用于"投机"，另一些源于贫富差距扩大，还有一些反映了不可持续的全球失衡。

## 以信贷融资的投机

在发达经济体中，多数信贷被用于为购买现存资产融资，特别是为购买房地产融资。这类信贷并不必然会成比例地影响人们对当期产品和服务的需求，这些需求是国民收入的组成部分。因此，这类信贷完全有可能过度扩张，进而导致危机，同时却不引发通胀，也不为经济增长所必需。

这种可能性在凯恩斯的《货币论》一书中有所阐述。[21]凯恩斯关注的是"货币"的各种不同用途，但由于多数货币都来源于私人的信贷创造，其见解同样适用于不同类型的信贷产生的影响。[22]凯恩斯区分了两种不同的交易：一种是购买当期产品和服务的交易。产品和服务的价值是"当期产出的货币价值（名义GDP）的函数，这个函数相当稳定"。另一种是"资本品或商品的投机性交易"或纯粹的"金融交

## 第七章　投机、不平等及多余信贷

易"。这类交易的价值"与当期的产出率没有明确关系";"交易的资本品价格水平与消费品截然不同"。因此,为购买存量资本品融资的信贷扩张可能与当期名义需求增长无关,由信贷供给驱动的资本品价格水平可能明显背离当期产品和服务的价格水平。

凯恩斯将这种现象称为"融资者、投机者和投资者"的活动。如第四章所述,在现代经济体中,多数财富体现为房地产和土地;对多数人而言,住房是毕生最重要的投资;银行信贷多数用于为购买现存房地产融资。因此,凯恩斯关于资本品投机与当期名义需求之间潜在脱节的深刻见解,是理解房地产信贷与资产价格周期的动态特征和影响的关键。

要理解这种动态特征,首先应考虑信贷全部用于为购买现存资产融资带来的影响。假设人们向银行借入资金购买二手房,那么住房价格将相应上涨,卖家的银行存款余额将会增加。信贷总量、财富总量和货币余额均有增加,但对于当期产品和服务的名义需求却不一定增长。

在现实世界中,我们需要考虑间接效应。房价上涨使人们感觉更加富裕,一些住房所有者因而增加消费,减少储蓄。某些卖家在获得大笔现金后,可能倾其所有进行其他金融投资,通过一系列间接途径刺激实体经济的投资增长。

这些间接影响固然有可能存在,但绝不可能与新增信贷的初始价值完全相称。例如,2000—2007 年,英国抵押信贷增长 97%,家庭储蓄增加 79%;住房财富总量增长 105%;但同期名义 GDP 仅增长 44%,年均增速 5.3%,这与英格兰银行 2% 的通胀率目标大体相容。[23]

不仅如此,财富效应的重要程度可能受到财富分配的影响,而且从时间上看是不对称的。在经济上行周期,富人的房产进一步增值,但其消费支出可能大体维持不变;而在经济下行阶段,高杠杆的穷人面对净值缩水,可能会显著削减开支。

**债务和魔鬼**

因此，用于为购买现存房地产融资的信贷创造刺激名义GDP增长的效果不及直接为新的实际投资或消费融资。理查德·韦纳的《日元王子》[24]一书以20世纪80年代的日本为例，为上述差异提供了经验证据。作者将银行信贷存量和增量划分为两部分：为房地产融资的信贷以及为新的投资和消费融资的信贷。1982—1987年，前者年均增速高达20%~45%，房地产和土地价格随之攀升；后者年均增速约7%~8%左右，名义GDP增速与之相当。[25]虽然房地产信贷急剧扩张，但日本名义GDP增长并未加速，通胀率也未上升。这是日本后危机时期经历持续的资产负债表衰退的重要原因。

凯恩斯将现存资产交易称为"投机"，本节也采用这一称谓。但从个体角度看，购买现存资产通常并不是出于投机目的，而是普通家庭借入资金用于购置体面的住房。尽管这些为现存资产融资的抵押信贷与资本动员和配置无关，但我们不能就此认为它们毫无社会价值。如第四章强调的，房地产在现代经济中的重要性上升是不可避免的趋势：对房地产的实际新增投资可能在全部新增投资中占据一大部分；抵押贷款使人生不同阶段的消费开支更趋平滑，促进了同代人之间和代与代之间的住房交易，因而发挥着重要的社会功能。

然而，抵押贷款的社会价值主要体现在具体的个案中，在总体层面却加剧了信贷和资产价格周期，导致危机及后危机时期的经济衰退。因此，要建立一个低信贷密集型的更稳定的经济，我们必须有意识地管理和控制房地产抵押信贷。

## 贫富差距、信贷和贫富差距的扩大

过去30年间，发达经济体的贫富差距日益扩大。1980年以来，美国收入最低的20%群体实际工资没有任何增长；而收入最高的1%群体则提高了2倍（如图7.1）。对这一现象的根本原因存在着广泛争议。产品与资本市场全球化显然扮演着重要角色；而新技术产生的影响可能更为深远。[26]此外，金融业发展本身也推动高收入群体的收入急剧增长。

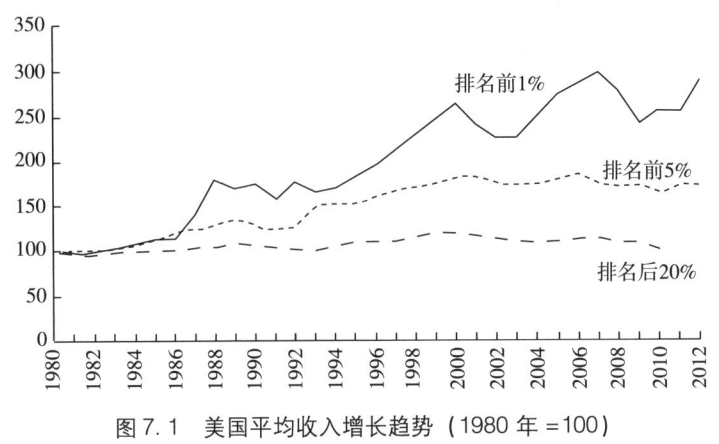

图 7.1 美国平均收入增长趋势（1980 年 =100）

资料来源：U. S. Census Bureau，World Top Incomes Database。

贫富差距扩大不仅是重要的社会问题，也是导致信贷密集型经济增长的又一个原因。贫富差距扩大使不可持续的信贷扩张成为维持经济增长的关键。而信贷扩张进一步拉大贫富差距。

**"让他们吃信贷"**

凯恩斯对发达经济体可能面临的长期停滞问题表示关切。他认为，"存在这样一种基本的心理学定律……平均而言，人们在收入增长时倾向于扩大消费，但扩大幅度通常要小于收入增长。"[27]他由此推论，当社会富裕程度提高，合意的总储蓄增长将快于必需的或合意的投资，从而导致总需求不足。

凯恩斯的这一理论受到现实经验的挑战。当今社会，人们不只关注绝对消费水平，还关注相对消费水平，广告成为刺激需求的重要手段。国民总储蓄率随时间上升的论断缺乏必然原因和经验证据。

但有一点可以肯定：不论任何历史时期，平均而言，社会中相对富裕的群体都会将收入中的更大比例用于储蓄；因此，除非有其他抵

**债务和魔鬼**

消因素产生相反的作用，贫富不均的加剧可能导致平均合意储蓄率上升，并抑制名义需求增长。

信贷恰好能作为抵消因素。富人可能更多地储蓄，但这些储蓄可经由银行和其他金融机构以信贷方式提供给穷人，支持他们在实际收入不变甚至下降的情况下维持或提高消费水平。[28]但这种信贷流动不一定产生过度需求；相反，增加的信贷可能只是为了维持适当的需求水平。如果贫富差距没有加大，这种信贷扩张完全是不必要的。但由于贫富差距扩大，我们需要信贷扩张快于GDP增长，仅仅是为了保持需求增长与生产潜力相匹配。

如果全部信贷都服务于经济学理论中描述的传统职能（平滑借款人在不同人生阶段的消费水平，其前提是借款人在终生总收入的约束下进行理性决策），那么通过信贷扩张为消费融资不一定导致金融不稳定。人们可能在人生某些阶段借入资金，超出自身收入水平进行消费，但同时做好未来还款安排的理性规划。

如果消费者在预期未来收入不增长甚至下降的情况下，仍通过借贷维持高额消费，不可持续的债务将会积少成多。如果以不断上升的房价作担保的抵押贷款被用于为消费融资，风险将进一步增大，因为房价不断上涨会使进一步举债短期内看似不成问题。因此，贫富差距扩大和自我强化的信贷与资产价格周期循环相互交织，共同导致不可持续的信贷扩张和杠杆率上升。

敏锐的观察者指出，在信贷扩张诱发20世纪30年代大萧条的过程中，贫富差距扩大也发挥了关键作用。1934—1948年任美联储主席的马瑞纳·伊寇斯形象地描述了当时的情况：

> 1929—1930年，一台巨型水泵将大量新生财富源源不断地输送到少数人手中，帮助他们完成了资本积累。但与此同时，普通消费者的购买力被剥夺，人们不愿消费，产品鲜有人问津。有效

## 第七章　投机、不平等及多余信贷

需求的缺乏使积累的资本无法再投资于新建工厂。这如同扑克游戏，当筹码逐渐集中到越来越少的人手中，其他人只能通过借贷才能继续参与游戏。而当信贷消耗殆尽，游戏将被迫终止。[29]

根据国际货币基金组织前首席经济学家、印度中央银行前行长拉古拉迈·拉詹的记述，2008年危机之前的数年间也出现过类似情形。面对日益严峻的贫富差距，美国政府不能或不愿推行改革从根本上解决问题。随手可得的抵押信贷似乎成为零成本的解决方案，低收入者可将价值不断上涨的房产作为抵押，从而获得信贷融资用于消费。如拉詹所述，应对贫富差距问题的方法是"让他们吃信贷"，但正是这种方法导致了危机及后危机时期的经济衰退。[30]

正式的理论模型和实证分析为伊寇斯和拉詹的直观认识提供了支持。迈克尔·库姆霍夫和罗曼·朗西埃的研究表明，富人与穷人不同的边际储蓄和消费倾向如何导致经济增长的信贷密集度上升。[31]库姆霍夫和朗西埃还通过20世纪20年代及2008年危机前夕的经验证据说明，贫富差距加大将刺激信贷快速扩张，而信贷依赖性增加将进一步加大贫富差距。

### 杠杆和贫富差距：信贷获取途径和信贷依赖性

资产价格波动必然同时产生赢家和输家。杠杆既能放大收益，也能加剧损失。富人和穷人获取信贷的途径不同，不仅信贷价格不同，在资产价格下行周期中幸存并在随后的资产价格上升周期中获益的能力也不同。这些差异在贫富差距加大的过程中扮演着重要角色。

在动荡的经济环境中，超强的信贷获得能力通常是积累巨额财富的关键。当今俄罗斯许多寡头之所以坐拥巨额财富，就是因为他们早在20世纪90年代中期已经积累了可观的财富，这使他们有能力借入资金低价购买自然资源，而当时社会中多数人毫无财富可言。事实

**债务和魔鬼**

上,有几位寡头成立了自己的银行,从而拥有非常便捷的途径以获取新创造的信贷、货币和购买力。

相反,对于低收入群体而言,过度借贷反而会导致财富缩水。以住房抵押贷款市场为例,由于穷人的初始财富禀赋相对较少,他们购买住房需承担更高的贷款利率和更高的杠杆负债。在经济衰退时期,他们通常更容易面临失业或降薪。因此他们在经济周期下行阶段更可能沦落到资不抵债、资产被收回的境地,从而没有机会在随后的上行周期中扭亏为盈。

迈恩和苏非的研究证明,这种现象在美国确实存在。2007—2010年的净值减少和房价下跌侵蚀了许多美国人多年积累的财富。收入最高的20%家庭的平均净值由320万美元跌至290万美元,而收入最低的20%家庭的平均净值从3万美元跌至接近于零。1992—2007年,美国收入最高的10%家庭占全民总财富的份额由66%升至71%;随后三年间进一步升至74%。如迈恩和苏非所述,"这是债务的一个基本特征:对财富最少的家庭造成的损失恰恰最为惨重。"[32]

英国的情况颇为相似。2003—2013年,由信贷驱动的房地产繁荣及衰退周期导致家庭财富分配更加失衡。在上行周期,面对房价不断上涨,存在首次置业需求的潜在购房者以仅有的初始财富,要么完全买不起住房,要么需要以很高的抵押比和贷款收入比大量借贷,这将增加未来偿债困难的危险。相反,以购房出租为目的的投资者已积累了可观的财富,从而能以价格更合理的信贷购买更多住房。2003—2013年,未还清抵押贷款的自住型业主蒙受净损失590亿美元,而购房出租的房东实现盈利4 340亿美元。[33]目前英国存量住房中有14%专门用于出租,而1990年该比例为零;自住住房占比由70%的历史高点降至65%;首次置业的平均年龄稳步上升。

传统观点认为,抵押信贷市场快速发展能使"更多人受惠于财富增长",在信贷扩张早期阶段可能确实如此。但英国和美国的经验共

第七章 投机、不平等及多余信贷

同说明，抵押信贷扩张一旦超出某一限度，反而会加剧贫富不均。

如果经济体同时面临贫富差距扩大和后危机时期的经济复苏乏力，穷人将更加依赖高息信贷（例如英国，申请"发薪日贷款"的借款人不断增加），从而进一步加剧贫富不均。理论上，消费信贷的好处是在终生总收入的约束上限内平滑人生不同阶段的消费。但如果借贷利率过高，可用于消费的终生经济资源将显著减少。

纵观历史，债务合约在扩大贫富差距方面扮演了重要角色。大卫·格雷伯在《债：第一个 5000 年》一书中指出，[34] 一些人的收入相对于消费需求或消费意愿存在短期或永久性不足，以高息向他们提供贷款往往是让他们沦为赤贫的罪魁祸首。

微小的初始财富差别（如收获的庄稼良莠不齐，或用以抵御短期财务压力的经济资源多寡不一）产生了穷人和富人之间的贷款合约，可能致使穷人形成长期债务依赖，甚至陷入债务枷锁之中。伊斯兰教和基督教严厉限制高利贷的背后，正是对这种潜在危险的警觉。

后来，这些限制被视为有碍于经济发展而被摒弃。人们正确地认识到，债务合约在促进资本动员和优化资本配置方面扮演重要的角色。但支持债务扩张的公共政策必须同时看到，现代社会中多数信贷投放与资本投资无关。

**全球失衡**

如前所述，发达经济体的信贷急剧扩张而名义 GDP 却没有过度增长有两个重要原因：一是信贷被用于为购买现存房地产融资，二是在贫富差距扩大的情况下，信贷被用于为消费融资。本节将阐述第三个原因：与资本投资无关的大规模资本流动。

1998—2008 年，全球经常账户顺差总和占 GDP 比例由 0.5% 升至 2.0%，逆差总和也出现同样的变化。与上述顺差和逆差相对应的是资本跨境流入和流出。正如现代金融学理论高度认可杠杆扩张的有利影响一样，资本流动也被视为多有裨益。金融学理论认为，资本自由流动能在全球范围内有效配置稀缺资本，促进资源从国内储蓄富余的国家流向国内储蓄相对不足的国家。

但在当今全球经济中，多数资本流动并没有支持输入国的高投资率，而是为消费扩大提供融资，从而进一步刺激国内信贷与资产价格繁荣。在那些资本流入确实带来投资增加的国家或地区，往往出现住房和商业地产的过度投资。例如，中国和德国的经常账户顺差助长了美国、西班牙、爱尔兰的房地产建设过剩。

与全球经常账户失衡伴生的资本流动通常并未有效促进生产率提高和国民收入增长，因此无法实现额外的收入流用以偿还债务。[35] 相反，在欧元区外围国家、美国及部分新兴市场经济体，资本流动导致债务过度扩张，进而造成债务积压。

事实上，许多跨国资本流动只是加重了"太多的错误债务"问题（参见第四章、第五章）。如第九章所述，当债务涉及国际资本流动时，由债务引发的问题将尤为严重。

与"多余"信贷扩张的其他两个动因相同，为全球失衡融资的信贷投放也没有带来名义需求的过度增长并达到中央银行认为需要加以应对的地步。在贫富差距不断扩大的社会内部，穷人以信贷融资的消费扩张对应于富人的储蓄增长，而纵观世界，美国、英国、西班牙、爱尔兰等国以信贷融资的房地产价格泡沫和消费繁荣对应于中国、德国、日本等国居高不下的储蓄率。因此，经常账户失衡促成了信贷急剧扩张但通胀维持低位的现象，进而使我们陷入债务积压的困局。

## 长期停滞与长期需求不足？

我们不需要危机前那般快速的信贷扩张来实现充分的经济增长。

## 第七章　投机、不平等及多余信贷

信贷急剧扩张的三个动因——房地产投机、贫富差距扩大和经常账户失衡——导致的信贷创造，并没有在促进资本动员和配置以及刺激名义需求增长方面发挥至关重要的作用。但是，这种信贷扩张却导致危机和后危机时期的经济衰退。因此，妥善处理导致信贷密集型增长的这些根本动因对未来的金融和宏观经济稳定具有重要意义，丝毫不亚于银行资本充足率、银行处置或衍生品风险控制等技术手段。

然而，我们还需要探究另一个问题：信贷急剧扩张是否反映了某些更深层次的问题？发达经济体是否面临着"长期停滞"的潜在挑战？[36]

2008年前的20年间，实际无风险利率，即指数挂钩型政府债券的到期收益率显著下降。如图7.2所示，1990年前后，英国投资者购买10年期指数挂钩型英国国债，可以获得高于3%的实际到期收益率；而到2007年，收益率下降到1.8%；2015年1月则进一步降至-1.0%。[37]美国的实际收益率水平几乎相同。这一下跌趋势的最后阶段，即2007—2008年危机后的阶段，可由危机后债务积压导致的某些现象加以解释。但在危机之前，实际收益率已经跌至现代资本主义历史上的新低。[38]

实际利率过低是导致危机的根本原因之一。低利率鼓励住房所有者和投资者借入资金购买房产或扩大消费，同时激发人们追逐收益率，进而推动了金融创新和金融体系内部的交易活动（参见第六章）。

实际收益率为什么会显著下降？从理论上看，这必定是因为合意储蓄（经济学家也称之为"事前"合意储蓄）相对于事前合意投资出现了上升，这要么是因为合意储蓄增加，要么是因为合意投资下降。"储蓄增加"的解释通常关注于中国及其他经常账户顺差较多的国家。伯南克于2005年指出，中国的高储蓄率甚至超过中国的高投资率，导致对美国国债的需求增加，从而压低了国债的收益率。[39]因此，全球的事前合意储蓄率相对于全球投资率出现上升。这种解释部

**债务和魔鬼**

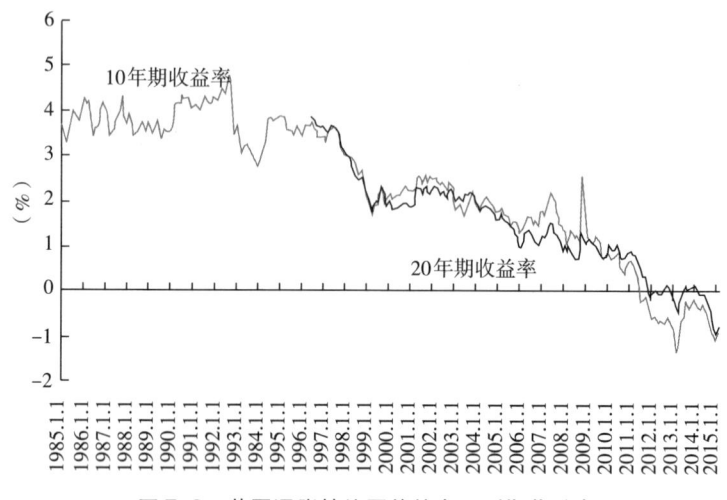

图 7.2　英国通胀挂钩国债的实际到期收益率
资料来源：Bank of England Statistics，零息债券的实际收益率。

分成立。促进中国经济的再平衡，降低中国过高的储蓄率，对于维护全球宏观经济稳定当然非常重要。然而，中国经常账户顺差足以对全球储蓄/投资平衡产生重要影响仅发生在2007—2008年危机之前的五年前后，而实际收益率下降早在15年之前就已开始。

另一个可能的解释是发达经济体的人口特征和财富分配变化。这种变化对合意储蓄和合意投资或必要投资同时产生重要影响。社会平均年龄增长的原因有二：一是平均预期寿命增加，二是生育率下降，年轻人占总人口比例下降。假如退休年龄与寿命同步增长，工作与退休期间占整个成年期的相对比例不变，那么寿命增加对合意总储蓄率不会产生必然影响。但如果退休年龄不能同步增长，人们可能有意识地在工作期间提高储蓄率，以确保收入足够应对更长的退休期，而总投资需求并没有相应增加来抵消这一变化。由于生育率降低，为造福后代而积累资本的必要性弱化，但合意储蓄率并没有相应下降来抵消这一变化。

同时，如托马斯·皮凯蒂指出的，贫富差距扩大使少数人的财富

## 第七章　投机、不平等及多余信贷

份额越来越高。这些人极为富有,不会在退休期间耗尽所有积蓄,而是将巨额财富遗赠给继承人。因此,贫富差距的扩大抬高了合意储蓄,而投资需求并未与之匹配。

上述因素的复杂组合将改变合意储蓄与合意投资或必要投资之间的平衡,导致实际均衡利率发生变化。这些效应可能不会明显作用于实际储蓄和实际投资水平,因为根据定义,实际储蓄必然等于实际投资。因此,即使多数发达经济体的实际总储蓄率没有上升,合意储蓄增加也能发挥作用。

但现有数据表明,与增加合意储蓄相比,投资需求减弱对改变合意需求和合意投资之间的平衡更为重要。在许多发达经济体中,商业投资占GDP份额呈下降趋势。[40]许多大公司持有大量闲置现金,事实上,许多公司由金融体系的净借入方转变为金融资产的净持有方。在英国,过去25年间,除房地产行业外的其他公司的借贷规模占GDP比例逐渐下降,在某些时期,整个制造业部门甚至成为银行体系的净存款人。[41]

资本投资率下降的一个可能解释是,资本设备品相对于普通商品和服务的成本下降了,国际货币基金组织的数据显示,1990—2014年,降幅达33%。[42]对许多企业部门而言,信息技术发展显著降低了硬件和软件价格,使单位美元的投资支出事半功倍。于是,极小的投资便能创造出巨额财富,例如脸书的市值高达1 500亿美元,而投资仅为5 000人年(personyears)(参见第五章)。

由此可见,总投资需求相对于合意储蓄率出现下降,导致实际均衡利率大幅下降。即使剔除债务积压效应的负面影响,我们仍面临着马丁·沃尔夫所说的"长期总名义需求不足"问题。[43]因此,要使经济增长率与潜在增长率相一致,可能需要数年甚至永久性维持极低利率。

但是,长期维持极低利率将产生两个问题。首先,如果应有的实

**债务和魔鬼**

际利率水平为负,名义利率零下限会制约利率下调空间,难以实现最优增长率。其次,极低利率若持续多年,必然会使私人信贷扩张不再愿意支持新的投资,转而用于投机性购买现存资产。

实际新增投资需求相对于合意储蓄的缺口越大,私人信贷体系越有动力为竞相购买不可再生资产的投机活动提供融资,并辅以复杂而危险的金融工程技术。[44]如果我们必须依赖永久性的极低利率来避免长期停滞,似乎将难逃经济不稳定的厄运。

我们真的面临长期停滞的严峻威胁吗?若果真如此,那么原因何在?这些问题目前尚无定论。但值得庆幸的是,即便确实存在这种危险,仍有两种可能的有效应对方法。不过,这需要我们摒弃危机前的关键教条:一是坚持通过自由市场来配置信贷,二是绝对禁止法定货币创造。

尽管私人公司购置资本设备资产的相对价格出现下降,但发达经济体的总投资需求是否相应减少仍不明确。应对气候变化需要大规模投资于兴建新能源系统,在美国等许多国家,交通基础设施(包括高速公路和公交系统)亟须更新换代。摩尔定律和零成本软件复制将使商业"机器"愈加廉价,但社会必需的基础设施长期投资并非如此。然而,完善的基础设施投资通常不但取决于私人商业决策,还需要建立公私合作和风险共担机制,或通过有效的监管框架提高私人部门的积极性。实际上,一些案例表明,以公共资本支出进行基础设施投资最为有效。

因此,一方面存在着大量与增长促进型投资无关的"多余"信贷,另一方面仍有一些未满足的投资需求,这些需求仅通过自由市场难以获得充足的融资。对此,公共政策不仅需要对某些信贷类型加以限制,同时还要促进其他类型的信贷增长,以弥补总需求不足。

未满足的投资需求可通过发行公共债务融资,如经济学家劳伦斯·萨默斯和保罗·克鲁格曼指出的,如果提高经济增长潜力的公共

## 第七章 投机、不平等及多余信贷

投资能以最低利率获得融资,那么担忧公共"债务负担"因此而加重完全是杞人忧天。[45]即使这种担忧变为现实,我们也不会束手无策。政府总能通过创造法定货币为赤字融资。与其面临缓慢经济增长和通缩,或者面临产生金融不稳定的永久性低利率,通过印钞为公共投资融资可能是风险最低的策略。

事实上,即便全部投资需求均被满足,通过印钞为财政赤字融资同样为解决长期停滞问题提供了可行途径。如果我们面临的问题确实是私人部门合意储蓄率多于投资需求,并且名义需求长期不足,那么法定货币可用来带动额外的消费,而不是刺激投资。

简而言之,在经济学中,总能找到潜在答案的问题少之又少,而名义需求不足正是其中之一。如有必要,政府总能通过印钞刺激名义需求。这种方法固然存在重大风险,但依赖私人部门的信贷创造扩大需求又何尝没有风险呢?危机前的正统经济学对私人部门的信贷创造过于放松,而对法定货币融资的限制却太过绝对。

相关政策含义将在第四篇和第五篇具体阐述。一个基本原则是,依赖自由市场的信贷创造既不能实现资本的最优配置,也无法维持稳定而充足的名义需求增长。这种观点与危机前的正统经济学背道而驰,后者认为试图影响信贷配置的任何干预措施都会导致无效率和浪费。但经济发展的历史表明,过去60年间,信贷指导在一些举世瞩目的经济增长奇迹中发挥了关键作用。第八章将总结这些经验。

## 第三篇

债务、经济发展与资本流动

在发达经济体中，自由市场的信贷创造带来了严重的经济危害；即便在不受国际资本流动影响的封闭经济体中，这种危害也同样存在。但是，有效管控信贷创造在经济发展的早期阶段显得更为重要，而国际资本流动使管控的复杂性大大增加。

第八章将介绍历史上一些成功的经济发展范例，如韩国和日本。这些国家通过实施金融抑制（即通过信贷指导而不是自由市场促进快速、有效的资本积累）实现了脱贫致富。然而，同金融市场自由化一样，信贷指导不可能包治百病，甚至在其他一些国家造成了腐败和浪费。我们面临着危险的抉择。中国能否在长达6年的信贷繁荣之后做出正确的选择，将对未来10年的全球金融稳定产生深远影响。

第九章主要探讨国际债务资本流动为何比国内信贷和资产价格周期更不稳定且更具破坏性。因此，全球金融体系一定程度的割裂未尝不是一件好事。在欧元区，自由市场的信贷创造和资本流动与政治设计缺陷相互作用，导致严重的债务积压，至今难以摆脱。如果欧元区不能达成共识，通过根本性改革推动名义需求增长，那么解体将在所难免；相较于长期缓慢增长和通货紧缩，解体可能是较优的选择。

# 第八章 债务和发展：金融抑制的功与过

> 毫无疑问，如果没有银行信贷增加形成的"强制性储蓄"，资本主义经济不可能在过去100年中取得如此大的发展。
>
> ——哈耶克，《货币、资本和经济波动》[1]

> 在经济发展的早期阶段，鲜有案例支持以放松金融和自由化的方式发掘迅速获利的机会。最好将金融体系置于严格的管控之中。
>
> ——乔·史塔威尔，《亚洲模式：全球最具活力地区的成败教训》[2]

本书的一个主题是过量债务产生的危险。杠杆率上升如超出一定限度，将使经济更加脆弱。但债务同样具有积极作用，假如没有债务合约，工业革命不可能发生。债务合约较强的确定性，有利于将那些不愿以股权融资形式进行投资的资本动员起来。不过，能够发挥如此关键作用的不只有债务合约，还有银行。

银行不仅为存量储蓄提供中介融通，还能够创造信贷、货币和购买力。因此，银行创造出的购买力配置到哪些人手中是非常重要的。在发达经济体中，多数购买力背离了金融服务为资本投资提供融资的传统职能。但为投资活动融资显然是信贷的一种可能用途。因此，可通过银行信贷指导，使经济中的需求相对集中于投资而非消费。

以银行信贷创造支持投资扩张是最成功的后发国家取得快速经济增长的核心，例如20世纪50年代的日本、80年代的韩国以及过去40年的中国。此外，这些国家的经济成功还有赖于有意识地抑制自由金融市场。无论是在20世纪50年代的日本、80年代的韩国,还是过去40年的中国,银行信贷创造的数量及配置都没有完全交给自由市场力量来决定。

当然,银行信贷指导不可能包治百病,甚至在其他一些国家(如菲律宾)酿成灾难。但20世纪八九十年代许多东亚国家推行的银行信贷市场自由化同样以灾难收场。

因此,本章将探讨信贷创造在经济发展中的作用,并分析一些东亚国家最成功的案例。这些案例的故事表明,行政指令或自由市场力量都无法确保最优的信贷数量及配置,我们面临着危险的抉择。这些案例还表明,通过信贷支持投资扩张来推动经济快速增长的国家,需要在一定阶段改变这一模式,实现增长模式的转型。但转型道路异常艰辛,应避免完全崇尚自由市场的发展路径。中国能否成功应对经济转型的挑战,将是未来10年全球金融稳定的最重要的决定因素。

## 打破常规,成功赶超

1800—1950年,世界各国的生活水平呈现明显分化。工业革命结束了全球经济近乎零的缓慢增长状态,开创了全新的时代,主要工业国家的人均收入以每年1.5%~2%的速度增长;每30~50年生活水平便会翻番。变革肇始于英国,而后拓展到越来越多的欧洲国家及其海外殖民地,尤其是北美洲。

发展伊始,世界上其他地区的增长仍旧缓慢,生活水平远远落后于工业领先国家。19世纪20年代,世界最富裕与最贫困地区的生活水平差异不超过3:1;而到20世纪50年代,美国的生活水平比亚洲(除日本外)高15倍,超过非洲的10倍。[3]

过去半个世纪中,后发国家呈大举赶超之势,其赶超速度远远高于19世纪。19世纪晚期,德国的生活水平成功赶超英国;当时德国

## 第八章 债务和发展：金融抑制的功与过

人均收入增速为1.9%，而英国为1.4%。到二战结束后，各国经济发展水平加速趋同。20世纪50—70年代，西欧国家人均收入增长3%～6%，逐步赶超美国的生产率水平；同期，巴西人均收入增长达5%以上，日本、韩国则高达7%左右；中国改革开放后30年连续保持每年7.5%的人均收入增长。

后发国家快速实现赶超的原因显而易见。当今世界，新技术可在全球范围内复制传播；国际资本流动可填补国内储蓄缺口；发达国家进口需求旺盛，有力地推动出口导向型经济增长。这种有利的外部环境使后发国家实现飞跃式经济增长，增速远快于技术水平和生活水平已处于领先地位的国家。

如此看来，成功实现赶超似乎是必然趋势。但事实不免使人惊诧：仅有极少数国家成功赶超发达国家的生活水平。过去40年间，多数拉美国家的生活水平长期停滞在美国的20%～30%左右。1950—2000年，多数非洲国家与发达国家的差距进一步扩大；此后虽有明显的复苏迹象，但基础水平已远远落后。许多东亚国家（如泰国和印度尼西亚）虽在个别历史时期实现了快速增长，如今经济水平还不到西欧国家的25%。印度经济确实有所增长，但目前的人均收入水平仍仅为西方国家的6%，而1950年也为6%。中国经济增长成绩斐然，但人均收入需要增加4倍才能赶超发达国家的水平。[4]

1950年以来，彻底扭转落后状态、成功实现赶超的国家屈指可数。其中包括一些人口稀少、资源丰富的国家，如卡塔尔、阿布扎比；还包括人口极少的"城邦"，如中国香港、新加坡，但这些国家或地区的发展经验对人口众多的大经济体的借鉴意义有限。

事实上，人口众多的经济体中，只有三个成功实现赶超并达到西方生活水平的70%以上，分别是日本、韩国、中国台湾。这些经济体的发展致富并没有通过自由的金融体系、自由的资本流动或自由的贸易往来。各经济体的政策措施各有千秋，但无一不大量使用工业关税、金融抑制和信贷指导等政策。事实上，这些经济体发展致富几乎违背了其后占据主导地位的"华盛顿共识"的所有教条，也不符合新古典经济学关于经济效率的理论，而后者正是"华盛顿共识"的理论基石。

当然，在这些国家或地区快速赶超的历史时期，"华盛顿共识"尚未形成。这些国家或地区应当为此感到幸运。假如20世纪50年代"华盛顿共识"已经发展成型，如果日本、韩国、中国台湾全面奉行"华盛顿共识"，将不会实现如此快速的经济增长。[5] 乔·史塔威尔的《亚洲模式》一书总结了日本、韩国和中国台湾获得成功的三个关键经验，尽管这些要素对每个经济体的重要程度有所不同：[6] 一是土地改革开创了精耕细作式的小规模农业模式，为快速增长的人口提供了就业机会，并实现了可观的单位面积产出。这一成功经验本身就包含了金融成分：土地改革使佃农摆脱债务负担，从地主的束缚中解放出来；同时，面向农民和涉农企业的小额信贷为技术和生产率提升提供了资金支持。

二是鼓励发展世界级制造业的产业政策。一方面抵制国外竞争者入侵本国市场，另一方面大力支持本国企业进军出口市场。特别是韩国，以公开的国家战略支持钢铁、化工、造船等重工业争创世界领先水平。

三是对金融体系特别是对银行体系严格的政策指导。这条经验以日本和韩国较为典型，而中国台湾则不那么典型。政策指导的目标有两个：维持较高的投资水平和确保投资最终配置到生产率较高的领域。

## 金融抑制、强制储蓄和投资规模

投资对经济增长至关重要。我们通过对"机器"的投资来促进现

## 第八章 债务和发展：金融抑制的功与过

有经济活动的自动化，或实现以往不具备的新功能，从而提升生产效率。[7]即便对身处技术前沿的发达经济体而言，投资的重要性也不言而喻。[8]而在经济赶超阶段，投资的作用愈加突显：投资率越高，可实现的经济增长速度越高。[9]

后发国家无须引领技术创新的前沿，其投资项目可直接采用已经发展成熟的技术成果。这些国家的人均资本存量水平明显落后于发达国家。因此只要资本配置没有严重失误，投资"大跃进"总能推动经济大幅赶超。经济学家阿尔文·扬1995年发表的一篇引用率颇高的文章分析了亚洲经济增长。该文采用"增长核算"法，将经济增长率分解为劳动力投入增长、资本投入增长，以及剩余的全要素生产率增长。扬的研究表明，亚洲经济增长并非"神话"，只不过是快速资本积累的结果。[10]

投资率高不一定意味着牺牲消费并将资源转移到资本品生产。国家可通过多种方式实现必要的资源转移。苏联在建国初期采用了最简单粗暴的方式：强迫农民缴纳粮食，支援工业劳动者建设国有资本资产。另一种方式是国家直接为投资建设提供资金或补贴。这种方式即使对具有资本主义成分的经济体也同样适用。投资所需的财务资源可通过三种渠道筹集：税收、发行政府债券和印钞。每种渠道都以不同的方式减少了实际消费，从而使实际投资增长成为可能。[11]

额外的名义需求增长还可通过银行信贷创造来实现。这些信贷创造还可用来引导需求相对集中于投资领域。银行以新创造出的货币向企业部门提供贷款，从而创造了购买力，而贷款被用于资本投资项目，能有效提高投资率。近期的主流新古典经济学未曾关注这一事实，但早在21世纪初叶，哈耶克、熊彼特等经济学家正确地将银行信贷创造视为经济发展和货币经济内在不稳定的关键所在。如哈耶克指出，银行向企业部门发放贷款并用于投资，实质上构成了一种强制储蓄，即以牺牲消费为代价，通过银行额外投放信贷增加资本创造；

对于放弃消费的家庭而言，这并非自愿行为，也不能带来任何直接收益。[12]

早期经济学家对强制储蓄效应的具体作用机制存在争议。有观点认为，这一过程伴随着通胀，因为额外的投资需求将带动相关行业工资水平上涨，从而吸引劳动者离开消费品生产行业，转而投身于资本品生产行业。但也有观点指出，如果在向企业部门提供额外信贷的同时，强制要求或鼓励家庭部门持有更多货币存款，那么也可能产生某种形式的强制储蓄，并且不会引发通胀。如果家庭部门获得的利率非常低，以至于他们必须储蓄更多才能有足够资源满足退休后的生活支出和其他需要，那他们就会增加储蓄和货币余额（money balance）。[13]因此，要实现更高的储蓄率和投资率，可考虑采用以下政策措施：要求银行增加企业部门信贷，严格控制银行消费信贷，维持较低的居民储蓄利率。

韩国和日本在经济起飞阶段正是实施了这些政策。韩国国有银行的信贷投放只面向企业部门，不面向消费者。日本中央银行及财务省也对该国的私人银行提出类似要求。这两个国家的居民实际储蓄利率均为负，而企业部门能够以低廉的价格获得融资。实际上，大量资源从家庭存款人转移给企业部门，从而为企业投资提供了补贴。但结果确实促进了投资扩张并带动了经济增长。

当然，上述政策体系要产生效果需满足一定的前提条件，即存款人的储蓄决策足够保守，倾向于选择银行存款而放弃收益更高的其他备选投资渠道；或者其他备选投资渠道受到监管的制约。由此可见，抑制零售金融业竞争或通过资本管制限制存款人参与境外投资，都能进一步强化信贷指导和补贴政策的实施效果。

资本管制还有助于阻止境外信贷资金流入，避免这些资金流向房地产开发或消费信贷，从而弱化国内实体经济产业投资的战略重心。因此，资本管制支持了政策指导的另一个目标：确保信贷流向生产率

# 第八章　债务和发展：金融抑制的功与过

较高的投资领域。

## 信贷配置和投资质量

第七章介绍了促进名义需求增长的不同途径。私人信贷创造相对于政府法定货币创造的一个优势在于使信贷配置决策实现去政治化，避免新创造的购买力最终配置到浪费的领域。

但事实上，韩国和日本当局都未将银行信贷配置的决策权交给以利润最大化为目标的私人部门。相反，两国有意识地指导银行信贷配置，优先扶植那些他们认为最有利于推动经济增长的投资领域。信贷资源向制造业倾斜，向出口行业倾斜，向国家战略性重点行业倾斜（如韩国的重工业）；而房地产开发、进口行业或投机交易则相对受到冷遇。

具体指导措施包括向银行提供指引或指令，以及制定中央银行"再贴现"融资的合格贷款标准。

中央银行为私人部门贷款提供再贴现融资的做法表明私人信贷融资与法定货币融资之间的界限有时并非泾渭分明。如果中央银行持续扩张自身的资产负债表，随时准备为私人部门的信贷扩张提供流动性，其实已非常接近于法定货币融资，只不过法定货币资源没有交予政府，而是借给了私人部门。

以韩国为例。1960—1980 年的投资繁荣一定程度上可理解为法定货币融资的结果。当时，商业银行被时任总统朴正熙及韩国中央银行收归国有。而中央银行直接受政府管辖，随时向商业银行提供无上限的资金支持，鼓励商业银行以实际负利率向出口企业投放信贷。

但从经济发展角度而言，关键问题不是如何精准地创造出购买力，而是如何妥善地运用购买力。日本和韩国妥善运用信贷资源，实现了经济成功赶超的奇迹。

### 债务和魔鬼

实际上，后发国家成功赶超的历史经验表明，对额外购买力的有效配置远比传统意义上的"好政策"（如控制通胀率）更为重要。在传统的宏观经济学观点看来，朴正熙执政期间的韩国极不稳定，通胀率高达25%，外债急剧扩张。但名义需求却足够快地扩张，使有效的投资项目得以兴建，从而推动了强劲而持续的经济增长。而其他一些国家（如泰国）奉行的宏观经济政策相对合乎传统且受到国际认可，但结果并不成功。

尽管日本和韩国的经验表明，鼓励并指导信贷创造能够实现成功赶超，但有两点特别值得注意：首先，这种发展模式有可能产生预期效果，但并非一定如此；其次，这些国家最终需要改变信贷密集和投资导向的发展模式并实现转型；但实践证明转型是极其艰难的。

### 以信贷融资的浪费

信贷创造购买力，从而支持那些具有生产效率的投资项目。但这些购买力也有可能被用于浪费的投资项目或为购买现存资产（如房地产或房地产用地）融资，形成资产价格上涨与信贷进一步扩张的自我强化周期。

信贷指导如果方法得当，将使更大比例的信贷用于具有生产效率的领域。但由政府或中央银行实施的信贷指导可能偏私于某些潜在的借款人，从而导致腐败，或者错误地将信贷配置给政治亲信或华而不实的投资项目。朴正熙治下的韩国实施的信贷指导总体上有利于经济发展；苏哈托治下的印尼以及马科斯治下的菲律宾虽然实施了相同的政策，却优先向政治亲信提供信贷资源，支持的投资项目往往不那么成功。

这些反例支持了信贷决策去政治化的呼声，也成为"华盛顿共识"的一个关键要素。20世纪八九十年代，这种呼声充斥着整个东

第八章　债务和发展：金融抑制的功与过

亚。来自世界银行、国际货币基金组织或外国政府并接受过国际化训练的政策顾问倡导中央银行的独立，呼吁取消信贷及资本管制，鼓励放开银行业竞争。他们致力于将自由市场的纪律约束引入亚洲国家，减少任人唯亲的腐败现象，确保资本资源被配置到有效率的领域。[14]

但是，这一治疗方法的危害性不亚于病症本身。东亚国家响应国际敦促，通过金融自由化来治疗任人唯亲的痼疾，结果却直接刺激了房地产繁荣和短期资本流入，最终导致1997年亚洲金融危机。在雅加达、吉隆坡和曼谷，私人信贷配置产生大量浪费的房地产开发项目，数量绝不亚于马科斯和苏哈托的政治亲信在信贷指导政策下分配到的信贷资源。

## 转型的挑战

1997年亚洲金融危机使韩国遭受重创；20世纪90年代初期，日本受到严重的经济冲击，直至1997年仍未摆脱资产负债表衰退。两国的经验表明，告别以信贷推动投资扩张的经济发展模式并实现转型是极其艰难的。

在赶超过程中，高投资率是推动经济快速增长的关键因素。然而，随着后发国家的富裕程度和人均资本存量逐渐接近发达国家水平，其投资需求将相应减少，投资扩张将更容易产生浪费。因此，这些国家需要告别投资密集型增长模式，向消费密集型增长模式转型：家庭存款人对企业借款人的补贴需要逐步降低，消费信贷将有更大的用武之地。当人们变得更加富有，自然倾向于将更多支出用于购买或租住理想的房地产。金融体系一定程度上偏重于房地产信贷在所难免。

但事实证明，实现平稳转型并有效预防过度消费或房地产泡沫是极其困难的。部分原因是固有的，自由化进程不可能尽在掌控。还有部分原因则包含政治和意识形态因素，在不同利益集团的游说下，政

## 债务和魔鬼

策制定者被包罗万象的各种理论吸引。

如果银行体系受制于严密的管控，影子银行体系就会大行其道。消费者将寻求收益更高的投资机会，遭受银行冷遇的公司将寻求其他备选融资来源。自20世纪60年代以来，韩国的非银行金融机构获得长足发展，而有关当局的监管相对缺位。同时，不管有关当局欢迎与否，全球化为大型公司创造了更多融资机会。自20世纪70年代以来，越来越多持有出口收入并在境外设有工厂的日本大公司发行欧洲债券（Eurobond）融资，日本银行体系的信贷资源则相对被闲置。

于是，这些银行多方游说，要求监管者对其开放新的业务领域，如房地产和消费信贷。当时的形势显而易见：日本经济亟须转变信贷指导和投资密集型发展模式。政策制定者因而被新的理念吸引，认为应严格遵循自由市场的发展模式，最大限度地发挥自由化的优势。[15]

但是，推行自由化的结果是全球经济史上最严重的房地产信贷和价格泡沫，以及伴随着去杠杆、通缩和缓慢经济增长的持续性资产负债表衰退，日本深陷其中长达20年之久。如第五章所述，由于政府指导缺位，过量私人债务创造未能配置到具有生产效率的领域，从而导致难以摆脱的债务积压。

## 危险的抉择

东亚国家的发展经验说明了一个基本事实：不论是政府指导还是自由市场配置，都不能确保实现最优效果。我们面临着危险的抉择。

高投资率可由国家直接出资来实现，其融资途径包括税收、发债和印钞。历史上确实存在由国家资助工业发展的成功案例，但同时也不乏失败的反例。政府亦可通过银行信贷创造来实现发展目标：韩国和日本均取得成功，而菲律宾采用同样的方式却终告失败。但如果将银行信贷创造决策完全交给利润导向的私人部门，可能带来同等危

第八章 债务和发展：金融抑制的功与过

害，也就是信贷将偏重于房地产领域，驱动有害的信贷和资产价格周期。

20世纪八九十年代形成的"华盛顿共识"主张信贷市场去政治化，并试图以此防止政府错误的信贷配置，但金融自由化只是将一种风险转化为另一种风险。

因此，要告别投资扩张、信贷驱动的增长模式并实现发展模式的转型，我们必须谨慎行事，同时应充分认识到金融体系自由化的潜在风险不亚于国家指导。中国能否妥善应对经济转型，将是未来10年全球金融稳定最重要的决定因素之一。

## 中国：无危机的转型？

韩国和日本告别金融抑制和高投资率的经济转型过程都未能幸免于危机。中国能否成功实现转型将对未来10年产生深远影响。鉴于中国经济体量巨大，如果20世纪90年代日本危机或1997年韩国金融危机在中国重演，其冲击将波及全球。

1980—2007年，中国GDP年均增速高达10%。高速增长要求投资扩张，同期投资占GDP比例达38%。[16]由于劳动力迅速增长，工人工资水平受到抑制，使企业部门得以实现高额盈利，从而为一部分投资提供了资金。

还有一部分投资的资金来源于信贷体系。2002年，银行信贷占GDP比例达到120%，其后保持这一水平直到2008年，其间信贷扩张与名义GDP增长基本同步。利率管制使存款和贷款利率低于自由市场水平。类似于20世纪50年代韩国和80年代日本的情形，银行体系将家庭存款人的资源转移给企业投资者。

到2008年，国内外经济学界及政府当局已形成强烈共识，认为中国亟须转变投资导向和出口导向的经济发展模式。[17]鉴于中国的人均

**债务和魔鬼**

资本存量远远落后于发达国家的水平,保持合理的高投资率仍然是正确的。但显然,适度扩大国内消费并减少投资,对于防止浪费加剧、产能过剩和财政困难至关重要。温家宝总理于 2007 年已经指出,中国经济"存在着不稳定、不平衡、不协调、不可持续的结构性问题"。[18]

然而其后五年间,中国经济却反其道而行之,投资率由 2008 年的 42% 上升至 2012 年的 49%,远高于日本和韩国经济赶超阶段的最高水平。投资激增的根本原因是全球金融危机。由于发达经济体萎缩,对中国产品的出口需求出现断崖式下跌,就业率随之下降。中国政府担心潜在的社会和政治后果,因而寻求立竿见影的经济刺激政策,而最容易、最直接的方式就是大举促进投资。

这些投资通过信贷来融资。国有企业或地方政府的自有资源无法达到政府希望的投资水平,政府本可动员财政资源(政府发债或印钞)来刺激经济,但是,它选择通过银行信贷创造来提供融资。在政府指导下,国有银行"大开钱袋",为大举兴建市区房地产、基础设施和重工业融资。银行信贷扩张远快于名义 GDP 增长,而各种形式的影子银行信贷创造也同样惊人。"社会融资总量"(中国衡量除中央政府以外的实体获得各类融资存量的官方指标)占 GDP 比例由 124% 升至 200% 以上。图 8.1 显示了这一指标的变化趋势。[19]

这种信贷驱动的大规模刺激政策对中国起到了积极作用,抵消了 2007—2008 年发达经济体金融危机带来的负面影响。同时,面对发达经济体集体去杠杆,中国的刺激政策为稳定全球需求做出了积极贡献。但是,杠杆率飙升使中国金融和经济的脆弱性显著增加。

这种脆弱性从本质上反映了中国经济的混合属性。中国经济部分地属于市场经济,公司之间存在着激烈竞争。但同时,国有企业仍在经济中占据主导地位,并且享受国有银行的特殊优待。中国经济部分地受制于国家管控,但同时权力分散,各省市级政府拥有相当的自主

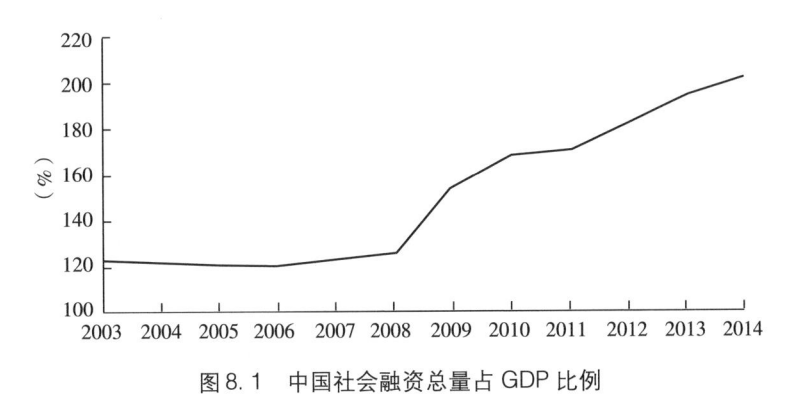

## 第八章 债务和发展：金融抑制的功与过

图 8.1 中国社会融资总量占 GDP 比例

资料来源：中国人民银行。

权，为发展当地经济展开激烈角逐。与日本和韩国相似，中国也处于工业化进程中。但政府同时将"城市化"作为政策目标。早期的后发国家并不以"城市化"本身作为政策目标，而是将之视为工业化的自然结果。同时，中国的信贷配置虽不完全依托于自由市场，但政府集中管控强度不及日本和韩国。

因此，中国经济的脆弱性主要体现在两个方面：一是重工业部门。在信贷支持下，钢铁、煤矿、水泥及其他资本密集型行业的国有企业出现产能过剩。这种情况恰好符合哈耶克和明斯基描述的周期性过度投资。

二是房地产和基础设施建设投资。中国特大城市及二三线城市竞相推进城市化进程，通过信贷融资大规模开展投资建设，如机场、公路、铁路、公寓住宅、工业园区、会议中心、体育场馆和博物馆等。其中一些投资确实是有效的，但也有相当一部分实属浪费。而这些投资使用的融资方式恰恰最容易产生并放大信贷和房地产周期。地方政府以借贷资金开展城市基础设施建设，寄希望于经济发展带动土地价格上涨，从而增加卖地收入以偿还贷款。这种结构刺激了上行周期的过度繁荣，加大了下行周期的债务积压和违约威胁，从而加剧了自我强化的信贷和房地产/土地价格周期的危险。

### 债务和魔鬼

中国目前尚处于中等收入国家的水平，却面临着信贷指导模式（重工业过度投资）和银行自由化（房地产过度投资）造成的双重危险之中。

2014—2015 年，危险终于爆发，中国遭遇严重的经济下行。众多城市房价下跌，地方政府坏账问题突显，重工业产量下降，进而导致全球商品需求下降、商品价格大幅下跌。因此，虽然中国 2008 年后的信贷扩张一定程度上抵消了发达经济体债务积压和去杠杆造成的通缩压力，但 2014—2015 年的经济下行却产生了强有力的通缩效应。由于债务只是在全球经济中四处转移，从私人部门转向公共部门，从一个国家转向另一个国家，债务积压导致的通缩后果只能被推迟，无法永久性消除。

当前，中国面临着与发达经济体相同的两个问题：如何转变信贷密集型经济增长模式？原先的信贷密集型增长模式产生的存量债务积压应如何解决？

解决第一个问题必须进行政策改革，且内容不应局限于金融体系的局部改良。这要求工资水平增长速度应快于名义 GDP。随着中国的年轻成年人口数量下降，劳动力市场紧缩，这将成为自然趋势。中国还应减少家庭部门储蓄，但这一改变的前提条件是政府改善社会保障和医疗体系，减少预防性储蓄需求。就金融部门而言，中国与其他国家一样，需要采取强效政策工具限制房地产信贷。但同时，土地定价及流转规则亦亟须改进。地方政府能够以低廉的成本向农民征收土地，这为房地产过度开发提供了巨大的激励。

至于存量债务问题，三个可能的政策选项都伴随着风险，中国面临着艰难的抉择。第一种选择是"将一切交给市场"，让公司部门和地方政府在其能力范围内去杠杆，超出能力范围的则选择违约。但这将导致经济下行，其严重程度可能是政府不愿意看到的。第二种选择是"让信贷激增继续"，对大量举债的公司部门和地方政府投放更多

## 第八章 债务和发展：金融抑制的功与过

信贷。但这种方式依旧延续了信贷导向型的经济发展模式，可能贻误转型时机，为未来埋下更大的金融隐患。第三种选择是公开对部分债务进行社会化（socialize）：核销银行体系的不良贷款，对银行、国有企业，以及过量举债的地方政府提供救助，中央政府通过发债为这些救助行动提供融资。

中国政府债务总量占 GDP 比例仅为 39%，债务社会化仍有一定空间，但并不是空间无限。[20]当负债达到一定程度后，中国公共债务的可持续性便会引发关注。理论上，这个问题可通过货币化的方式解决，也即以印钞代替借贷，但必须承担通胀风险。

中国的案例再次说明债务积压带来的问题。我们可以通过私人部门的信贷创造来实现名义总需求增长和高投资率。这种方式比一些相对直接的方式（如发债或印钞融资的政府支出）看起来更具优势。但如果任由私人部门进行信贷创造，将产生不可持续的过量债务，而在那些以通胀率为目标的中央银行看来，需求并不过量，因此无须进行干预。过量债务一旦被创造出来，便很难真正削减，只能从私人部门转向公共部门。如第十四章所述，一些国家如不采用货币化手段，不可能走出债务积压的困局。

就中国而言，不通过货币化手段就能实现成功转型的可能性远高于一些发达经济体。原因在于中国经济仍有较大空间维持快速增长，债务占 GDP 比例将随分母增长而逐渐降低。如果政策得当，中国经济可在未来几十年内维持 5% 甚至更高的年均增速。与之构成鲜明对比的是日本。日本能够长期维持的经济增速很难超过 1%。[21]只要中国能转变信贷密集型增长模式，存量债务问题至少在这一阶段能得到妥善解决。

转变增长模式至关重要。如果中国仍旧延续过去的信贷密集型增长模式，存量债务规模将对中国乃至全球经济构成威胁。

预计到 21 世纪 20 年代初期，中国名义 GDP 将达到 20 万亿美元。

**债务和魔鬼**

届时，如果非政府债务占GDP比例仍高达250%，债务规模将达到50万亿美元，是美国抵押贷款市场规模的3.5倍，而后者是2007—2008年金融危机爆发的主要祸因。目前，中国巨额债务几乎全部由国内实体持有，以银行、公司部门和地方政府为主，这些机构都由国家控制或所有。但随着中国逐步迈向真正的市场经济，逐步放开资本账户，中国金融体系不稳定传导至世界其他国家的危险将相应增加。

因此，中国推进资本账户自由化的决策将与国内政策一道，对全球经济构成深远影响。如第九章所述，这些政策应充分考虑到一个事实：高波动的资本跨境流动将进一步加剧国内信贷周期的不稳定。

# 第九章　太多的错误资本流动：全球和欧洲的幻觉

> 无论是基于经验观察还是计量分析，迄今都很难找出强有力的证据，说明全球金融一体化能带来可量化的明显好处。
>
> ——埃莱娜·雷伊，《两难困境而非三难困境：全球金融周期和货币政策独立性》[1]

> 尽管世界各国对资本项目自由化的影响做了大量的跨国分析，但支持自由化能促进经济增长的证据似乎非常有限。
>
> ——全球金融体系委员会，《资本流动和新兴市场经济体》[2]

如第二章所述，危机前的主流思想对金融自由化和金融深化予以高度评价。金融创新有助于提升风险管理技术。市场流动性改善有利于资本流动和价格发现，促进资本有效配置到最具生产效率的用途上。债务合约在其中扮演着关键角色。因此，金融部门发展壮大总体而言是有益的；私人部门信贷占 GDP 比例提高有助于推动经济更快地增长。

上述观点被认为适用于发达经济体，同时也为国际金融一体化提供了支持。新兴市场经济体如能放开资本管制并允许全球资本自由流动，将从中获得巨大收益。

因此，"华盛顿共识"敦促新兴市场经济体推进国内金融市场自由化和资本项目自由化，国际货币基金组织实施的许多援助项目都将这些政策作为提供财务援助的前提条件。1997 年，国际货币基金组织在香港会议上提议将资本项目自由化作为其成员国的要求条件之一。

然而，与国内金融深化一样，国际金融一体化也并非好处无限。某些类型的资本流动能够促进经济增长，但另一些类型的资本流动一旦过量，将产生经济危害。国内的金融市场如果过度自由，难免创造出过量的错误债务。同理，全球资本市场如果过度自由，也可能创造出太多的错误资本流动。全球债务资本流动可能破坏新兴市场经济体的金融稳定。在欧元区，不稳定的债务资本流动是酿成2008年后欧债危机的重要因素之一。

## 全球金融一体化：虚幻的好处

如第七章所述，2007—2008年金融危机前10年间，全球经常账户呈加速失衡态势。全球经常账户顺差总和占GDP比例由0.5%升至2.0%，逆差总和也出现同样的变化。[3] 与经常账户余缺相对应的是资本流动，顺差国家积累了对逆差国家的巨额金融债权。

如此大规模的经常账户顺差和资本流动在经济史上并不罕见。一战前，英国经常账户顺差规模可观，1911—1913年占GDP比例将近10%。与此同时，该国累积了大量境外资产。[4] 但相较于以往，当前的资本流动有两个重大特征。正如现今的信贷创造多数未用于新的资本投资，净资本流动也大多如此。正如现代金融体系内部的交易活动及债务关系呈爆发式增长，金融资产负债总规模的增长速度远快于实体经济的存贷款增长，双向资本流动总额的增长也远远快于资本流动净额。[5]

上述两个特征有助于理解为何全球资本流动在理论上裨益良多，实际上却是镜花水月。

### 净资本流动与有效资本投资脱节

一战前资本流动的成因和经济功能一目了然。当时，英国是世界

## 第九章 太多的错误资本流动：全球和欧洲的幻觉

上最富裕的国家之一，其国内储蓄规模超过国内投资需求。英国的海外殖民地及其他新兴市场经济体（如拉丁美洲）存在大量投资机会，而国内储蓄资源却相对有限。于是，以长期债务或股权为主要形式的资本流入这些地区，为资本投资活动融资。这些投资产生的收益可用于偿还债务，并向股权投资者分红。

现代社会中有一部分资本流动仍延续上述模式。例如，中国外商直接投资引进了先进的技术和技能，刺激经济快速增长。但多数资本流动既没有从富国流向穷国，也没有支持可持续的资本投资。相反，资本流动往往是从穷国流向富国，或穿梭于收入水平相当的不同国家之间（如欧盟）。资本支持的是不可持续的消费、铺张浪费的投资以及现存房地产价格泡沫。

对多数逆差国家而言，资本流入并未带来具有生产效率的投资。2007—2008年危机前夕，美国资本流入助长了住房抵押信贷繁荣，中低收入群体得以在短期内提高消费水平，而忽视实际收入增长停滞不前的事实。在西班牙和爱尔兰，资本流入引发了房地产建设投资热潮；1997年亚洲金融危机爆发前夕，泰国和印尼也上演过同样一幕。

这些建设热潮往往伴随着现存房地产价格急剧上涨，这与国内信贷扩张互为因果。在资本流入与国内信贷扩张的相互作用下，杠杆增加幅度远高于净资本流动单独产生的影响。

因此在现代经济中，许多资本流动并不能发挥经济学理论称道的积极作用，即在全球范围内将资本配置给最高效的用途。相反，资本流动增加了不可持续的债务创造规模，加剧了后危机时期的债务积压。

即使对封闭经济体而言，杠杆过度增长导致的债务积压也会构成通缩压力。过度杠杆的净借款方削减投资和消费，而净贷款方却没有新增支出需求能够抵消去杠杆的影响。但是，发生在不同国家之间的不可持续的债务积压，将造成更严重的危害，原因在于经常账户存在

**债务和魔鬼**

融资约束。

美国是经常账户逆差最大的国家,但因美元享有储备货币的特殊地位,这种约束对其无关紧要。金融市场和美国政府都不会过度关注美国的经常账户逆差。但新兴市场经济体则不然。政府应对赤字问题的公共政策将进一步加剧债务积压带来的通缩效应。即使经常账户逆差及其相应的债务完全产生于私人借贷,一旦市场认为这些赤字不可持续,政府将被迫收紧财政和货币政策,以避免本国货币过度贬值。因此,政府行为可能会放大私人部门去杠杆的通缩效应。然而另一方面,债权国家并未面临同等的压力去刺激经济。

实际上,在完全封闭的经济体中,政府可以通过财政或货币政策刺激经济,抵消私人部门去杠杆带来的通缩效应。但在国际层面并没有全球统一的政府或中央银行来行使这一职能。[6]

即使是在单一货币的封闭经济体中,过量的错误债务也可能引发危机及后危机时期的通缩。而当债务关系发生在不同国家之间时,其潜在危害将进一步扩大。

### 破坏稳定的资本流动总额

由此可见,净资本流动与有效的长期投资脱节,是多次金融危机的重要成因。

现代资本流动另一个值得关注的特征是总额远远高于净额,资本流动并不单纯是为经常账户逆差融资,还有大量资本在不同国家之间来回流转。1970—2000年,高收入国家资本流入和流出总额占GDP比例由9.5倍升至37倍;中等收入国家则从20世纪80年代的2倍上升至21世纪初的15倍。资本流动总额增长远快于净额,并且具有更强的波动性。[7]

如此庞大的资本流动总额当然具有一定社会效用和益处。A国的最优投资组合可能要求持有B国资产,而B国的投资者也决定投资A

## 第九章 太多的错误资本流动:全球和欧洲的幻觉

国资产。理论上,在有效的全球资本市场中,不断寻找风险与收益最优组合的过程能促进价格发现和资本配置。而这一过程将产生频繁的投资组合调整和交易活动,从而使资本流动总额远大于经常账户逆差对应的资本流动净额。

因此,大规模双向资本流动的积极效应是更广泛意义上完备市场和市场流动性提高的积极效应的一个缩影。但如第二章所述,这些积极效应是否存在值得怀疑。

即使在封闭经济体中,市场竞争和流动性改善也能为金融交易活动提供便利。但这些交易活动会消耗额外的资源而不能增加社会效益,甚至会导致不稳定。大规模双向资本流动作为金融体系内部交易活动不断增加的一个缩影,也会产生同样的负面经济影响。例如,套利交易(carry trade)旨在从不同货币利率间的差异或未来汇率变动预期中获利。如不考虑个体利益而从社会层面看,这些交易活动并未带来明显的经济利益。至少,金融机构招揽大量高技能人才开展的交易活动在社会层面是零和博弈。

随着金融密集度不断提高,双向资本流动总额会相应增加。但问题的关键并非资本流动是否导致不必要的交易活动增加,而在于是否产生实际的负面影响。在很多情况下,负面影响几乎是肯定的。

假如所有市场都能达到完美,那么完备市场和流动性增加将使经济效率更接近于最大化。但是,如果所有市场在一定程度上不完美,市场之间的互动增加可能就不利于整个金融体系的稳定。就全球资本流动而言,对汇率变动的预期可能进一步加剧国内信贷周期的内在不稳定。巨大的资本流动总额可能同时推升国内资产价格和汇率,并在短期内形成两者将继续攀升的自我实现的预期。一旦信心破灭,资本流出将导致国内资产价格急剧下跌,货币过度贬值。因此,高波动的短期资本流动可能削弱国内货币政策的有效性。通过利率工具抑制国内信贷增长和资产价格泡沫,可能吸引更多资本流入并推升资产价格，效果适得其反。

由于投资者的信息不完备，个体层面的理性行为在集体层面却不利于市场稳定，进一步放大危险。更甚于国内市场的是，国际市场的投资分析往往着眼于预测其他投资者的预期，或局限于泛泛的资产类别层面（"金砖五国""脆弱五国""新兴市场"），基础性的分析则少之又少。那些期限短、流动性好的资产可能备受追捧，溢价不菲，而这些资产头寸可迅速在市场中平仓。于是在市场整体层面，一旦信心破灭，投资者争相平仓，导致自我强化的价格下跌。

信贷供给的大起大落不仅存在于国内市场，甚至可能存在于"视同单一国家"的全球经济中。但实际上，这种情况更可能发生在不同国家之间，造成的危害也更为严重。

**经验证据和执迷的信念**

如上所述，资本流动净额时常与有效的资本配置无关，而双向资本流动总额有时甚至产生有害的波动。无须惊讶，鲜有实证证据表明短期资本流动能够产生积极效应。2009年全球金融体系委员会发表的一份报告得出这样的结论："尽管世界各国对资本项目自由化的影响做了大量的跨国分析，但支持自由化能促进经济增长的证据似乎非常有限。"报告还指出："资本在极短时期内大规模流进流出，将使新兴市场经济体的货币政策实施和流动性管理更趋复杂。"[8]经济学家埃莱娜·雷伊最近发表的一篇重要论文也得出同样结论："迄今为止很难找出强有力的证据，说明全球金融一体化能带来可量化的明显好处。"[9]

相反，有证据表明，资本流动能否发挥积极作用取决于具体的类型和期限。外商直接投资的波动性最小，效益最明显，因为它推动了新的资本投资，通常还伴随着先进技术的转移。股权组合投资对投资者而言流动性较高，但至少代表了对公司发行人的永久性出资承诺。

## 第九章　太多的错误资本流动：全球和欧洲的幻觉

短期债务融资的波动性相对更大，而以银行为中介的短期资本流动波动性最大。

然而，关于资本流动的争论有一个突出的特点：在缺乏实证支持的情况下，执迷于全球金融一体化好处良多的信念。实际上，真正的信奉者有一种明显的倾向，也就是将不利的实证结果表述为"模糊的"而不是"负面的"，并希望通过更加细致入微的分析揭示全球金融一体化确实像完全市场理论预测的那样好处良多。但是，更好的理论已经解释了为何这些好处并不存在，并且不乏实证证据支持。

我们从中获得一个重要启示：国际金融体系的割裂并非有百害而无一利，通过一些具体的方式可能发挥积极作用。基于上述结论的政策建议将在第十三章具体阐述。

## 一个市场，一种货币：欧元区的错觉

人们时常执着于思想上的偏见，对与之不符的负面事件往往求全责备。2007—2008年金融危机刚刚爆发时，欧洲大陆有许多人将其归咎于英国金融市场过度发展；与此相反，在许多英国评论家看来，紧随其后的欧元区危机是盲目追求政治目标、不尊重金融市场现实的必然结果。

事实上，欧元区危机是两个因素相互作用的结果：一是金融市场的无效率和不稳定；二是政治设计存在重大缺陷。

### 不稳定的私人信贷创造和资本流动

在某种程度上，欧洲货币联盟（European Monetary Union）终究是一个政治计划。然而，支持者将它视为"建成"单一市场、发挥国际资本流动积极作用的有益尝试。欧洲委员会1990年发布的文件《一个市场，一种货币》表达了这一观点。[10]单一货币制度能消除欧元

### 债务和魔鬼

区的汇率风险，使单个成员国也能像美国一样，无须考虑自身的经常账户余缺；单一货币制度还能改善欧洲资本市场的流动性，促进资本流动，使其免受汇率风险的制约。更大规模的资本流动将提高资本配置效率，使资本流向生产率较低的地区，加快经济趋同进程。

从某个方面看，上述愿景看似已变为现实。从欧元诞生到2007—2008年危机前的9年中，欧元区的私人资本流动大幅增加。西班牙的经常账户逆差占GDP比例由3%上升至9.6%；爱尔兰由0上升至5.6%。[11] 意大利经常账户顺差过去曾占GDP的1%，而后却转为逆差状态，占GDP的2.9%（如图9.1）。为这些外围国家的逆差融资的是私人资本流入：外国投资者乐于投资其债务证券，而外国银行乐于向其银行、公司和家庭部门发放贷款。

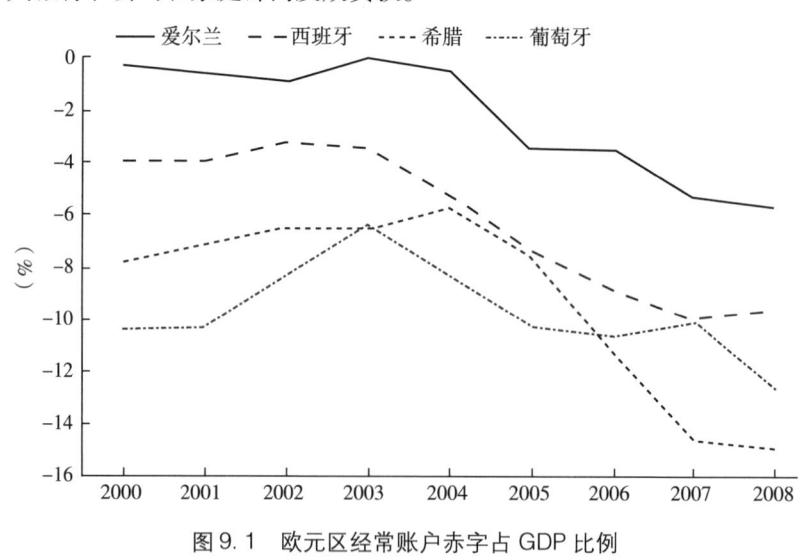

图9.1 欧元区经常账户赤字占GDP比例

资料来源：International Monetary Fund World Economic Outlook Database, October 2012。

然而，现实终究与《一个市场，一种货币》的美好愿景相去甚远。资本流动大多并未支持提高生产率、促进经济趋同的投资活动，而是被用于一些不可持续的用途。对希腊而言，资本流入维持着不可持续的公共财政赤字；而对于西班牙和爱尔兰，则支持了私人消费增

### 第九章　太多的错误资本流动：全球和欧洲的幻觉

长和过度的房地产投资，并进一步刺激了国内现存房地产信贷和资产价格周期。

因此，欧元区的国际金融一体化最终对经济产生了危害。希腊政府债券的市场流动性改善使希腊政府能更容易地扩张公共债务，终至难以为继。汇率风险的消除的确完善了市场，却为一些极具危害性的私人借贷提供了温床。自由市场反而导致了资本错配。

2010年，欧元区的私人资本流动突然停滞。原先对许多风险熟视无睹的私人部门投资者突然警觉起来，开始规避风险。[12]曲终人散，在危机前大肆享用资本流入和国内信贷创造盛宴的欧元区外围国家，如今不得不面对债务积压的深重灾难。

**残缺的货币联盟**

欧元区危机一定程度上宣告了自由市场愿景的破灭，而这一愿景是过度迷信自由资本流动积极作用的一种表现。但因政治设计存在重大缺陷，欧元区至今难逃后危机时期的债务积压困境。

根本问题在于，欧元区公共债务的发行主体不是欧元区联邦，而是查尔斯·古德哈特所称的"亚主权"（sub-sovereign）层面的各成员国。这些成员国不再发行本国货币，因此没有能力通过法定货币创造来偿还必要的债务。于是，在金融市场看来，积累了大量债务的欧元区成员国面临着特有的违约风险，而那些拥有完整主权的债务发行人，如美国、英国、日本，并不存在这种风险。

因此，平均而言，欧元区国家需要比其他国家（例如日本）支付更高的债务利息，即便平均而言欧元区公共债务占GDP比例为74%，远低于日本的138%。[13]所以，危机之后，欧元区面临着大幅缩减财政赤字的压力，实际上平均而言欧元区赤字占GDP比例约为2%，而日本、美国和英国赤字水平可以高达GDP的6%~7%。对这些高赤字国家而言，大量财政赤字可能造成未来财政压力，但短期内有助于抵消

**债务和魔鬼**

私人部门去杠杆带来的经济收缩效应。而欧元区则恰恰相反，财政整顿进一步放大了收缩效应。2014 年，英美两国的国内名义需求较 2008 年增长 16%，而欧元区仅增长 2%。[14]

欧元区各成员国的银行都持有了本国政府发行的债券，并将这些债券视为安全的流动资产，进一步恶化了由大量亚主权债务导致的宏观经济风险。这好比伊利诺伊州或加利福尼亚州的银行持有的流动资产不是联邦层面发行的美国国债，而是由大量伊利诺伊州和加利福尼亚州政府债券构成的单一组合。

这种情况不可避免地导致了风险上升与投资需求下降的自我强化循环，在 2010—2013 年尤为严重。欧元区外围国家同时进行私人部门去杠杆和财政整顿，导致了需求不足和经济衰退。政府债券收益率上升，价格下跌。银行持有的政府债券的价值受到质疑，从而引发对银行清偿能力的担忧。于是，银行融资成本上升，对实体经济的私人信贷价格上升、数量减少。这种局面使摆脱经济衰退变得更加艰难。

欧元区的政治设计缺陷，使其应对私人部门过度信贷创造产生的债务积压问题难上加难。政策失败与市场失灵相互叠加，预示着欧元区可能长期受困于低增长、极低通胀和难以化解的债务负担之中。

要成功摆脱困境，欧元区需进行彻底的改革。亚主权层面发行的公共债务必需大幅削减，并代之以欧元区联邦层面发行的公共债务；欧元区层面应在一定程度上具备逆周期安排财政赤字的权力，而不应将该权力完全赋予亚主权国家；需对一部分存量公共债务进行货币化。应打破银行与亚主权风险之间的联系，禁止银行持有亚主权国家发行的债务，只能持有欧元区联邦层面的债务作为安全的流动资产。

总之，欧元区需要成为完整的货币联盟并形成政治联盟。唯其如此，才能解决非理性且无效率的金融市场产生的种种问题。事实上，如第十五章所述，如此彻底的改革可能很难达成一致。如果欧元区不实施彻底的改革，将不可避免地走向解体；与长期停滞相比，解体反

## 第九章 太多的错误资本流动：全球和欧洲的幻觉

而是较优的选择。

无论欧元区何去何从，总体观点是明确的：应积极管理国内市场中信贷创造的数量和种类组合；国家（或货币联盟）应使用国内政策工具，平抑过去政策失误造成的债务积压的负面效应。在国际层面，必要时应限制错误的资本流动。认为国际金融一体化总是有百利而无一害的观点只是一种错觉。

第四篇

修复金融体系

自由放任的银行和影子银行体系必定会创造出过量的错误债务，从而使经济面临严重的债务积压。下文将讨论两个问题：如何修复金融体系以防止过度的信贷创造，以及如何处理过去错误政策造成的巨额债务。第四篇和第五篇将分别回应这两个问题。

2007—2008年危机之后，为强化金融体系的稳定性、确保银行更好地运营、解决"大而不倒"问题，一系列重大改革措施先后出台。然而如第十章所述，这些改革并不足以创造更加稳定的经济。虽然从个体角度看借贷是有益的，但是可能对整个经济产生不良影响，而且越好的风险管理工具可能使金融体系越不稳定。我们需要对信贷创造加以管理，而不仅仅是修复银行体系。第十一章至第十三章将论述应该采取的政策。

第十一章指出，如果不采取措施应对多余信贷增长的三个基本动因，即房地产、贫富差距扩大和全球失衡，金融改革就不可能有效。因此，对长期金融稳定来说，城市规划和房地产税、最低工资和社会福利乃至中国国有企业分红等相关政策的重要性不亚于审慎监管的技术细节。

第十二章将考虑结构性解决方案：废除银行、向债务征税，以及鼓励新型股权合同。这些并不是一劳永逸的解决方案，但我们引入的改革应该反映这些根本性的建议。

第十三章建议对金融监管进行重大改革。银行的资本要求应达到当前水平的4倍或5倍，房地产信贷要求的资本应远高于私人部门风险评估的结果。短期债务资本流动应受到约束，国际金融体系一定程度的分割并非坏事。

　　同时,我们需要全新的政策理念:中央银行不能只关注低而稳定的通胀,也不能仅关注单家金融机构的清偿能力和流动性。公共政策需要相当明确地管理信贷创造的数量并影响其配置,也就是说,不能依赖自由信贷市场来产生最优的社会效果。

# 第十章　金融体系的不稳定与银行家无关

> 危机之后，人们总会强调各种诱因或各种制度缺陷，为灾难找到合理的解释，将灾难归咎于意外、错误或很容易被纠正的缺陷。
>
> ——海曼·明斯基，《反思金融不稳定：灾难的经济学》[1]

> 从"罪过"的角度阐述周期性波动的原因，然后揪出一些银行作为"罪魁祸首"，这种做法完全没有意义……任何人都不曾要求那些银行奉行不引发周期性波动的策略……而且消除这些波动非他们的能力所及，波动也并非源自他们奉行的策略，而是源于信贷的现代组织方式本身。
>
> ——哈耶克，《货币理论与商业周期》[2]

本章的标题可能会冒犯一些人。许多人与2007—2008危机的根源毫不相关，却在危机中失去了工作和房屋，或者眼睁睁地看着收入下降。许多金融从业人员却收入丰厚，因此，人们极欲将他们指认为罪魁祸首并惩罚他们。所以银行家怎么会不相干呢？

之所以选择这个标题是为了表明一个观点。确实，很多金融家贪婪且无能，我们应该惩罚这些严重的欺诈行为，对那些不计后果的行为加大处罚。然而，如果我们认为危机源于个别害群之马，或者源于错误的激励设计和惩罚不力，我们将无法推行足够彻底的改革。[3]

自1929年崩盘及随后的大萧条以来，2007—2008年危机最为严重。利雅卡特·艾哈迈德所著的《金融之王》是介绍早期金融危机的

## 第十章 金融体系的不稳定与银行家无关

优秀著作。[4]危机之前,许多无良的金融家通过从事对社会无益的金融活动,获取了巨额收益,但在艾哈迈德的书中,这些无良的金融家至多在脚注里才有所提及。相反,该书关注的是负责设计并执行政策的财政当局和中央银行,以及支撑这些政策的经济学理论。政策、经济学理论以及金融体系整体设计中的种种错误导致了1929年的危机,最近的这次危机亦是如此。

因此,本章着重讨论那些对根本性改革具有指导意义的思路和原则,解释为什么经营有方的银行不足以维护金融体系稳定,为了设计有效的应对方案,我们必须放弃危机之前固守的三个理念。本章还指出,我们的目标不仅仅是为了让金融体系本身更稳定,或者解决"大而不倒"问题,而是必须管理实体经济中的信贷数量并对信贷配置施加影响。

## 不相干的银行家

海曼·明斯基评论说,"危机之后,人们总能为灾难找到合理的解释……意外、错误或很容易被纠正的缺陷"。在最近的危机之后,我们已经找出了许多错误和缺陷。授信不审慎、风险管理差、激励错配等因素扮演了重要角色。然而,要推行足够彻底的改革,就必须意识到这些悖论:好的贷款也可能是坏事,好的风险管理也会使金融体系更不稳定。同时,尽管不利的动机值得关注,但是错觉和错误的观念往往更重要。

### 好授信导致坏结果:债务污染的社会外部性

危机之前,不当授信相当之多。在美国次级抵押贷款市场中,贷款人向借款人发放了超过其收入且无法偿还的贷款。对于借款人来说,只有在房价上涨或贷款可以再融资的情况下才能偿还这些贷款。

对于贷款人来说,他们之所以愿意提供这样的贷款,是因为可以通过第六章描述的多步骤分销链条将其出售给其他投资者。一些银行家将价值存疑的证券卖给投资者,事实上银行家对这些投资者的判断能力不以为然。美国当局已责令几家主要银行纠正其不当行为,并处以高额罚款和赔偿。新成立的消费者金融保护局将对抵押贷款和其他消费信贷的销售予以监管。

在英国,虽然金融服务局能够成功监管单家银行和单个银行家,但对商业房地产授信缺乏有效控制。[5]西班牙和爱尔兰的银行发放了一些不计后果的贷款,推动了房地产市场的繁荣。这些低质量贷款导致一些银行濒临破产,迫使纳税人实施救助以避免更严重的衰退。

危机前广泛存在的不良授信证实了监管应对的必要性。银行监管当局必须提高贷款授信的监管要求,银行高管和董事会应该对那些不计后果的决策承担更多责任。然而,政策选择必须反映如下两个事实:一是相对于危机造成的宏观经济损失,纳税人救助的直接成本微不足道;二是即便从个体角度看信贷是优质的,甚至没有银行破产也没有纳税人被迫救助,仍可能带来危害。

"好贷款"是指贷款受偿可能性较高、在整个经济周期波动中无法被利率覆盖的损失能够被银行资本吸收从而无须纳税人救助的贷款。

危机前,根据上述定义,大多数贷款属于"好贷款"。在大多数国家,绝大多数房地产抵押贷款的借款人能够履行其还贷义务。事实上,在2007—2008年危机后的数年中,英国抵押贷款的损失也非常低,远低于20世纪90年代初经济衰退的损失。

然而,第五章描述的债务积压不仅源于那些无力偿还贷款的借款人,还源于那些偿还贷款的借款人。正如辜朝明所述,虽然大多数日本企业的去杠杆化导致资产负债表缩水,但并未发生贷款的违约行

## 第十章 金融体系的不稳定与银行家无关

为。[6]然而,即使他们决心偿还贷款,仍将日本经济推向通货紧缩和缓慢增长。迈恩和苏非在《债居时代》一书中指出,大部分美国家庭原本打算全部偿还抵押贷款,但是他们突然从危机前信心满满转向危机后对债务积压的担忧,被迫削减消费支出,从而导致美国的衰退。

"好贷款"可能产生糟糕的累积效应,正如最高效的汽车或发电厂的碳排放仍推动着全球变暖。即使好贷款也会带来负的社会效应,经济学家称之为负外部性,私人放贷者不会考虑该效应,而且无力考虑。即使所有的银行家都尽可能诚实、负责和专业,即使每笔贷款在贷款人自己看来对社会有用且经济上可持续,债务仍旧是危险的。因此,我们不仅应该确保银行的偿付能力和稳健运行,还需要强有力的公共政策约束信贷创造的总量。

### 先进的风险管理使金融体系更不稳定

2008年,发达国家所有银行的股价都出现大幅下挫,大部分银行在没有纳税人支持的情况下幸免于难。我们可以从相对成功的银行那里汲取经验教训。简单的告诫便是,银行家对市场过度繁荣、让别人接棒的时点拥有本能的直觉,这往往和发达的风险管理技术同样重要。

但是,有些银行更善于运用风险管理工具及早发现市场趋势,从而减少交易头寸避免损失。风险管理能力差的银行则会遭受特别大的损失。英国金融服务局的报告指出,苏格兰皇家银行失败的主要原因是缺乏最佳实践系统监测快速变化的风险,对交易头寸的逐日盯市估值虽在可接受的范围内,但不够审慎。[7]于是,当风险管理能力更强的银行出售证券时,苏格兰皇家银行却在买入这些被出售的证券。

但是,这并不意味着只要所有银行都拥有完美的风险管理系统,灾难就可以避免。正如第六章所述,先进的风险管理技术,包括抵押担保、逐日盯市制度、追加保证金制度和风险价值模型等，必然导致金融体系的信贷和资产价格周期呈自我强化的趋势。银行的风险管理水平越高，相对其他银行的优势就越大，但是如果每家银行都实施最佳实践，最终可能导致整个金融体系的不稳定。

经济学家申铉松将抵押融资市场的不稳定比作伦敦千禧桥首次开放时遭遇的那种自我强化的可怕晃动。[8]最初，桥上行人的重量是随机分布的，这种随机分布可能会使大桥产生晃动，并使桥上行人失去平衡。但是，桥上行人采取应对措施的方式，即通过调整双脚之间的受重稳住身体，则会加剧大桥的晃动。在这种情况下，有些人的适应性更强，擅长通过移动脚步保持平衡，而另一些人可能会摔倒。在导致整座大桥的晃动方面，成功的移动和不成功的移动大致作用相当。

在导致整个金融体系的不稳定方面，那些在信贷证券和衍生品交易中更善于管理风险因而能在遭遇重大损失之前卖出头寸的银行与那些濒临破产和依靠纳税人救助的银行作用相当。单有更好的风险管理系统并不能使整个金融体系更加稳定。

### 看跌期权、激励和错觉

银行家从事的金融活动导致了经济灾难，而他们却因此获得高额薪酬，人们的确有理由对此表示愤怒。这看起来是一种自肥行为。危机前，许多交易员领取巨额的现金奖励，但他们的交易活动留下了一大堆有毒资产和巨额损失，而他们到手的奖金却无法被追回。对于银行股东来说，领取高薪的银行家享有看跌期权：他们获得市场上行时的收益，股东却要吞咽市场下行时的苦果。但是，当损失超过一定的水平时，对国家来说，股东便持有看跌期权，换言之，一旦损失侵蚀了银行资本，纳税人将承担后果。

所以，我们需要建立薪酬新规。目前，欧洲的监管条例已经生

## 第十章　金融体系的不稳定与银行家无关

效,规定奖金应延迟支付并可以追回,而且奖金主要以非现金形式支付。遗憾的是,目前在其他地方并未实施新的薪酬规则。[9]理想的情况是,加强这方面的监管要求,进一步拉长延迟期,递延的奖金采用次级债而非股票的形式,因为如果银行破产或必须得到政府救助,次级债将首先承担损失。

但是,我们不能过分夸大不正当激励的重要性。的确,个别交易员作壁上观,虽然意识到了巨大的风险,却希望在泡沫破灭前获取巨额奖金。但是,并没有证据表明首席风险官也抱有壁上观的意识。2007年,雷曼兄弟的董事长迪克·福尔德拥有近10亿美元的雷曼兄弟公司股票,雷曼倒闭后损失殆尽。2007年,苏格拉皇家银行首席执行官弗雷德·古德温拥有该银行的股票和期权价值达570万英镑,2008年底跌去97%。

在危机潜伏期,糟糕的决策主要反映了人们的错误认识而不是犬儒主义。那些犯了重大错误的银行决策者并未不自觉地追求风险,在获取奖金后全身而退,相反他们真诚但错误地相信他们服务于股东的利益。

2007年夏天,花旗集团首席执行官查克·普林斯的评论受到各方的批评:"只要音乐不停,你就必须起舞,所以,我们依然在跳舞。"[10]他的意思是说即使风险扩大,花旗集团仍将继续从事信贷证券的交易。他认为,为实现股东的最大利益,即使中期将面临损失,也应该追求当前利润并维持市场头寸。无论是他还是花旗集团董事会,均未想到最终损失到底有多大。如果损失与他们的错误预期一致,那么继续跳舞很可能符合股东利益。

但是,事实证明,这些错误预期反映的关于金融体系稳定性的观念是完全错误的,但得到了公共部门的支持。如果国际货币基金组织由衷地相信并告诉市场,金融创新能够让全球金融体系更安全,那么银行高管拥有同样的看法并不稀奇。改革薪酬结构固然重要,但是远不及实施根本性的改革解决金融不稳定的根源重要。

## 错误的观念

第一章介绍了三个观点，它们似乎为危机之前人们确信金融规模扩大多有裨益提供了依据。市场完善和市场流动性增加将改善资源配置效率，低而稳定的通胀足以保证金融和经济的稳定，信贷扩张对经济增长至关重要。有效的改革必须颠覆这三个观点。

### 缺乏流动性和不完备市场可能是有益的

经济学理论告诉我们，如果所有市场都是完备的，效率将达到最大。事实上，所有经济学家都承认，现实中完美效率的最优点并不存在。但是，完备市场理论仍旧对危机前的政策产生了深远影响。人们认为衍生品提高了经济效率，因为它们创造了新的风险转移形式。市场流动性的增加更有利于价格发现。同时，包括英国金融服务局在内的许多监管当局均认为，监管措施不应该抑制金融创新或减少交易市场的流动性。

显然，人们对完备市场和流动性的好处深信不疑，并逐渐演变成一套信念体系，这套体系不能被质疑，且在本质上能够自圆其说。2005年，格林斯潘认为"衍生品持续的爆炸性增长就是其优点的最清晰的证据"。[11]衍生品是有益的，因为他们使市场更具流动性、更加完备，衍生品市场流动性的扩大就是证据。格林斯潘的确非常推崇这一信念，持异议者纷纷被解雇。当2005年拉古拉迈·拉詹在美国怀俄明州杰克逊霍尔镇（Jackson Hole）的全球中央银行会议上发表"金融发展是否会扩大世界风险？"的演讲时，他富有见地的分析被攻击为"误导""有问题"和"勒德分子"，被视为对"格林斯潘主义"的背叛。[12]

## 第十章 金融体系的不稳定与银行家无关

事实上，如第二章所述，金融市场中的完备性是一把双刃剑，对提高金融交易的影响是两方面的，且依赖于特定的环境。完全市场为套期保值提供了可能，但同时也为纯粹的赌博提供了机会：尽管一些投注（头寸）能够支持有益的市场流动性，但是大规模的投注可能导致有害的不稳定。在流动性合理的股票市场中，价格发现是有益的，但是每毫秒都发生每毫秒水平的变化对社会来说并无价值。当金融创新、扩大的交易和流动性被应用于信贷市场时，就会使信贷市场过度繁荣（见第六章）。同时，正如第九章所述，自由的资本流动有时也会弊大于利。

尽管我们知道合理的市场流动性具有潜在益处，但是金融监管不应作茧自缚于危机前的理念，不应认为金融交易越频繁、流动性和金融创新越多，就越好。不完备市场有时可能更好，限制金融合约范围的监管有时可能是合理的。在一些市场中，较少的交易和较低的流动性可能是一件好事，全球资本市场的适当分割也许是可取的。

**盯住通胀是不够的，银行资产负债表也非常重要**

危机前，货币理论和中央银行在实际工作中遵循的理念是，只要通胀维持较低水平且保持稳定，金融和宏观经济就能保持稳定。2012年，国际货币基金组织首席经济学家奥利弗·布兰查德指出："我们都认为可以忽视金融体系的细节"。[13]因此，在中央银行所谓的动态随机一般均衡模型（DSGE）中，银行几乎不存在，"代表性家庭"直接与"代表性企业"签订合同。而银行作为信贷和购买力的创造者的角色基本消失了，而这些曾经在魏克赛尔、哈耶克、费雪和凯恩斯等早期经济学家的思想中占据核心地位。

本书的后记探讨了造成现代经济学这一奇怪健忘症的根源。一个重要原因是，经济学家和政策制定者观察到私人银行的货币增长对价格通胀没有必然或相应的影响，于是得出了错误的结论。在20世纪六七十年代，货币主义理论反复强调早已为人熟知的论点，即价格取决于流通中的货币总量，因为如果货币供给超过了个人或公司以交易为目的而产生的货币需求，他们将增加消费，从而刺激名义需求。该结论依赖于货币流通速度（名义 GDP 与货币存量的比率）比较稳定的假设。

事实上，20 世纪八九十年代，随着信贷和货币相对于名义 GDP 的快速增长，大部分经济体的货币流通速度都呈下降趋势。若假设信贷创造都体现为货币，那么流通速度（名义 GDP/货币存量）的下降实际是杠杆率（信贷/名义 GDP）不断上升的必然结果。如第七章所述，杠杆率增加（流通速度的下降）并不神秘，它必然遵循一个事实，即大多数信贷并未用于为新的资本投资提供融资，而是为购买存量资产提供融资。在发达经济体中，被持有的大部分"货币"并非用于交易，而是作为信贷创造的副产品，以及作为带息的价值贮藏。货币余额或类似的银行负债的总价值，可能与 GDP 成比例增加，但并不一定会刺激当期消费的增加。[14]

因此，即便未出现高通胀，信贷和货币（或其他银行负债）存量也会快速增加。以通胀为目标的中央银行有必要对此做出反应，否则经济增长将最终导致危机和后危机时期的债务积压。

面对货币流通速度的降低，主流经济学错误地认为，如果货币供给与通胀不高度相关，信贷和货币积累就不成其为问题。然而，正确的结论应该是：即使货币并非一个好的预测通胀的前瞻性指标，信贷存量仍然可能对金融稳定、债务积压和通货紧缩产生影响，因此值得重视。未来，我们有必要对货币存量的增长施加控制。

**许多信贷增长不但多余，而且有潜在的危害**

私人信贷的累积也值得关注，太高的私人部门杠杆会损害经济。这违背了危机前盛行的假设。在危机前，人们认为，信贷增长对刺激

## 第十章 金融体系的不稳定与银行家无关

名义需求必不可少,债务合同启动了股权融资之外的资本投资。不论是经济史还是实证研究都告诉我们,用新增私人信贷与GDP之比衡量的金融深化与经济增长正相关。

然而,正如第二篇所述,发达经济体的大多数信贷并非刺激名义需求增长或确保充足投资必需的。但是,过度信贷增长,特别是为购买存量资产或消费提供融资时,将导致金融动荡和债务积压。

尽管危机前的理论倾向于假设金融深化和经济表现之间存在不受限制的线性正相关关系,但是我们认为他们之间的关系应该是"倒U"形的。在一定范围内,私人杠杆的上升可能有利于经济增长,但超过了某个拐点之后,将变成负向关系。正如罗斯·莱文等人提出的,若印度私人债务与GDP之比高于目前的54%,可能是有益的,[15]但是在超过了一定的阈值后,私人债务的上升可能带来危害。[16]

因此,我们需要政策工具来限制信贷的过快扩张。但是,我们同样需要关注一些根本性的因素,如房地产融资、贫富差距扩大、全球失衡等,这些因素将推动信贷增速高于名义GDP增速,导致杠杆不断上升。

## 管理信贷创造而不仅仅是修复银行

目前,许多重大的改革措施正在实施。银行的资本要求提高了,流动性标准确立了。银行处置的程序也得到了改进,还引入了所谓的自救债务(bail-in-able debt)工具。衍生品的中央清算机制旨在减少因不同金融机构之间纷繁复杂的合同而带来的危险。薪酬结构的规则至少已在欧洲实施。

这些改革试图使金融体系更加稳定,降低大型银行倒闭的概率和纳税人为救助破产银行不得不付出的成本。这些改革体现的信念是,为使金融体系更加稳定,我们必须提高风险管理能力、修复那些损公肥私的不当激励。

这些目标是重要的，错误的激励当然需要修复，尤其是"大而不倒"问题值得关注。阿娜特·阿德玛蒂和马丁·黑尔维格在《银行家的骗局》一书中详细描述了问题的根源。[17]银行股东承担有限责任，其损失不会超过他们投入的股本；一定金额以内的存款人由存款保险制度托底，无须担心银行承担的风险。所以，对银行来说，将自身杠杆最大化以提高股票收益率的行为虽然会加大银行破产的概率，却是合理的。但是，如果监管当局简单允许大型银行破产，它们的倒闭将带来更大范围的灾难，可能造成有害的信贷收缩。因此，使用公共资金救助银行有时是最糟糕的选择，但是对救助的预期意味着即使不受保护的存款人也无须担心银行的过度冒险。如果放任不管，银行必定会选择更高的杠杆，而不是有益于整个社会的杠杆。

解决这些问题的确应该是当务之急，但是，即使只为了避免纳税人救助产生的成本，也还需要实施更多根本性的改革。新的银行处置机制应当在确保维持银行吸收存款和发放贷款等基本功能的情况下，简化公共部门要求股票和债券持有人承担损失的流程。同时，未来要求银行发行必要时可以"自救"（即可被注销或转股）的债券，提高银行在没有纳税人支持的情况下维持偿付能力的可能性。但是，如果多家银行同时陷入困境，强迫大量的债券持有人吸收大量损失可能会冲击信心，而且这种冲击会自我强化，这本身将导致金融动荡。正如阿德玛蒂和黑尔维格所述，设定更高的资本要求、确保当问题发生时资本已经到位，远比创建"自救"工具要简单得多。

然而，即使有更彻底的方案解决"大而不倒"问题，也远不足以确保经济的稳定。即使那些永远不会倒闭且永远不需要公共资金救助的银行，只要它们创造了过多的债务，就与金融体系中的其他银行一样，可能会危害经济。正如第五章所述，即使没有金融危机，债务积压效应仍将损害经济，如迈恩和苏菲强调的，相比于受损的银行，过

## 第十章 金融体系的不稳定与银行家无关

量债务已经成为2007—2008年危机后缓慢而无力的经济复苏的更重要原因。在大萧条中,几位著名经济学家向罗斯福总统提出了一个真正激进的计划——"芝加哥计划"。该计划并未涉及惩罚银行、限制银行薪酬、确保良好的风险控制或修复不当激励等,而是提出了废除部分准备金银行的建议。在第十二章中,我认为该提议过于激进。但它确实解决了根本问题,放任自流的自由银行业市场创造的信贷数量必将过度并导致不稳定。

我们需要建设一个不依赖信贷快速增长就能充分满足需求的经济。我们需要管理银行创造的信贷数量,对信贷配置施加影响。第十一章至第十三章将讨论为了做到这一点而需要实施的政策。

# 第十一章　修复基本面

第七章提出了一个问题：我们是否必须依赖信贷快速增长和杠杆率不断上升来促进经济增长，但是其成本必然是危机和危机之后的债务积压。第七章提出了信贷增长导致信贷过于密集的三个原因：房地产的重要性不断上升、贫富差距加大和全球失衡。我们不能完全消除这些因素的影响，因为它们反映了现代经济的固有趋势。但是，我们至少应该降低这些因素的严重程度，否则仅依赖金融监管和货币政策改革无法实现金融和经济稳定。

**房地产和金融不稳定**

在发达经济体中，金融不稳定的核心在于银行无限的潜在信贷供给与房地产及特定区域内缺乏弹性的土地供给之间的矛盾。除非刻意限制，否则银行和影子银行体系能够创造无限的私人信贷、货币和购买力。但是人们追求的特定区域内的房地产供给是有限的，建房用地是不可复制的资产。高度弹性的消费能力和无弹性的供给之间相互作用，使城市土地的价格十分不确定：目前伦敦房产的价格是1990年时的3倍，[1] 而日本最大城市的土地价格大约只有1990年时的1/4。[2] 最终，信贷周期和房地产价格周期，不再是发达经济体金融不稳定的冰山一角，而是接近于故事的全部。

我们不能完全消除金融不稳定的这一根源，因为现代经济体不可

## 第十一章 修复基本面

避免地会出现房地产业密集的趋势,并且密集程度可能会不断提高。消费者对合意房地产的需求是高收入弹性的,同时,房地产和土地价格的不断上升,已经成为财富收入比不断上升的主要因素,托马斯·皮凯蒂对此有详细论证。随着融合了信息和通信技术的资本品的价格持续下降,房地产和城市基础设施投资在所有资本投资中的占比必然上升。同时,住房抵押贷款在总债务中的份额也肯定会上升,因为这类贷款在润滑代内和代际间资产交换的过程中扮演了对社会有益的重要角色。

然而,这些固有的趋势使经济体更不稳定。越来越高的财富收入比意味着任何给定百分比的财富变化相对于收入来说都比较大,于是,资产价格波动导致的消费和投资支出变化也会加大。因此,即使经济体中既无债务也无杠杆,财富收入比越高的经济体也会越不稳定。但如第四章和第五章所述,房地产的高杠杆加剧了债务合约暗藏的危险。

正因为现代经济不可避免地出现房地产业密集的趋势,所以我们必须管理这一趋势的影响,可选择的工具包括金融监管。第十三章认为,房地产贷款的资本要求应大幅度提高,通过设定抵押比上限和贷款收入比上限加强对借款人的约束。但是,采取相关政策来处理影响房地产供求的根本动因,同样至关重要。

缺乏弹性的供给推高了房地产价格,加大房地产价格的波动。显然,放松对新房地产开发的规划约束看似解决之道。然而,事实并非这么简单。强大的经济和社会力量似乎推动了特定城市的增长,这扩大了对技能工人的吸引力,并产生自我强化的经济活动集聚效应。但是随着人们逐渐富裕,他们会越来越重视所居住城市的环境质量及其周边农村的保护,强烈反对在那些面临最大压力的城市及其周围毫无限制地建造房地产。特别是在人口稠密的国家,限制新建房屋的供给几乎成为推动房地产价格上涨的必然原因。但是,即使在人口稀少的

**债务和魔鬼**

国家,聚集于城市同样会产生类似的影响,比如在人口稀少的瑞典,斯德哥尔摩就是一个例子。

任何公共政策都无法完全消除这些压力,但或许至少可以减轻这些压力。在一些国家,如德国,房地产重要性的提升远不及其他国家,与收入相对应的房地产价格较低且在经济周期中波动较小。[3]很多原因能够解释这种现象,但事实上,与法国和英国不同,德国没有一个强势的领头城市,而是多个重要性相当的中等城市。麦肯锡全球研究所的分析建议,当较大比例的人口居住在龙头城市时,该国房地产价格会更高。[4]因此,如果那些鼓励经济发展区域分散化的公共政策能成功实施,或许能够减轻城市土地供给稀缺带来的问题。如果聚集效应的强大力量导致这些公共政策难以实施,那些能够给高密度城市提供良好居住环境的城市设计与发展政策,将成为减轻地价上涨压力的关键。

适当的税收政策同样重要。从根本上说,对理想地段的房屋需求有很高的收入弹性,但许多税收制度使房地产成为有利的投资,为房地产价格上涨火上浇油。通常,家庭住房可豁免资本利得税,对于自用住房的隐性租金也通常免税,这就为住房资产提供了免税收益。在一些国家,自有住房抵押贷款的利息费用是可以免税的;同时,出租房的投资者也几乎可以享受免税待遇。在英国,这为"买房出租"市场的繁荣提供了资金支持,从而导致房价上涨。

事实上,对土地价值或土地增值收益征税有充分的理论依据。土地增值形成了财富积累,这与推动经济增长的创新或资本投资过程无关,同时,如托马斯·皮凯蒂所述,城市土地价格的上升在扩大贫富差距方面发挥了非常重要的作用。尽管 100 多年前,经济学家亨利·乔治就首次论证了土地税,但很少有税收制度体现了这一点。[5]

关于城市发展和税收政策的细节是复杂的,且在不同的国家有所差异。但整体的结论和含义是明确的:随着经济发展,房地产和城市土地变得越来越重要。我们必须尽可能地减缓这种趋势，以降低对金融和经济稳定造成的风险。

## 贫富差距加大

不论是在发达国家还是在新兴经济体中，贫富差距都在迅速扩大。第七章描述了经济增长对信贷密集度的影响。高收入者往往有较高的边际储蓄倾向；而许多中低收入者通过负债维持相对消费水平和绝对消费水平。因此，在贫富差距没有拉大、信贷密集度不提高的情况下，信贷增速必须超过 GDP 增速，才能维持潜在的需求增长。

信贷可及性和信贷定价的差异反过来又进一步扩大了贫富差距。处于分配顶端的人群，可以获得合理定价的信贷，从而有更大机会实现资本收益。在后危机时期的经济衰退中，以较高的抵押比或贷款收入比借入抵押贷款的中低收入借款人可能面临财富损失。同时，对高利率无抵押贷款的依赖将导致贫困的自我强化。那么这种贫富差距加大有问题吗？有些人认为，在富裕社会中，即便是低收入者，相比世界其他地区他们也有较高的收入，这时就不存在贫富差距加大的问题。还有人认为，收入分配底层与其他收入阶层的贫富差距（例如最底层的 10% 远落后于中间层）值得关注，但是非常富裕者的收入飙升不是问题。我个人认为这两种趋势都值得关注，但是该问题已经超出了本书的范围。本书讨论的关键议题是，一个贫富差距日益扩大的社会意味着经济的信贷密集度不断上升，由此带来潜在的不稳定。

限制信贷的可及性是解决不稳定问题的一种方法。第十五章提出，可以实施更高的银行资本要求、设定抵押贷款的抵押比或贷款收入比上限、提高抵押贷款的授信标准，限制高利率信贷的广告营销等措施。这些措施将使金融体系本身更加稳定，并保护客户避免缔结不可持续的债务合约。

但是，如果仅实施这些政策，可能导致两个不利的结果。第一，我们可能面临名义需求的不足。危机之前信贷快速增长并非对经济增长毫无用处，但由于贫富差距的日益扩大，我们需要信贷快速增长抵消富裕群体高储蓄倾向带来的通缩影响。所以，如果我们限制信贷增长以控制贫富差距的拉大，可能会面临通缩问题。

第二，这些政策对消费者福利和贫富差距的影响是相互矛盾的。一些中低收入借款人可以受到保护，避免过度负债造成的财富损失，也有一些人因信贷可及性受到更大限制而处于不利地位：最高抵押比限制提高了对借款人的储蓄要求，那些初始财富有限的人将因此受损。

从金融稳定及更广泛的社会角度出发，我们应该扭转或至少阻止贫富差距急剧扩大的趋势。要实现这一点，政策必须充分反映导致贫富差距的根本原因。贸易和资本流动的全球化降低了发达经济体中非技能工人的相对地位。几乎可以肯定的是，信息和技术会加剧自由市场中低技能和高技能工人的工资差异，并使成功的企业家有机会快速创造巨额财富。在收入分配的顶层，金融化本身在拉大贫富差距的进程中扮演了重要角色。托马斯·皮凯蒂的观点很有说服力，他认为不断变化的社会规范和激励机制也拉大了收入分配顶层人群中的贫富差距，其中企业高管的薪酬由市场决定，因此用于薪酬比较的基准有着至关重要的引导作用。[6]

如何实现这些因素的精确平衡仍在争论之中。不管争论的结果如何，我们都有足够的理由怀疑，在解决这一问题的各个方案中，是否有一个一劳永逸的方案，比如"提高人们的技能"。正如埃里克·布莱恩约弗森与安德鲁·麦卡菲所述，在一个信息和通信技术密集型的世界中，自由市场中劳动力价格的巨大差异并不是由绝对技能水平决定的，而是取决于细微的技能差异或者完全是因为运气。[7]同时，正如托马斯·皮凯蒂所述，由于更富有的人群储蓄较多且享受较高的回报率，收入差距加大将导致更大的财富不平等。[8]

## 第十一章　修复基本面

因此，无论是通过税收和公共支出体系还是通过劳动力市场干预来抵消或防止贫富差距的进一步拉大，均要求对收入和财富进行更多的再分配。布莱恩约弗森和麦卡菲认为，不论公民的技能在劳动力市场上的价格如何，都应向所有公民提供基本的收入保障，提高最低工资标准可能也是有益的。皮凯蒂建议设置全球公认的财富税，抵消贫富差距扩大和财富积累的自我强化作用。

然而，这些措施很难获得政治上的支持。税前收入差距的扩大会降低而不是提高对再分配的支持。但我们必须认识到贫富差距扩大在推动信贷密集度提高中的作用。如果不能解决贫富差距扩大的问题，我们不仅要面对社会凝聚力和人类福利等直接的不良影响，还将面临金融不稳定的后果。

## 全球失衡

巨大的经常项目失衡已经成为这种不必要的信贷密集度上升的第三大动因。1998—2008 年，全球经常账户总的盈余和赤字占全球 GDP 的比例从 0.5% 上升至 2%，从盈余国家转向赤字国家的资本流动并未用于更高水平的投资，而是推动了消费和房地产的繁荣。就全球的总体层面而言，为确保充足的名义需求，赤字国家较高的消费必须能够抵消盈余国家的储蓄。但是，信贷刺激导致杠杆率上升、危机爆发、债务积压和危机后的经济衰退。如果经济体的储蓄和投资较为平衡，全球的信贷密集度就不会如此之高。因此，缓解全球失衡将有助于建立更稳定的全球经济。

2008 年之后，再平衡确实发生了。在中国，由信贷推动的投资热潮吸引了大宗商品的进口，巨额贸易盈余开始有所下降。日本福岛核电站因核泄漏事故而关闭，导致日本的石油和煤炭进口增加，贸易盈余急剧缩小。同时，2014—2015 年，由于石油价格下跌，石油出口国的贸易顺差有所下降。但是，巨大的结构性失衡仍然存在且在部分区域有所扩大。2015年初，中国的贸易盈余已经重返历史最高水平。韩国经常账户盈余占GDP的比例从2007年的2%提高至目前的6%。目前，德国7%的贸易盈余和其他欧元区国家的贸易盈余相当。相反，美国和英国的赤字持续扩大。如果不减少这种失衡，全球失衡将进一步加剧并必然导致金融和经济的不稳定。

缓解失衡需要赤字国家和盈余国家的共同行动。在赤字国家方面，需要抑制房地产市场过度繁荣，缩小贫富差距，限制金融体系中的过度债务创造。在盈余国家方面，中国和欧元区非常重要。

2008年之后，中国的贸易盈余占GDP比例显著下降，从9%下降至2013年的2%。[9]但是，2014年，随着中国国内投资的降温，该比例再次上升。2015年初贸易盈余重新达到GDP的5%，其中经常账户盈余约占3%。[10]中国贸易盈余占全球GDP的比重决定了中国对全球经济的影响力。该比例从2008年的0.7%下降至2013年的0.2%，但是随着中国经济在全球经济中的权重增大，2015年上半年该比例又重新接近0.5%。[11]我们又重蹈大规模失衡的覆辙，正是这种失衡助推了2007—2008年的金融危机。

中国的贸易盈余部分源于汇率政策，中国人民银行对人民币实施干预、避免其升值可能对竞争力和就业造成损害：几乎可以确定，人民币的渐进升值是合理的。然而，正如中国官员已经谈了多年的，中国还需要降低储蓄和投资、增加消费的再平衡。建设全面覆盖基本养老和卫生供给的社会福利网，将为中国人民注入信心，降低高企的防御性储蓄。如果国有企业向其名义上的所有者（即国家）支付更多的红利，则企业的储蓄率将有所下降。成功的再平衡还需要矫正能源和土地投入品的过低定价，减少从居民储户（其银行存款利率有上限）流向国有企业（其借款利率较低）的补贴。2013年11月召开的十八届三中全会通过了《中共中央关于全面深化改革若干重大问题的决

## 第十一章　修复基本面

定》,中国政府已公开承诺将据此采取许多改革行动。成功实施这些改革对全球经济和金融稳定的重要作用不亚于具体的金融监管改革。

与 2007 年相比,现在的欧元区对全球失衡的影响更大了,因此,德国和欧元区的政策变化同样重要。德国持续保持大幅盈余,而在危机前,这些盈余被西班牙和意大利等国不可持续的赤字部分抵消。然而,目前几乎所有欧元区国家都出现盈余,欧元区总盈余占欧元区 GDP 的比例从 2007 年微不足道的 0.4% 上升至今天的超过 3%。[12]同时进行的私人部门去杠杆化与公共财政紧缩使国内实际需求自 2008 年以来下降了 4%,欧元区试图依赖改善出口提振经济。[13]但欧元区的盈余一定对应于世界其他国家的赤字,而这些赤字如果持续多年,必然会推动信贷的过度增长。危机前,德国的经济增长依赖于其他国家的信贷繁荣;而危机后,整个欧元区都在沿袭难以为继的同一发展模式。

德国对欧元区总盈余的贡献最大。但是,2006 年以来,德国每年的盈余都超过了其 GDP 的 5%。[14]有时候,这些盈余看起来比中国的盈余更自然,因为其政策动因没有那么直接和显而易见。德国并没有操纵自己的汇率政策,也没有对利率施加管制以实现资源从家庭部门向企业部门的转移。但是,正如欧洲改革中心(Centre for European Reform,CER)的经济学家西蒙·蒂尔福德指出的,德国的失衡同样是本国政策选择的结果。[15]21 世纪初精心引入的劳动力市场改革降低了劳动力的议价能力。因此,1999 年以来私人部门的实际工资仅上升了 4%,而公共部门的实际工资却有所下降。税收政策倾向于鼓励企业保留利润而牺牲消费:消费的税收急剧上升,而利润的税收略低于几乎所有的其他经合组织成员国。同时,德国平衡财政预算的决心远强于抵消私人部门逐步去杠杆化影响的决心。

消费需求持续低迷,较低的企业投资表明未来消费增长的预期仍然较低。因此,德国不得不依靠海外需求实现充分就业,由此积累了对世界其他国家的大量金融债权。但是,由于这些债权对应于其他国家不可持续的信贷增长，所以必定会产生大量的投资损失。因持有质量较差的美国抵押贷款证券，德国的银行成了最大的损失者之一，据蒂尔福德估计，1999年以来德国各相关银行的总投资损失非常惊人，高达5 800亿欧元。

因此，目前德国和欧元区的出口导向型经济增长模式是不可持续的，它本质上依赖于其他经济体的赤字和过快的信贷增长。正如第十五章要讨论的，刺激欧元区国内需求的政策不仅应确保欧元区的产出和就业增长，而且本质上应有利于未来的全球稳定。

无论是赤字国家还是盈余国家，应对全球失衡必需的大部分举措可以由单个国家独立实施。但是，某些全球层面的改革或至少是全球层面的协调也可以发挥有益的作用。

2008年之前的10年间，经常账户余额增加的原因之一，是许多新兴市场经济体，特别是1997—1998年遭遇金融动荡的亚洲经济体，为防患于未然积累了大量的官方外汇储备。如果再次面对私人资本流动的突然停止或反转，这些国家希望能够拥有充足的外汇储备以防止过度的汇率贬值。在世界其他地方，尤其是美国，美元作为主要国际储备货币，其外汇储备的积累必须抵消全球其他国家的经常账户赤字。因此，如果我们同意推行国际货币体系改革，就需要更广泛和灵活的国际流动性工具或者放弃美元的主要储备货币地位，这样失衡的危险就可以得到某种程度的缓解。

这些改革对全球失衡问题的重要性不应被夸大。虽然有些国家为防患于未然积累了大量储备，但是对中国和德国这两个最大的盈余国家来说，该目的并不重要。中国的外汇储备已经远远高于防患于未然的需要，其外汇储备的上升并非因为中国有意要积累外汇储备，而是国内不平衡和汇率政策的副产品。同样，德国的防御性储备也没有起到任何作用。中国和德国盈余的最重要的驱动力源于内部，因此解决方案在于其国内政策。

## 第十一章 修复基本面

然而，虽然理论上全球协调能够发挥有益的作用，以实现盈余国家和赤字国家同时采取行动的承诺。正如2010年时任美国财政部部长盖特纳对20国集团（G20）主要国家提出的倡议，不论是盈余国家还是赤字国家，都规定一个失衡占GDP的可接受上限。虽然该提议在原则上达成了一致，[16]但迄今为止，该提议对现实世界的政策影响几乎为零。最近的这场全球金融危机部分源于大规模的全球失衡，而在危机爆发七年后，全球失衡引发未来危机的危险仍然很大。

### 其他有待解决的问题

为削弱信贷密集度上升的根本动因而采取的政策至关重要，因为仅依赖中央银行和监管当局自身无法实现金融体系和经济的稳定，如果不采取其他配套措施，我们不可能成功地修复基本面。面对强大的基本趋势，解决贫富差距的政策只能部分奏效，因为全球经济失衡虽然会减少，但并不存在全球性的协调机制能够消除全球失衡。虽然我们可以设计相关政策控制房地产价格趋势和波动，但是随着技术进步导致其他资本价格的下降，富人为争取理想房地产的支出占收入的比例注定会提高，现代经济中房地产业密集度的提高是必然的。

即使我们在解决信贷密集度上升的根本动因方面取得最大限度的成功，我们仍面临信贷和资产价格的周期性波动，该波动源于无限弹性的私人信贷和货币供给与缺乏弹性的现有不可再生资产供给（特别是房地产）之间的相互作用。

因此，我们无法回避海曼·明斯基提出的问题：一个有着债务合约和资本主义金融机构的货币经济能否保持稳定，尤其是，在部分准备金银行制度下，稳定是否有可能实现。

因此，在第十二章中，我们将考虑是否应该废除银行或采用其他手段，从根本上弱化债务合约在经济中的作用。

# 第十二章　废除银行、对债务污染征税、鼓励公平

> 在决定金融结构的特征和引导货币及其替代物数量变化的过程中，私人部门被赋予了太大的自由度……金融体系的本质就是，经济繁荣时期银行用货币替代物漫灌整个经济，此后这些徒劳无益的努力只落得普遍清算的结局。
>
> ——亨利·西蒙斯，《货币政策规则与当局之争》，1936[1]

> 如果我们要修复金融体系，就必须解决债务合约缺乏灵活性这个关键问题。
>
> ——阿蒂夫·迈恩和阿米尔·苏非，《债居时代》[2]

债务合约和银行必然会造成金融不稳定。如果放任自流，自由金融体系会产生过多的私人信贷。第十三章将讨论如何通过货币政策和金融监管来管理信贷周期的不稳定性。

然而，难道我们不应该通过结构性改革来解决这个问题，而不是指望中央银行和监管者管理一个内在不稳定的体系？本章将考虑以下三种可能的方案：废除银行，对债务污染征税，通过有益的金融创新鼓励股权合约。这些并不是一劳永逸的解决方案，但这些激进方案背后的基本原则应该为实际政策提供指引。

## 废除银行：取缔私人货币创造

银行并非简单地扮演中介角色，使储户的现有资金流向借款人；

## 第十二章　废除银行、对债务污染征税、鼓励公平

它们还创造信贷与货币，形成新的购买力。因此，提高名义购买力有两种方案：一是通过私人信贷创造，二是通过政府的法定货币创造。对政府过度创造货币的恐惧已经使法定货币创造成为一种政策禁忌，许多国家的中央银行法对此有明令禁止。但几位经历过大萧条的经济学家认为，私人信贷和货币创造是更危险的选择。因此他们建议取缔私人货币创造，依靠法定货币来实现名义需求的增长。他们希望废除银行。

### 全额准备金制度：芝加哥计划

亨利·西蒙斯作为芝加哥学派的创始人之一，坚定信奉资本主义、市场竞争，以及低通胀和稳健货币的优势。但是，1933年，他与其他经济学家一起向罗斯福总统提出了"芝加哥计划"，该计划要求所有银行在经营时都要保持100%的存款准备金率，即全额准备金制度。[3]

根据该计划，银行为客户持有存款、完成不同账户间的支付，但不再具备其他的经济功能。商业银行的所有存款对应于这些银行在中央银行的存款；货币供给等同于基础货币；银行用来在法定货币之外创造私人货币的"银行乘数"将被废除。债务合约仍然存在，但仅存在于银行体系之外，银行发放贷款时，必须将储户的存款真正转给借款人。通过同时贷记和借记借款人的贷款账户和存款账户，银行创造信贷和货币的能力就此被取消了。

在这样的体系中，银行将不再创造新的购买力。那么问题出现了，若果真如此，如何实现名义GDP增长呢？答案是通过政府法定货币创造来实现，政府每年承担少量的财政赤字，通过纯粹的法定货币创造为这些赤字融资，而不是通过发行债券来弥补赤字。

这种法定货币创造是唯一可能的答案，"芝加哥计划"的几位支持者也认为这是积极的、可取的。欧文·费雪认为，这种安排把创造

新购买力带来的经济收益归还给公共机构和普通民众,而在部分准备金制度下,这些经济收益被错误地赋予了私人银行。[4]事实上,他还发现了另一个正面效果,即政府在无须支付债务利息的情况下也可以维持少量的财政赤字。米尔顿·弗里德曼在1948年的一篇文章中也持相同观点,认为财政赤字货币化是通缩时期刺激经济的最好方法,适当的目标可以确保无融资支持的赤字规模与理想的名义GDP缓慢扩张相一致。[5]

基于1929—1933年大萧条的惨痛教训,那些坚定信奉自由市场和稳健货币政策的经济学家都支持全额准备金制度和财政赤字货币化这种激进的政策组合。2007—2008年的危机再次说明了私人信贷和货币创造所造成的危害。所以,我们是否应该回到欧文·费雪、亨利·西蒙斯和早期米尔顿·弗里德曼的激进主义?

迈克尔·昆霍夫和哈罗米尔·贝内斯最近撰写的一篇国际货币基金组织研究报告认为,我们应该制定详细的过渡方案,不仅包括未来实施全额准备金制度的计划,而且包括大幅降低目前私人部门高杠杆的方案。[6]安德鲁·杰克逊和本·戴森撰写了《货币现代化:为什么我们的货币体系会破裂,如何修复》一书,这本富有见地的著作也提出了相同的主张。[7]

### 几点保留意见

然而,有三个方面的原因值得注意:

第一也是最根本的问题在于,私人创造购买力的正面效应可能高于政府创造。魏克赛尔坚持认为,如果中央银行能够制定合适的利率,则私人信贷创造会是最优的。但事实证明,这一观点是极其错误的。但是,有一点可能是正确的,即债务合约与银行在动员资本投资方面可以发挥积极作用,否则,资本动员不会实现。银行通过期限转换使短期储蓄为长期投资提供融资,这似乎是一个幻想,一种骗局,

## 第十二章　废除银行、对债务污染征税、鼓励公平

但有其益处。这不可避免地会带来不稳定的风险，但是，有些不稳定可能是为了获得动员投资的好处进而实现经济增长必须付出的合理代价。

此外，需要权衡两种风险：一是私人信贷创造带来的风险，二是根据"芝加哥计划"，全部依赖法定货币创造来提高名义需求可能产生的风险。如果我们允许政府的财政赤字货币化，就可能面临一种危险，即政府出于短期政治利益的考虑，过度使用财政赤字或低效率地配置其支出权力。本书认为，我们既不假设私人信贷创造是完美的，也不主张完全禁止法定货币创造，而且不应该盲目崇拜法定货币创造或将私人信贷妖魔化。我们面临着一个危险的选择，最好的政策不可能是两个极端中的任何一个。

第二，我们必须非常清楚，全额准备金制度并非解决私人信贷过度创造问题的充分条件。现代经济需要一些私人债务合约为动员资本投资提供资金，同时有利于促进同代人以及代际的房地产交换。全额准备金制度的支持者认为，如果私人债务不是由银行体系提供，就不涉及新的货币和购买力创造。准货币等价物、新的信贷及购买力也可以在银行体系之外被创造。正如第六章所述，如果人们认为银行本票的风险较低，就可以将它用作货币等价物；影子银行的发展说明金融体系具有非同寻常的创新能力，既可以实现类似于银行的期限转换功能，也可以在正规银行体系外实现准货币等价物的创造。因此，要求正规银行全额计提准备金并不能完全解决如何限制信贷和货币创造的问题。

第三，从目前高杠杆化的经济开始转型面临艰巨的挑战。昆霍夫和贝内斯勾勒的计划，不仅要建立全额准备金银行制度，而且应通过核销巨额存量住房抵押债务来解决由过去的过度债务制造的问题。根据该计划，政府将用新创造的货币储备取代目前趴在银行资产负债表上的抵押贷款。然而，部分人获得的巨大利益必然会由另一部分人的

损失来弥补，也就是说在经济上没有免费午餐，至少没有这么大规模的免费午餐。我们也许应该设计不同的转型路径克服该问题：随着时间的推移银行资产负债表上的存量住房抵押贷款慢慢减少，与此同时银行的所有新业务都适用全额准备金要求。但是，问题依然存在：最优的社会和经济政策从来不能简单地专注于完美的解决方案，而是依赖于其初始条件。无论好坏，我们都可以从较高的准备金比例和相关的债务合约开始。

因此，我并不确信全额准备金制度是一个满意或可行的计划。但是，我们实施的改革应该体现那些为"芝加哥计划"的支持者提供了启发的基本原则和见解。

货币不同于其他商品、产品或服务，那些支持自由市场的经济或政治观点并不适用于货币。企业家应该完全自由地创新 iPad、新的餐厅格调、新的汽车设计以及无数超出我们想象的商品和服务，这不仅因为自由创新将创造经济收益，而且它本身就是可取的。但是信贷和货币的创造有所不同，它会创造出购买力，从而产生有益或有害的宏观经济及分配效应。

因此，费雪和西蒙斯相信，如果将适用于商品和服务市场的自由市场原则同样应用于银行，将导致另一种错误。他们是正确的。信贷市场引发了至关重要的公共利益问题，自由市场的方法虽然简单但无法解决这个问题。

即使我们拒绝"芝加哥计划"的激进主义，也应该考虑其关键结论。我们必须对银行或影子银行体系创造的信贷规模及其组合加以约束和管理。

## 对债务污染征税

债务合约能够带来经济利益，同时也会制造经济风险。然而，这

## 第十二章 废除银行、对债务污染征税、鼓励公平

些风险从私人的角度看并不明显。事实上,正如第十章讨论的,看似有利于单个银行家或客户的贷款(也就是说贷款将会被全部还清),在该笔贷款与其他很多笔贷款组合在一起发放时,经济就容易发生危机和危机后的衰退。债务创造具有负的社会外部性,可以说债务是经济污染的一种形式。

从理论上说,征税是应对污染的适当方式。最优气候变化政策要求征收碳排放税,那么为什么不对信用中介课税呢?芝加哥学派经济学家约翰·科克伦的研究认为,尤其应该对那些以短期负债进行融资的信贷中介机构征税,因为期限转换创造了风险。[8]虽然此类税收会提高对实体经济的信贷价格,但如果问题的关键是债务创造过度,那么结果可能是好的。

事实上,目前大多数税收制度基本不会对信用中介征税,而且有利于债务合同而不是股权合同。税收制度的整体影响体现为向企业、机构投资者和个人征收公司税、个人所得税和资本利得税带来的复杂的组合效应。在大多数国家,税收制度的净效应都明显有利于债务,特别是杠杆式的房地产投资。几乎所有公司的税收制度都允许全额抵扣利息支出,但是大多数不允许抵扣股息。一些国家的个人税收制度还允许部分或全额扣减住房抵押贷款的利息支出。即使英国等国家已经取消了这种做法,但对投资自用性财产的税收处理仍优于其他资产类别,因为估算租金(imputed rent)和资本利得无须纳税。[9]

虽然不同国家的程度有所不同,但平均而言,无论是在房地产还是在其他商业活动中,税收制度实际上对杠杆资产投资形成了有效补贴。例如,私募股权基金的高回报通常依赖于杠杆、税收减免以及看涨的市场行情,而不是源于对基金投资业务的卓越管理。即便在一个无税收的世界中,自由金融市场也会偏向于过度创造债务,而税收制度扮演了火上浇油的角色。

问题不在于是否需要改革,而是如何改革。经济学家一直主张减

少对债务的税收优惠,但大多数决策者认为实施重大改革十分困难。几乎任何变化都存在预料之外的收益和损失,损失的存在必然招致政治上的反对。金融全球化也使有效改革变得困难。各国政府小心翼翼地保护着税收政策的完全自主权,税收的国际协调远不及金融监管。我们建立了全球统一的银行资本标准,却没有全球税收协定。某些国家试图消除税收政策有利于债务的偏向,但跨境贷款至少部分削弱了这种努力。

尽管实施上存在困难,但理想的改革方向是明确的,各国政府应该推行改革,即便改革并不完善,仍然会有效果。在个人税收制度方面,应该降低对杠杆化房地产投资的税收偏向。当企业杠杆超过一定水平时,应该考虑对利息的税收减免予以限制。同时,应对股息支付提供更优惠的税收待遇,以此鼓励股权投资。

此外,我们应该认识到目前有利于债务的税收政策对最优金融监管的政策含义。第十三章建议更大幅度地提高银行资本要求,特别是对房地产贷款的资本要求。反对者会说,这无异于对信贷征税,将会提高住房抵押贷款的成本。确实如此:由于股票收益不享受税收抵扣,而债务利息支付享受税收抵扣,要求银行持有更高的股本水平将提高银行的资金加权平均成本。要求银行持有大量流动资产储备也能达到大体类似的效果。[10]但是,在现实世界中,放任自由的市场创造了太多债务,而且税收制度进一步放大了这一偏好,因此,对信贷创造隐性课税可能是一件好事。

事实上,从理论上说,越多地采取股权而不是债务方式融资,经济将越稳定。因此,我们应该考虑新型股权合约能否降低对债务的依赖程度。

## 股票和股债混合工具:金融创新有益于社会吗?

相对于股权合约来说,债务合约缺乏灵活性。这确实是债务合约

## 第十二章 废除银行、对债务污染征税、鼓励公平

的经济优势。债务合约的收益事前确定,有助于促进资本动员。如果金融合约只有股票形式,那么推动工业革命及后续增长所需的资本积累将难以实现。然而,事实上债务合约在带来确定收益的同时也导致经济不稳定。它助长了过度的债务创造,这意味着债务积压将带来严重的通缩。正如阿蒂夫·迈恩和阿米尔·苏非所说,"如果我们要修复金融体系,就必须解决债务合约缺乏灵活性这个关键问题。"

危机前的许多金融创新几乎没有社会价值。但是,理论上金融创新通过设计新产品来克服纯债务合约灵活性不足的缺陷,从而有助于建立更稳定的金融体系。罗伯特·希勒的著作《金融与好的社会》探索了许多可能方案。[11]例如,与 GDP 挂钩的政府债券可能降低经济衰退时期政府不得不采取紧缩财政政策的危险,如果 GDP 下降,政府偿债压力会自动减轻。

如果金融创新的目标是为经济稳定运行做出更大贡献,就必须解决规模最大的债务问题,即房地产类贷款。迈恩和苏非的《债居时代》一书提出了改革房地产金融的具体建议,即风险共担型抵押贷款的创新。在此类合约中,贷款人的收益不仅是事先确定的利息,还有一部分收益随相关区域的房价而变化:如果房价上涨,贷款人将分享资本利得;如果房价下跌,贷款人将承担部分资本损失。此类抵押贷款合约在一定程度上"取决于"借款人的经济状况。如果许多人使用这类抵押贷款,严重债务积压带来的风险将有所降低,因为房价下跌时,家庭部门不会明显压缩消费。

这一主张的逻辑是令人信服的。然而,重要的是认识到接受并实施该主张面临的障碍以及识别其风险和优点。

风险共担的住房抵押贷款不仅可以降低宏观经济风险,而且一定程度上似乎"更加公平"。伊斯兰教禁止债务合约,因为如果所处环境发生变化,仍然要求债务人支付固定利息的做法似乎并不公平。在风险共担的住房抵押贷款合约中,如果住房价格下降,债务人不必再

支付固定的利息。[12]尽管存在这些优点，但是自由市场竞争和消费者选择并未使风险共担的住房抵押贷款得到充分发展。从借款人的角度看，风险共担的住房抵押贷款合约存在一个重大缺陷：当住房价格上升时，借款人将损失价格上涨的部分收益，使其无力购买另一套价格相当的住房。在住房价格上升的情况下，如果某人的住房净值没有与其他人的住房净值同步上涨，他就会丧失实际的经济机会。最近出版的一本关于伊斯兰金融的著作中提到，即使虔诚的穆斯林，引导他们完全接受符合伊斯兰教义的住房抵押贷款也非常困难。[13]因而，如果没有税收优惠等公共政策的支持，推广风险共担的住房抵押贷款就非常困难。

如果这类贷款被推广，在缓释风险的同时也可能导致其他风险。按照风险共担的住房抵押贷款合约，住房所有者和其他人共同持有与价格相关的住房净值头寸：银行或抵押贷款证券的投资者分享了住房价格上涨的经济利益，也分担了住房价格下跌的风险。但是，尽管这有助于对冲借款人的风险，但投资者可以通过购买与住房价格挂钩的证券来获取资本利得，因而也为纯粹的投机性赌博创造了新机会。这些投机性头寸可以通过举债进行融资，市场价格将由自我强化的羊群效应推动，对住房净值证券的大规模杠杆投资将放大住房价格的波动。

我们重新回到了第二章讨论的难题：任何有利于形成完备市场、扩大流动性、更容易对冲风险的金融创新，通常也会使赌博变得更加容易，这将加剧人们原本要对冲的市场波动性。

推动风险共担的金融创新当然是有价值的，但也并非万灵药。

没有一劳永逸的解决方案：不存在唯一的结构化政策能够消除债务合约、私人货币创造和存量资产价格周期所带来的风险。因此，我们应该让中央银行和金融监管当局在约束和管理债务规模及债务组合中发挥重要的作用。第十三章将分析我们所需的具体政策。

# 第十三章　管理债务规模和债务结构

> 核心问题是中央银行能否抑制信贷的不稳定并放缓投机，以避免危险的信贷扩张。
>
> ——查尔斯·金德尔伯格，《疯狂、惊恐和崩溃》[1]

我们应逆风行动，扭转自由金融体系创造过量错误债务的趋势。这里有三个问题值得关注：信贷增长速度、私人部门杠杆水平以及债务类型。信贷快速增长是潜在金融危机的关键指标，但是，一旦金融危机爆发，私人部门杠杆水平决定了债务积压的严重程度。不同类型债务的组合也同样重要，因为不同类型的债务具有不同的经济功能，将产生不同的风险。

我们缺乏科学的方法以准确告诉我们多少债务是过多的、什么样的债务组合是最优的。无论是有害的私人部门杠杆水平，还是危险的信贷扩张速度，在不同国家和不同时间都各不相同。[2]因此，本章不会提出一套普遍适用的规则，但会提出清晰的理念：我们需要限制银行和影子银行创造的债务规模并对债务的组合施加影响。这需要五方面的政策：

- 银行监管不仅要确保银行体系自身的安全，而且应限制对实体经济的贷款，尤其是房地产贷款；
- 限制高风险的非银行信贷中介（影子银行），即便以降低市场流动性为代价；

### 债务和魔鬼

- 限制借款人的信贷可及性；
- 采取措施抑制有害的短期债务资本流动；
- 确保为必需的资本投资提供充足的信贷融资，例如创建特殊目的银行专门提供特定类型的贷款。

对这些建议可能有三种反对声音：过度干预市场竞争；约束信贷投放会抑制经济增长；赋予中央银行和监管当局太多的自由裁量权，让他们负责无法实现的目标。

本章的最后部分对这些反对意见做出回应。前两个观点完全不成立，第三个观点提出了一些重要的难题。复杂性和赋予太多的自由裁量权确实存在危险。在理想情况下，设置简单明确的目标，然后通过简单明确的措施达成目标，有其巨大的优势。

但是，我们必须面对现实。危机前的主流观点认为，我们可以设定一个目标（低而稳定的通胀），使用一个政策工具（利率），结果却导致了经济灾难。我们面对的是一个内在不稳定的金融体系，而且没有一套简单的规则可以确保其稳定。事实上，本章将首先解释为什么魏克赛尔提出的单一规则，即设定一个与自然利率一致的市场利率，永远不足以控制有害的信贷周期并防止过度杠杆化。

### 利用利率工具抑制信贷繁荣

实现低而稳定的通胀不应成为中央银行政策的唯一目标。加总的财务资产负债表非常重要，并非因为持续增加的货币余额（money balances）是一个好的前瞻性通胀指标，而是因为信贷增长和杠杆上升是金融危机、危机后债务积压以及潜在通缩的前瞻性指标。然而，人们依然认同并相信，控制信贷和资产价格繁荣最有效的手段是提高利率。

国际清算银行的前首席经济学家威廉·怀特提出过该主张，他也

## 第十三章　管理债务规模和债务结构

是危机前对杠杆攀升的潜在危害发出警示的少数经济学家之一。[3]他的分析基于魏克赛尔的理论框架。他认为，2008 年之前的多年中，中央银行设定的货币利率一直低于接近全球增长率的"自然利率"。全球实际增长率约为 5%，但实际利率远低于该水平，从而为过度举债提供了强大的激励，导致信贷快速增长，杠杆率不断上升，其结果必然是金融不稳定。他认为，未来即使通胀率处于或低于目标值，中央银行也应该通过提高利率来抑制信贷繁荣。

相对于采用数量型控制工具，使用利率（价格型工具）确实有一个重要的优点：其政策影响较难被规避。数量型手段适用于特定类别的合约或机构，必然存在"监管套利"的机会：如果我们要求银行持有更多资本，信贷扩张将转移至影子银行。金融体系追逐获利机会的动机将削弱任何数量型政策的有效性。相反，当我们使用利率工具时，追逐利润和套利的行为将确保政策影响遍及金融体系的每一个角落和缝隙，对所有合约的信贷价格产生影响。正如美联储理事杰里米·斯泰因指出，利率变化"渗透到所有缝隙中"；[4]国际清算银行的克劳迪奥·博里奥和马修斯·德雷曼说："利率能够到达其他工具无法企及的部分。"[5]

但是，利率工具同时也有一个重大缺陷：不同类型的贷款对利率变化的反应弹性存在较大差异。如果住宅或商业房地产开发商预计房地产价格上升较快，如每年 15%，那么政策利率几个百分点的变化无法迅速改变其行为，但更大的变化可能会在信贷和资产价格泡沫破裂之前严重危及实业投资。例如，2011—2013 年，尽管通胀低于目标值，但瑞典中央银行仍试图通过提高利率抑制斯德哥尔摩的信贷和房地产繁荣，结果房地产业依然繁荣，但瑞典的经济增长放缓了，通胀也变为负数。2014 年瑞典中央银行最终放弃了该政策。

事实上，根本问题在于，当信贷用于不同目的时，由新投资的边际生产率决定并能改变借款人和贷款人行为的自然利率并不存在。借

**债务和魔鬼**

款人的借款需求和贷款人的放贷意愿均取决于预期的未来回报,而预期的未来回报随时间波动,因部门不同。[6]尤其是,当回报源于房地产等现存资产的价格上升时,对回报的预期是内生且自我强化的。在发达经济体中,大多数资产是现存房地产且房地产贷款在总贷款中占比很高,但并没有一个自然利率,相反,是若干个潜在不稳定的不同预期回报率。

因此,尽管危机前的正统观念认为,依赖利率工具的重要优势在于利率对信贷结构的影响是中性的,但是,当我们面临多个不同的私人回报预期时,中性就成为一个严重的缺点。利率在限制信贷繁荣中当然应该发挥作用,有时利率应该高于适当的通胀目标。但是,我们同样需要数量型工具,包括可以区分不同类别贷款的数量型工具。

### 限制银行的信贷创造

过去几十年间,资本监管对单家银行的信贷创造能力施加了限制,危机后的改革更是大幅度提高了商业银行的最低资本要求。但是,改革远不应该停留于此,而是应该尽可能地实现更广泛的目标。

#### 资本要求

资本要求将银行持有的贷款或其他资产的数量限定为其权益资本或其他资本的一定倍数。[7]危机后的改革将权益资本(核心一级资本)要求从"风险加权资产"的2%提高至4.5%,实际上对主要银行的权益资本要求达到了风险加权资产的7%~10%。[8]但是,阿德玛蒂和黑尔维格的著作《银行家的骗局》认为,应该进一步提高银行的资本要求,核心一级资本数量应该达到资产名义价值的20%~25%,实际权益资本要求应提高4~5倍。[9]他们的观点是正确的,但这不仅仅是因为他们给出的理由。

## 第十三章　管理债务规模和债务结构

阿德玛蒂和黑尔维格主张更高资本要求的关注点是增强金融稳定、降低银行倒闭的风险以及解决"大而不倒"问题，目标是消除银行高杠杆中隐含的看跌期权，而不是限制信贷增长。事实上，他们强调，更高的银行资本要求未必能限制实体经济中的信贷增长或提高信贷成本。虽然等量贷款所需的资本增加了，但此前的存款人或银行债券投资者可能转而投资银行股票，因此，银行较高的权益价值会抵消监管当局允许的较低乘数的影响，潜在的信贷投放不会变化。虽然股权的成本高于债务，但是，这将被风险更小因而价格更低的股权和债务抵消，所以银行的资金成本也不会发生变化。[10]因此，他们认为，关于银行更高股本要求将限制信贷和经济增长的论点，只是另一种款式的"银行家的新装"。

阿德玛蒂和黑尔维格关于银行更高资本要求不会影响信贷供给的观点有待商榷。经济学理论表明，投资者不会以理性和平稳的方式实现债务与股权之间的转换，除非采用其他的政策手段对冲，否则实施更高的资本要求可能会抑制信贷增长。同时，债务利息可税前抵扣，而股票红利通常不享受优惠税收待遇，因此较高的权益资本要求将提高银行信贷中介的成本。采纳阿德玛蒂和黑尔维格的建议意味着个人和企业将面临更高的信贷成本。

然而，本书的中心观点是必须限制私人信贷增长。因此，无论是出于金融稳定的原因还是为了降低经济增长的信贷密集度，更高的资本要求都是有价值的。在理想的世界中，银行权益资本要求应该远高于《巴塞尔协议Ⅲ》达成的一致要求，阿德玛蒂和黑尔维格建议的20%~25%是合理的。第十四章将讨论，如何在不加剧去杠杆化带来的通缩效应的情况下，转而实施更高的资本要求。

**逆周期资本**

更高的资本要求将有助于抑制长期的过度信贷创造。然而，即便

**债务和魔鬼**

实施很高的最低资本要求，银行体系仍会产生有害的信贷和资产价格周期。即便银行达到20%的最低股本要求，在经济上行周期，仍然会助推信贷快速增长和资产价格快速上涨；在经济下行周期，为满足20%的最低资本要求，银行将减少信贷供给。

所以，除了银行在整个经济周期中必须达到较高的最低资本要求之外，我们还需要引入对抗经济周期的政策工具。《巴塞尔协议Ⅲ》的资本框架首次引入了逆周期资本要求，信贷快速增长时期银行需计提逆周期资本要求，信贷扩张乏力时无须计提逆周期资本要求。

但是，新的资本框架有两个缺陷。第一，用于指导银行计提逆周期资本要求的信贷过快增长是基于信贷供给自身的长期趋势确定的。[11]基于此，即使杠杆持续上升，只要信贷增速稳定，可以永远接受10%的信贷增长与5%的名义GDP增长。第二，《巴塞尔协议Ⅲ》设定的逆周期资本要求上限为2.5%，不足以对抗信贷周期性波动。如果必须抑制信贷膨胀，监管当局和中央银行应该提出更高的逆周期资本要求。如果杠杆率已经很高，而且信贷增长快于GDP，即使信贷增长与过去的趋势大体一致，监管当局也应该考虑提高逆周期资本要求。

### 准备金资产的比率

更严格的资本要求有必要但并不足够。虽然，更高的资本要求不能约束信贷扩张的论点有些言过其实，但它抓住了一个重要的事实：无论中央银行和监管当局想不想要，银行股本都会上升，使得资本要求无法绝对控制信贷增长。所以，我们还需要其他政策工具。

一个选择是数量型的准备金要求，规定商业银行缴存中央银行准备金的最低比例，从而限制银行贷款（或总资产）扩张的最大数量。[12]相对于资本要求，准备金要求更加直接和明确地限制银行贷款增长的上限，因为中央银行自己决定所需准备金的数量。[13]同时，中央银行可以选择是否对准备金支付利息,并决定支付的利率水平。如果支付的利率低于市场利率,实质上相当于对信贷中介课税。

全额准备金制度实际上是准备金要求的极端情形。"芝加哥计划"建议废除部分准备金制度,准备金要求规定了准备金计提的比例。许多新兴经济体的中央银行都运用准备金要求和利率调整作为政策工具管理信贷供给。发达经济体的中央银行过去也曾使用过该工具,20世纪80年代以来慢慢放弃该工具。准备金要求应该回到中央银行的工具箱。

然而,我们应该意识到准备金要求的影响和局限性。准备金要求是一种数量型工具而非价格型工具,但会影响利率。只有中央银行愿意调整利率,使之能够将信贷创造和可得准备金保持一致,才能控制准备金资产的数量。所以,准备金要求本质上也是通过利率变化来实现其效果的。因此,准备金资产作为一种政策工具,如果计提的基础是总负债或总资产,也存在与利率工具相同的局限性:不同类型的信贷有不同的反应弹性。[14]因此,我们还需要寻求其他政策工具,区别对待不同类型的信贷。

## 风险权重应该反映社会风险而不是私人风险

不同类别贷款的资本要求应该能反映各类贷款对金融和宏观经济稳定的不同潜在影响。但是,现行的资本监管国际规则是根据与此完全不同的理念而制定的。

按照现行资本监管规则,风险权重被用来确定各类资产的资本要求。但对于全球最大和最重要的银行来说,这些风险权重反映了银行自身对各类贷款潜在损失的评估。[15]这些评估参考过去的损失经历,房地产贷款通常被认为是最安全的资产,银行内部估计大部分房地产贷款的风险权重可以低至10%,甚至5%,相反,中小企业贷款的风险权重大约为100%。即使大银行实际持有的权益资本占其风险加权资产的比例达到10%，权益资本与房地产贷款名义本金的比例也只有1%甚至0.5%。

从单家银行的角度看，这些评估可能是完全理性的，依此计提的权益资本也足以吸收损失。但是，它们并未考虑到，房地产贷款对单家银行来说是相对安全的，但通过推动资产价格繁荣将导致金融体系的不稳定性，并留下严重的债务积压。如第十章讨论的，即使贷款能够全额偿还，也可能通过对债务积压的影响，危害宏观经济。即便是"最好的贷款"也存在负外部性。

因此，中央银行或监管当局应确保各类信贷的资本要求能够充分反映潜在的系统性风险和宏观经济风险。让单家银行自身考虑这种风险，永远都不是理性的做法。该目标可以通过设定最大杠杆率（即资本/总资产名义金额）来实现，也可以将房地产贷款的风险权重设定在显著高于单家银行风险评估结果建议的水平之上。

## 监管影子银行：降低信贷证券市场的流动性

无论是贷款总额还是特定类别的贷款，上述政策工具都将限制（或在不景气的时期支撑）银行向实体经济提供贷款的能力。但是如果信贷创造转移到影子银行部门，这种限制将难以奏效。

第六章指出，从理论上说，非银行信贷中介的扩张可以使金融体系更稳定。但金融危机前，"影子银行"（复制了银行的特征，通过期限转换创造信贷和货币）的发展不受银行监管的约束。同时，市场参考价格，例如运用信贷违约掉期的息差推断合理的信贷价格，增加了信贷中介体系的风险，这种风险源于流动性交易市场的潜在非理性。同时，那些试图控制风险的风险管理工具（证券融资、逐日盯市制度和风险价值模型）加剧了危险。因此，影子银行扩大了信贷和资产价格周期固有的不稳定性，并使之与合约关系、会计准则、定价和风险管理模型紧密交织在一起。

因此，为管理信贷周期，我们必须约束正规银行体系以外的类银行活动。全球金融稳定理事会提出了实现该目标的原则和具体方法。[16]其中，关键一环是对回购等证券融资交易市场提出最低估值折扣的要求，在合约层面而非机构层面实施有效的资本监管。在周期上行阶段，由于支持既定的业务规模需要更多的抵押品，该标准能够约束金融体系向实体经济提供新贷款的能力、降低金融体系内部相互联系的规模和复杂性。

但是，形成充分可靠的一致方法并非易事。银行业已经发出警告，过于严格的控制将减少一些重要金融市场的流动性，进而损害金融体系向实体经济提供信贷的能力，或损害金融体系提供有效价格发现的好处。类似的观点也被用来反对提高银行交易业务的资本要求。

但是，如果流动性并非越高越好、信贷并非越多越好，这些反对意见便站不住脚。如果危机之前次级住房抵押贷款市场的流动性有所减少、次级住房抵押贷款的扩张有所减缓、没有那么多低收入的美国人被不堪重负的债务诱惑，那么全球金融体系会更加稳定。对所有涉及类银行风险的非银行活动实施严格监管不应被市场流动性和信贷供给降低的担忧所削弱。

## 约束借款人和高息贷款

银行资本和准备金要求以及影子银行监管均试图限制信贷供给的数量和波动性。但对影子银行的限制不可能完美，跨境贷款削弱了国内规则的影响。并且，通过更高的资本和准备金要求以及价格机制来约束信贷供给数量，一定程度上会提高信贷价格。因此，如果资产价格上升的预期使借款人对利率上升不敏感，那么这些监管要求的有效性将弱化。除这些监管要求之外，限制借款人信贷可及性的量化限制

## 债务和魔鬼

可以作为补充措施。对于住房抵押贷款市场，可以通过设定抵押比或贷款收入比上限予以限制，但这些指标对商业房地产市场的有效性稍弱。同时，在整个经济周期中这些指标的具体要求可以保持不变，也可以随着经济周期的波动而变化，在房地产繁荣时期强化约束，下行周期时予以放松。[17]那些成功避免了这次金融危机的新兴经济体和发达经济体已经采取了此类限制性措施。[18]这些措施应该成为宏观审慎监管工具箱的一部分。

住房抵押贷款的最低授信标准也应该发挥一定的作用。目前，英国监管当局要求抵押贷款机构衡量借款人还款能力时不得假设资产价格的上涨。[19]这个原则应该适用于所有国家。

限制人们的借贷自由必然会引起争议。人们担心这会降低自有住房拥有率，不利于那些初始财富有限、必须依赖大量举债才能买房的弱势人群。对于任何给定的房价水平，更严格的抵押比或贷款收入比限制产生的影响将明显不利于一些特定人群。但是，中期内房价不会停留在给定水平上，如果信贷较容易获得，将推动房价上涨，这将挤压那些初始财富有限而无力购买住房的群体。危机前的10年间，抵押贷款快速增长，而且高抵押比和高贷款收入比的贷款供给宽松，但是，英国自有住房呈下降趋势，然而这一趋势的部分原因也正在于此。如迈恩和苏菲所述，美国次级抵押贷款的繁荣以相对贫穷的美国人损失大量财富而告终。更严格的住房抵押贷款供给有助于提升家庭的偿付能力、限制信贷和资产价格周期对财富分配极不公平的影响。

我们还应该对高利息无担保的消费信贷施加限制，在英国的发薪日贷款市场中，贷款年化利率高达1 000%，这将使借款人落入债务依赖的陷阱，扩大社会的贫富差距。如果完全禁止这类贷款，可能存在着信贷转入地下市场的危险。但是，我们强烈建议应对其定价和信用风险评估加强监管，并对其广告营销施加限制。

## 第十三章　管理债务规模和债务结构

### 结构化改革：建立国家内部和国家之间的栅栏

最后一组重要的工具是改变银行法律结构或授权，以限制多余的资本流动，鼓励有价值的信贷创造。

目前，各国已经开始实施几种结构性政策。美国的沃尔克规则禁止商业银行从事自营交易。欧洲利卡宁①小组（Liikanen Group）建议将做市和交易业务从传统银行业务中分离出来。根据英国维克斯②委员会（Vickers Committee）的建议，在"零售银行"和"批发银行"之间构建栅栏。此外，一些国家要求在本国经营的跨国银行只能采取子行的架构，而不能通过设立分支机构展业，外国银行子行应达到所在国的资本和流动性监管要求。

这些改革的既定目标是提高金融体系自身的稳健性。栅栏的存在降低了金融体系内部风险的传染效应，降低了分解大型银行的难度，使处置当局能够在确保继续维持其主要经济功能的情况下，选择关闭部分金融业务，从而降低了纳税人为阻止混乱的银行倒闭被迫提供支持的可能性。

所有的复杂系统都具有潜在的不稳定性。物理工程师在设计核电站等复杂系统时，会刻意在子元素之间设置防火墙，即使这样的做法会牺牲最大的潜在效率。危机前的金融体系基于一个傲慢的信念，即先进的风险管理技术能够使一个极其复杂和相互关联的系统变得稳定。我们强烈建议，即使会牺牲一些理论上可实现的效率，仍然应该采取栅栏以增强金融体系的稳健性。

但是，国际资本流动往往与资本有效配置无关，相当部分信贷创造在动员投资方面未发挥作用。因而，栅栏的价值正是因为它可以减

---

① 即芬兰中央银行行长埃尔基·利卡宁（Erkki Liikanen）。
② 即英国独立银行业委员会（ICB）主席约翰·维克斯（John Vickers）。

少某些形式的金融活动。

### 市场分割的优点

在某个国家从事主要业务的国际银行应该设立独立的子公司，并拥有充足的资本和流动性使之在母行倒闭的情况可以幸免于难。许多银行家强烈反对该提议，认为这将导致全球金融市场形成有害的"分割"或"割据"，阻碍资本自由流动，同时资本和流动性被"困"在不同国家的子公司中，运营成本将因此提高。

但并无证据表明各种形式的资本流动都是有价值的。证据表明资本流动的价值是分层次的：外商直接投资最有利，因为这关系到技术和技能的转移；但以银行为中介的短期资本流动往往会加剧国内信贷和资产价格周期波动，有时会驱使汇率偏离合理的均衡水平。

要求银行设置独立的子行并非抑制有价值的外国直接投资或其他长期资本流动。跨国银行依然可以在新兴市场中展开竞争，带来技能和技术转移的潜在收益；跨国银行依然可以从母行融入资金进行业务扩张，只要这种融资是长期的。但是一些潜在有害的短期债务流动将受到抑制。正如反对者所称，该方案有时会提高融资成本和信贷价格，尤其是在市场繁荣的上行周期中。但是，如果过度的信贷供给可能造成伤害，该方案就有可能产生积极的效果。全球资本市场一定程度的分割可能是有利的。

### 提供充足的"合理"债务

结构化措施也有助于确保金融体系能够提供充足的"合理"债务。2008年秋，美国和其他发达国家因过度发放住宅和商业房地产信贷而遭遇危机；但紧接着，全球贸易融资供给受到严重挤压，很多未涉房地产业务的中小企业也不得不面对信贷供给受限的局面。[20]虽然金融体系有强烈的倾向创造出过量的住宅和商业房地产市场债务，但

## 第十三章　管理债务规模和债务结构

是，我们仍然需要动员资本来支持对清洁能源等方面的巨额投资，而债务融资是实现这类资本动员必不可少的手段。

面对偏重房地产贷款的自由金融体系，采取有利于其他各类贷款增长的干预行为是正当的。一个方案是建立仅为特殊用途提供贷款的金融机构，且其贷款能力不易受到房地产贷款损失的影响。德国的国有银行，即德国复兴信贷银行（KfW）有一项任务就是特别关注中小企业的可持续发展并向它们提供金融支持。英国也建立了绿色投资银行，专门向清洁能源项目发放贷款。类似机构并不是危险地偏离了自由市场高效率的资本配置，而是对完全自由市场可能产生的资金错配进行必要的弥补。第八章介绍了最成功的发展中国家如何引导信贷直接流向生产投资领域，这些例子今天仍有借鉴意义。

经济学教科书通常假设，银行贷款给企业家和企业是为了给资本投资提供融资。将理论与现实结合在一起的干预措施可以发挥有益的作用。

## 反市场和反增长？

前文提出的改革议程彻底颠覆了危机之前的传统观念。其中一些改革建议，如逆周期资本要求，已被大多数中央银行和金融监管当局接受。但其他一些改革建议则远远超出了危机后已经达成的共识，主要表现在两个方面：第一，在关注杠杆率的同时，关注信贷扩张速度；第二，是否一定要影响信贷在不同用途之间的配置。

批评者认为，这些要求代表了非常危险的干预色彩，运用并不完美的公共政策判断取代市场配置资源的智慧。但是，长期看，自由市场的信贷创造并非明智和稳定。亨利·西蒙斯等经济学家在其他方面坚持奉行自由市场主义信念，却主张废除银行，这正是原因所在。我不会走得那么远，但我们需要认识到，自由市场并不能实现社会最优的私人信贷创造，也无法实现有效配置私人信贷创造的目标。我们不应该介入信贷在具体个人或企业之间的配置，但必须控制信贷总量，弱化自由市场对现有资产进行"投机性融资"的有害倾向。

该计划同样也会受到批评，因为这意味着"推动经济增长的信贷会下降"。但正如第七章所论，这并不意味着增速会降低，由于相当部分信贷并未真正促进经济增长；它也不会相应地提升名义需求，但会导致危机和危机后的债务积压以及经济衰退。我们的目标非常明确，就是建立低信贷密集型的经济。

## 太多的自由裁量权和太多的责任？

上述改革议程赋予了作为宏观审慎监管当局的中央银行拥有更多的政策工具和广泛的责任。在这些政策工具中，有一部分是固定不变的规则，例如更高的最低资本要求；有些工具需要根据不断变化的经济周期进行相机抉择，这些决策并非基于精确的科学方法，而是需要对不确定因素做出判断。

例如，逆周期资本要求的决策需同时反映信贷增长率和已达到的杠杆率水平。但是，我们并不确切地知道私人部门杠杆率"太高"的标准。国际清算银行前首席经济学家斯蒂芬·塞切蒂的文章得出了初步的结论：如果企业部门债务占GDP比例超过90%或家庭部门债务占GDP比例超过85%，将产生负面影响。[21]但是，他也强调了任何此类估计的不确定性。与此类似，在资产价格方面，我们仅知道信贷推动的资产价格泡沫会造成伤害，但确定泡沫何时出现及其与合理均衡价格之间的差异程度则是艺术，而非科学。

因此，许多中央银行家和经济学家都对运用自由裁量权持谨慎态度。许多人希望能够像危机之前的传统观念那样清晰和简单。在一个目标（价格稳定）和一个工具（利率）的框架下，责任非常清晰。它

## 第十三章 管理债务规模和债务结构

保护了中央银行的独立性,因为中央银行以中立的技术官僚面目出现,就是为了实现一个各方均认可的目标。这是一个清晰、精确、理论上简洁的政策框架,却终结于经济灾难。

精确的最优结果的不确定性是无法避免的。但是,这并不能成为回到危机前传统理论教条的借口。我们应该尽可能地解决第十一章讨论的问题,即信贷密集型增长的根本动因;我们应尽可能改革税收制度,鼓励采用第十二章中讨论的新型股权合约;我们应该尽可能地依赖于固定不变的规则,如更高的资本要求;我们还应诉诸结构化改革,如设置栅栏,从而建立内在稳定性更强的金融体系。

然而,在管理私人信贷创造的不稳定性和无效率的过程中,我们需要相机抉择型决策。正如哈耶克、明斯基和西蒙斯等人指出的,私人信贷创造的不稳定是固有的,一劳永逸地解决这一问题的一套明确规则根本就不存在。

# 第五篇

## 摆脱债务积压

第四篇描述了建立低信贷密集型和高稳定型经济所需的政策。第五篇回答不同的问题：如何摆脱因过去政策失误导致的债务积压。

面对去杠杆和低通胀，所有的传统政策手段似乎都已失效。但名义需求不足是一个问题，只要我们愿意考虑所有的政策选项，包括创造额外法定货币为不断上升的财政赤字融资，就总能找到一个解决方案。

第十四章介绍这样的政策选择如何发挥作用，为什么它抓住了问题的本质，为什么它不一定是导致过度通胀的技术性原因。第十五章将解决另一个更困难的问题：我们是否能够设计相应的政治约束机制防范这一可能有效的工具被滥用。

在有些国家，这一方案应该是可行的，而在欧元区该方案也许不可行。但是，如果因为法定货币创造太危险而放弃这一政策选择，我们将经受更长时期的债务积压和低增长，未来因私人信贷过度创造再次导致动荡和危机的风险也将增大。

# 第十四章　货币融资：打破政策禁忌

> 目前官方的政策方法假定债务的可持续性能够通过紧缩、容忍和增长等措施来实现，这种说法与大多数发达经济体的历史发展轨迹大相径庭。
>
> ——卡门·莱因哈特和肯尼斯·罗高夫，《金融和主权债务危机：已吸取的和被遗忘的教训》[1]

> 考虑到对家庭和企业的减税明确伴随着日本银行增持政府债务，这一减税政策实际上是通过货币创造来融资的。
>
> ——本·伯南克，《对日本货币政策的一些思考》[2]

2007—2008年金融危机已经过去七年，世界主要经济体仍在承受危机的后果。欧元区的GDP尚未恢复到危机前的水平，失业率高达12%，通胀率远低于欧洲中央银行确定的2%这一目标。日本继续在低增长和不断上升的公共债务中挣扎。英国经济开始增长并创造了就业机会，但人均GDP仍未达到2007年的水平，平均实际收入比金融危机前的峰值低6%~8%。美国经济复苏较为强劲，但就业率仍远低于2007年水平，贫富差距进一步扩大。在发达经济体中，许多人不再相信资本主义经济的繁荣会经久不衰。

一些学者从供给端解释经济增长放缓。适龄工作人口增长已经放缓，日本甚至呈负增长。一些经济学家认为可实现的生产率增长率已经下降。[3]但是，长期发展中的供给因素可能无法令人信服地解释许多国家从2008年前的强劲增长迅速走向之后七年的低增长甚至无增长。

**债务和魔鬼**

低通胀率和名义 GDP 增长清楚地表明需求不足是主要原因。发达经济体如果想同时实现与潜在增速大体一致的经济增长率和 2% 左右的通胀率，名义需求每年需增长 4%~5% 左右。2008 年以来，英国和美国每年实际名义国内需求增长不到 3%，日本一直在零下限左右徘徊，欧元区不到 0.5%。[4] 除非扩大经济需求，否则我们将永远无法走出目前的困境、恢复通胀至目标水平或者降低债务。

面对这种困境，似乎所有的政策手段均失效了：很多中央银行家一再强调他们能够实现的目标有限。然而，名义需求不足是少数总有解决方案的问题之一。通过创造和支出法定货币，中央银行和政府可以合作创造任何数量的名义需求。但这种做法被视为政策禁忌，因为这是通向恶性通胀的险途。但是，货币融资导致恶性通胀并没有技术上的原因，因此，把这种政策选择拒之门外，造成了不必要的经济损失。本章描述了为什么货币融资在技术上是必要的，也是可行的，为什么它可能是解决当前问题的唯一途径，以及目前运用这个潜在高效工具的一些具体方法。

## 我们从未弹尽粮绝

经济从大衰退中缓慢而又艰难地复苏的根本原因就是第五章中描述的债务积压。2009 年经济陷入衰退的过程中，信贷供给崩溃扮演了关键角色。但自那以后，债务积压就成为驱动私人信贷需求下降的主要原因。危机前的私人债务过度创造导致许多家庭和消费者杠杆率过高，并使他们决定削减债务。私人消费和投资的减少，抑制了经济增长，产生了大规模的财政赤字，提高了公共债务占 GDP 比例。杠杆并没有消失，只是在经济中进行了简单的转移，从私人部门转向公共部门，或者从一个国家转向另一个国家，例如，中国杠杆率的飙升使德国去杠杆成为可能。总体而言，发达国家公共部门和私人部门的总杠

## 第十四章　货币融资：打破政策禁忌

杆率仍在缓慢上升，但是，由于新兴经济体私人信贷快速增长，全球经济的总杠杆率显著提高。

因此，有意识地去杠杆抑制了经济增长，但实际上总体去杠杆的目标并未实现。似乎任何传统的政策手段都无法摆脱这种困境。

**传统财政政策受阻，紧缩不可避免？**

危机之后，随着税收收入下降和社会支出上升，财政赤字大幅增加。美国财政赤字占 GDP 比例从 2007 年的 3.2% 上升至 2009 年的 13.5%，英国从 2.9% 上升到 11.3%，欧元区的总财政赤字由 0.7% 上升至 6.3%。[5]财政赤字扩大有助于防止更深层次的经济衰退，在私人部门去杠杆的情况下有力地刺激名义需求。

毫无疑问，如果各国政府实行财政赤字，即支出大于税收并以借款举债的方式弥补缺口，直接效应就是扩大名义需求。但是，在某些情况下，这些直接影响可能会被第七章中讨论的因素抵消。如果中央银行已将短期利率设定在最优水平，财政赤字的增加会引起利率上升，使得经济增长放缓。如果政府扩大债券发行造成长期利率上升，可能导致类似的"挤出效应"。如果个人或企业纳税人理性地预期到当前的财政赤字意味着未来更高的税收，他们可能增加当期储蓄，拒绝把源于减税的收入用于消费或者削减私人支出，储蓄增加的规模与公共支出的增长相当，这就是所谓的李嘉图等价效应。

因此，危机前的宏观经济理论倾向于认为财政政策几乎不能刺激名义需求，更不要说增加实际产出。布拉德福特·德龙和劳伦斯·萨默斯提出了有力的反证，[6]在后危机时期经济衰退的特定情形下，这种对冲效应并不适用。由于中央银行维持接近于零的利率水平，财政赤字增加不会引发利率上升。由于存在失业和过剩产能，经济刺激的直接效应就是额外的实际增长和物价上涨，财政赤字可以实现自我平

**债务和魔鬼**

衡，使得经济增速快于债务增速，实际上降低了未来债务占 GDP 的比例。因此，理性的个人和企业不会担心如何偿还新增的公共债务。

有力的证据表明，2008 年经济危机之后，应该采取更加激进的财政刺激政策。据估计，2010 年后因采取不必要的财政紧缩措施，英国 GDP 下降了 3%。[7]毫无疑问，2008 年到 2013 年之间欧元区财政赤字占 GDP 比例平均约 1.6%，远低于美国的 7.2% 和英国的 6%，采取财政紧缩政策明显拖累了欧元区的经济增长。

但是，我们必须认识到运用财政刺激政策面临的限制条件。与不作为的政策选择相比，在某些情况下，扩大财政刺激可能降低未来公共部门的杠杆率，但实际上的巨额赤字积累已伴随着公共债务占 GDP 的比例大幅上升。例如，美国公共债务占 GDP 比例由 72% 上升至 105%，英国由 51% 上升至 91%，西班牙由 40% 上升至 90%。[8]正如辜朝明指出，1990 年以后，尽管日本巨额的公共赤字有助于抵消私人部门去杠杆化导致的通缩影响，如何偿还持续攀升的公共债务对日本来说仍是个问题。在欧元区，对外围国家公共债务上升可能引发违约或退出欧元区的担心确实抬高了利率，加剧了对债务不可持续的担心，提高了私人部门的信贷成本。

因此，我们不能任意使用传统财政刺激来摆脱债务陷阱。卡门·莱因哈特和肯尼斯·罗高夫的分析表明，公共债务占 GDP 比例超过 90% 后继续上升很可能会拖累经济增长。[9]关于这一计算结果的争论表明，我们不应高估任何特定阈值的重要性。但他们的总体结论是债务占 GDP 比例高必然会限制财政刺激政策的有效范围。

重要的是不能曲解上述结论。可以确定的是，由于所谓的信心诱导效应(confidence-inducing effect)，财政紧缩并非没有成本。事实上，对莱因哈特和罗高夫实证结果的最优解释是他们观察到的对经济增长的不利影响主要并且直接来自为应对债务过度累积而采取的看似必要的财政紧缩。

### 第十四章 货币融资：打破政策禁忌

这表明经济好转时期控制公共债务水平具有重要意义，限制第四篇中所述的私人信贷过度创造也十分关键，这可以降低危机后私人部门高负债向公共部门转移的危险。这也意味着我们必须找到既能刺激名义需求又不增加公共债务的方法。

**超宽松货币政策及其负面效应**

危机后，中央银行一直试图使用超宽松的货币政策来刺激经济。2009年以来美国和英国的短期利率一直接近于零，日本实行零利率政策的时间更长，欧元区2013年开始实行零利率。日本、美国和英国的中央银行实施量化宽松政策，通过中央银行购买政府债券或其他债券引导长期利率水平下行；2015年3月，欧元区最终也开始采取量化宽松政策。中央银行的流动性和融资方案，如英格兰银行的融资换贷款计划和欧洲中央银行的定向长期回购操作（Targeted Long-term Repo Operation），力求确保实体经济中的家庭、企业和金融市场中的交易者及投资者能够获得低利率的资金。

采取这些政策肯定会推动名义需求的更快增长，有助于防止通胀或实际增长进一步走低。但是，这些政策存在两方面的局限性。首先，这些政策已经被证明不足以带来稳健的经济增长，在所有主要经济体中，经济复苏仍然十分疲软，通胀水平低于预期。虽然低（负）利率能够提供更多的经济刺激，但如果中央银行略微提高利率水平（稍高于负利率），个人和企业将会把银行存款兑换成现金，政策刺激效果会大打折扣。[10]

肯尼斯·罗高夫认为，应该废除纸币，所有现金都以存款的形式持有。[11]这样，中央银行可以把利率设定在明显的负利率水平。但这种做法目前尚不可行，如果它可用并被实施，将加剧超宽松货币政策的第二个局限，也即其负面效应。量化宽松政策之所以能发挥作用，是因为它通过拉低长期收益率抬高了资产价格和财富水平，从而促使资

215

债务和魔鬼

产持有人更多地消费或者投资,因此,它必然会扩大贫富差距。同时,在刺激实体经济的需求之前,持续的超低利率可能已经鼓励了高风险和高杠杆的金融投机。宽松货币政策只有通过鼓励最初导致债务积压问题的私人信贷增长,才有可能刺激实体经济的需求。正如第五章所述,据英国预算责任办公室预测,虽然英国私人杠杆率在过去五年中有所下降,但2020年将上升到历史最高水平。

因此,在2014年10月的《全球金融稳定报告》中,国际货币基金组织警告"延长货币宽松的时间以及随之而来的追求收益会导致信贷错误定价和资产估值的压力,加大金融不稳定风险阻碍经济复苏的危险"。[12] 在同时发布的《世界经济展望报告》中,国际货币基金组织也认为有必要扩大名义需求,"发达经济体需要货币政策的持续支持"。[13] 在财政政策受阻的情况下,超宽松货币政策既危险又必要。值得庆幸的是,还有一个备选方案。

### 直升机撒钱和部分准备金银行

米尔顿·弗里德曼清楚地解释了为什么名义需求不足问题总会有一个可能的解决方案。他认为,如果经济面临需求不足,政府应该直接多印美元并通过直升机撒钱。人们会捡起纸币并消费,名义GDP将增长,同时也会抬高通胀和实际产出。[14]

从直升机上撒下既定规模的货币,其效应取决于人们消费了多少新增金融财富,而不是储蓄了多少。很显然,用于消费的是新印制且撒下的货币的一部分,如果仅占当前名义GDP的几个百分点,无论是对实际增长还是通胀的刺激效应都不大;如果是名义GDP的许多倍,效果将会很大并主要表现为通胀的上升,因为潜在的实际产出主要受制于供给因素。

因此,尽管弗里德曼所举的例子非常简单,它阐明了三个至关重要的事实:我们总是可以通过印发货币的方式刺激名义需求;如果印

## 第十四章 货币融资：打破政策禁忌

得太多，就会产生恶性通胀；我们印得太少，仅能产生较小的潜在预期效应。

从弗里德曼直升机上撒下的钱是以流通纸币形式存在的法定货币，即真实的钞票。正如第七章所述，历史上很多案例说明政府可以通过多印货币的方式刺激名义需求，但又不会产生危险的高通胀。早在18世纪20年代，宾夕法尼亚殖民地就采取了这种做法；美国南北战争时期，北方联邦政府通过印制"绿钞"向士兵发放军饷。然而，当下绝大部分钱是以银行存款的形式存在而不是流通货币。

但是，直升机撒钱的基本原理也能适用于现代经济环境。例如，政府可以通过电子转移支付的方式给所有公民的商业银行存款账户发放1 000美元（也可以通过降低税率或增加公共支出的方式）。商业银行反过来增加在中央银行的超额准备金，中央银行增计货币资产，即购买政府的永久无息债券。[15]直升机撒下的只是电子记账科目而不是实际美元钞票，但两种操作本质相同，所以也会对名义需求产生第一轮影响。名义需求受到刺激的程度将与新货币创造规模大致成正比。

因此，以现代电子方式印钞无疑是替代纯财政政策或纯货币政策的一种技术上可行的替代方案，本质上是两种的结合。它为新增财政赤字进行货币化融资，因此将比纯粹的财政政策或者货币政策更能刺激名义需求，且其负面效应更小。与发行政府债券的财政刺激政策相比，由于不存在挤出效应或李嘉图等价效应的风险，它能产生更好的经济刺激效应。2003年，伯南克指出，如果消费者和企业能够获得货币融资形式的减税，他们肯定会花掉一部分意外之财，因为"没有产生意味着未来税收会增加当前或未来的偿债负担"。[16]与单纯的货币政策刺激相比，它把新增购买力直接而不是通过更高资产价格的间接传导机制送到广大居民和企业的手中，而且不会引致私人信贷扩张；它不会再次产生具有潜在危害性的私人信贷扩张，也无须承诺在较长时期内维持超低利率水平。

**债务和魔鬼**

我们拥有通过财政赤字货币化的方式刺激名义经济增长的能力是毋庸置疑的。威廉·布特在一篇数理实证研究论文中证实弗里德曼和伯南克的共同观点,这篇论文的题目就是"直升机撒钱的简要分析:为什么总是有效?"。[17]

关键问题的确不是财政赤字货币化短期内是否具有可行性和是否具有潜在收益,而是在部分准备金银行体制的现代经济中是否具有长期影响。虽然发行电子存款的第一轮影响取决于其规模,但是,这一做法创造了商业银行在中央银行的超额准备金,从而使商业银行随后能更容易地扩大私人信贷、货币和购买力。虽然第七章中介绍了私人信贷创造和法定货币创造可以相互替代,但是在部分准备金银行制度中,法定货币创造也可以促进私人信贷创造。

危险在于货币融资的最初刺激效应可能被随之而来的私人信贷创造有害地放大,导致超出合意水平的需求。这种风险在20世纪30年代,欧文·费雪和亨利·西蒙斯等人主张的全额准备金银行制度下不会存在。1948年,米尔顿·弗里德曼也推荐这一制度。在这种制度下,基础货币就是货币供应量,私人信贷和货币创造不发挥任何作用,而货币融资的最终长期刺激效应必然与其初始规模成正比。1948年,费雪、西蒙斯和弗里德曼认为全额准备金银行制度和小规模财政赤字的公开货币融资在逻辑上是相辅相成的。后者使增加名义需求无须依赖不稳定的私人信贷创造;前者使私人信贷创造不可能存在,并确保货币融资的长期刺激效应能够受到精准的控制。

虽然部分准备金银行制度使货币融资政策的实施变得复杂,但是全额准备金制度提供了清晰的解决方案:过度刺激长期需求的任何危险均可被中央银行提高准备金比例抵消。准备金要求强制银行在中央银行的存款应占其总负债的一定比例,从而限制了银行创造私人信贷和货币的能力。[18]该比例随着时间调整,如果通胀超过预期,中央银行就提高存款准备金比例。在理论上,可以采取一种基于规

### 第十四章 货币融资：打破政策禁忌

则的直接方式推行，在发行电子货币的同时等量提高商业银行准备金要求。

这本质上相当于对新创造的法定货币实行全额准备金制度。事实上，只要将银行分成两部分：一部分实施全额准备金制度，另一部分实施部分准备金制度，我们就能够有效处理银行体系，而不必做出"是"或"否"的绝对选择。

法定准备金对未来的准确影响还取决于中央银行是否对准备金支付利息以及适用的利率水平。中央银行可以向法定准备金支付任何利率，但至少有一部分准备金无须支付利息，这样才能确保当前的货币融资不会构成中央银行未来的利息负担或中央银行的损失，这些损失将由政府补贴并最终由纳税人承担。[19]将准备金利率设定为零反过来可能削弱中央银行运用准备金率引导市场利率与政策目标趋于一致的能力。但是，中央银行可以克服这个问题，比如对部分准备金不支付利息的同时将其余准备金利率设定为政策利率。[20]

法定准备金零收益反过来相当于对未来信贷创造课税。但是，正如第十二章和第十三章所述，对信贷创造课税可能并非坏事。我们面临的挑战是要找到一个政策组合使我们不必依赖新的信贷增长就可以走出过度信贷创造导致的债务积压。今天的财政赤字货币化和未来对信贷中介隐性课税或许是一个最优组合。

弗里德曼正确地指出，政府和中央银行可以通过印钱和花钱克服名义需求不足。既然除了货币融资之外没有其他更好的办法使我们摆脱债务积压困境，那么这也未尝不是一个好的办法。

## 去杠杆化：没有其他好办法吗？

目前发达国家的总杠杆率（包括私人部门和公共部门）在历史上也仅出现在主要战争之后。有关从债务的历史峰值成功去杠杆的分析，恰恰可以说明当前去杠杆面临多大困难。

二战后，英国的公共债务占 GDP 比例高达 250%，1970 年，该比例已经下降到 50%，比例下降并非绝对债务水平减少，而是 25 年间名义 GDP 始终保持年均 7% 的增速，且同期平均利率水平很低。名义 GDP 增长率包括 4% 的平均通胀率（远高于目前中央银行的通胀目标）和 3% 的实际增长率，实际经济增长主要源于人口显著增加以及对美国生产率的技术追赶。[21]而且，公共债务占比下降还伴随着私人债务在较低的起点上缓慢上升，并受到量化信贷管控措施的约束。住房抵押贷款仅由建房互助协会（互助储蓄和贷款机构）提供，银行不得提供；同时，消费信贷的可得性受到最低首付款比例和还款期限等条款限制。1964 年，私人部门（家庭部门和企业部门）的银行债务仅占 GDP 的 27%，而 2007 年高达 120%。[22]在美国公共债务占 GDP 比例由 1945 年的 120% 成功下降到 1970 年的 35% 背后，是名义 GDP 的快速增长、低利率、私人部门的杠杆虽然逐渐上升但仍处低位。[23]同时，整个欧洲大陆，战后几年的高通胀和债务核销很大程度上削减了许多国家的战时债务。

历史经验表明，公共部门去杠杆化是可能的，但是，在当今多变的环境中同时实现公共部门和私人部门去杠杆是非常困难的。人口和技术因素使得实际经济增长率不可能达到 20 世纪五六十年代许多发达经济体的经济增速。如果 2% 的通胀目标被认为是一道红线，那么许多发达经济体的名义 GDP 增长率就不可能超过 4%。在部分国家，名义 GDP 增长率更低，如日本银行的潜在增长率不超过 1%。[24]即使通胀率达到预定的 2%，名义 GDP 增速也仅为 3%。相对于战后时期，摆脱债务积压更加困难。

确实，一些国家的数据表明这是不可能实现的。国际货币基金组织的财政监测报告显示，日本要实现该目标，2020 年之前需把目前 6% 的基本赤字（付息前的财政赤字）转变成 5.6% 的财政盈余，并在

第十四章　货币融资：打破政策禁忌

随后10年中维持这样的盈余才能确保2030年之前将净政府债务降到GDP的80%。[25]这根本不可能完成，如果做类似尝试，将会把日本经济拖入深度萧条，公共债务负担非但不会下降，而是肯定会上升，日本的政府债务根本不可能偿还。意大利公共债务占GDP的比例为132%，并且还在上升，目前债务负担依然很高，而潜在的长期增长水平很低，尚未找到清晰的"紧缩加增长"路径以确保财政的可持续性。[26]

确实，在整个欧元区，"财政协议"（Fiscal Compact）要求所有国家都应该通过基本预算盈余来削减债务存量，实现公共债务占GDP 60%的目标。实际上这是不可信的。为实现该目标，希腊必须在之后10多年的时间里持续维持7%的基本预算盈余；爱尔兰、意大利和葡萄牙为5%，西班牙为4%。如巴里·埃肯格林指出的，持续保持如此大的基本预算盈余在历史上几乎没有先例。[27]只有这些国家的国内或其出口目的地出现快速且有潜在危害的私人信贷增长，才有可能同时实现如此规模的预算盈余和稳健增长。但更有可能的是，这种预算盈余会导致低增长和持续的高失业，债务负担却并未减少。此外，面对此类紧缩政策，有才华的年轻人很可能直接移民，从而降低了税收基数，并躲避他们应该继承的债务。有时候，债务不能也不会被全额偿还。

摆脱债务积压的其他方式还有待探索。

**通货膨胀和金融抑制**

二战后英国的经验表明，一种方案就是在许多年甚至几十年将利率控制在名义GDP增长率之下，甚至可能低于通胀。肯尼斯·罗高夫和奥利弗·布兰查德提出该政策方法的一个变通方案是接受高于2%的通胀目标。[28]另一个变通方案是在更长时间内维持接近于零的利率水平。

**债务和魔鬼**

但是，就本质而言，该政策只是现行超宽松货币政策的延续，反映了对现实的评估结论：只有在更长时间内维持目前的货币政策，才能起到削减债务负担的效果。因此，依然存在着前文讨论的缺陷：这种方法只有通过刺激新的信贷增长，才有助于降低现有债务负担，同时这也为高风险的金融投机活动提供了激励。

**债务违约和债务核销**

如果债务实际增长或通胀不能降低债务，可以通过违约和债务重组方法实现。这不同于借助通胀降低债务（债权人的名义金额不减但实际价值降低），如果采取违约或债务重组的方法，债务的名义金额也要降低。债务核销（write-off）肯定具有积极的功能，但并非充分的解决方案。

这种选择的极端版本表明，我们需要的是财政、金融和自由市场约束。各国政府应该通过削减支出或提高税收使它们自己的债务负担可持续，利率应回归正常水平，面对随之而来的经济衰退，如果个人、企业和政府无法偿还它们的债务就应该违约，对债权人发出有用的警示：未来借出资金时应该更加谨慎。

该政策本质上就是1931年美国财政部长安德鲁·梅隆提出的"清算劳工、清算股票、清算农场、清算房地产，清除体系中所有腐朽的东西。"[29]其结果也将类似于20世纪30年代早期的情形。正如欧文·费雪的"债务－通缩"周期理论描述的那样，大规模违约和破产会加速名义需求崩溃，进入一个自我强化的周期，破产会引发资产贱卖和资产价格暴跌，债权人面临非预期损失时会自动削减消费和投资。实际上，采用纯粹自由市场纪律相当于第七章中讨论的"一致拒绝"，也就是说，通过某种方式实现名义需求的缓慢增长也是可取的。

更符合实际的备选方案还包括通过协商债务减记（write-down）

## 第十四章　货币融资：打破政策禁忌

和债务重组把债务降至可持续的水平，同时避免破产和违约的破坏性影响。这个方法既可以应用于私人债务也可以用于公共债务，但无论是哪个部门，仅依赖债务重组都不足以应对目前如此规模的债务积压。

阿蒂夫·迈恩和阿米尔·苏非认为，2008年后，美国应该实施协调一致的大规模住房抵押债务重组。通过将住房抵押贷款债务削减至能负担的水平，家庭削减消费支出导致经济衰退的程度就不会那么严重。即使没有实施这样的计划，美国家庭部门债务核销的力度也远高于其他地方，这有助于家庭部门以更快速度实现去杠杆。迈恩和苏非确信，实施政府主导的更广泛的债务豁免计划会刺激经济复苏。

但是，实施大规模私人债务减记修复债务积压的计划难以实现，主要由于第十章讨论的两难困境：即便从私人角度看贷款是"好的"，也会产生负面的宏观影响。即使贷款能够被全额偿还，杠杆过高的家庭和企业也会采取抑制名义需求增长的行为。事实上，正是他们削减消费和投资以偿还债务抑制了经济增长。私人部门债务重组是一套完整的解决方案，这个方案必然涉及减记从私人角度看能够持续的债务，以公平和政治上一致认同的方式精心设计这样的方案是极其困难的。

公共债务核销的潜在作用可能更大。2011年在没有引起明显市场动荡的情况下，减记私人部门债权降低了希腊公共债务，同时公共部门对希腊的债权几乎肯定会被减记。[30]公共债务减记确实可以作为处理私人部门过度杠杆的一种间接方式。过度的私人信贷创造导致了经济危机、债务积压以及后危机时期的通缩，结果增加了公共债务负担。杠杆并没有消失，只是从私人部门转移到公共部门。但是，一旦转移成公共债务，就更容易协商债务重组或者进行债务减记，同时又不会对信心形成负面冲击。债务减记的绝对规模至关重要。金融市场易于吸收希腊政府的债务重组和减记，因为债务核销的规模在全球金融市

223

场上微不足道。如果日本或意大利通过减记政府债务使得剩余债务可以持续，债务减记规模将非常大，可能带来巨大的破坏性。

## 政策工具的组合

面对过去信贷增长制造的巨额债务积压，既不存在着确定的、无成本的去杠杆路径，也没有一项政策能够实现最优结果。因此，有必要采用组合式的政策手段，且每个国家应有不同的政策组合。日本通过经济增长和财政整顿等常规方式大幅度降低公共债务占GDP比例不具可行性。而美国的债务占GDP比例低于日本，由于人口仍在增长且潜在经济增长率较高，持续宽松的货币政策、经济增长以及市场导向的债务减记等因素共同作用可能足以解决问题，无须采取激进的政策措施。

但是无论采取什么样的政策组合，货币融资都不应作为禁忌被排除在政策选项之外。事实上，在一些国家，货币融资对大幅度削减债务并实现经济合理增长至关重要。

## 公开的货币融资：三个具体选择

公开的货币融资可以考虑三种具体方式：伯南克的直升机撒钱、一次性债务核销、全面的银行注资。

### 伯南克的直升机撒钱

2003年，伯南克建议日本应该实行现代版的直升机撒钱政策，通过中央银行创造法定货币来补充税收减免造成的赤字或扩大公共支出，同时声明不再出现新的财政债务，因此不再增加额外的偿债负担。如果日本采纳了该建议，现在日本的名义GDP、实际产出、价格水平可能更高，债务占GDP比例会更低。

理想情况下，主要发达经济体应在2007—2008年金融危机后立即

## 第十四章　货币融资：打破政策禁忌

实施伯南克的直升机撒钱政策。果真如此，经济衰退程度将大为减轻，在摆脱债务积压方面我们将取得更大进展，回归正常利率水平的速度肯定会更快。例如，在英国，英格兰银行实施了高达3 750亿英镑的量化宽松资产购买计划，通过推动长期利率下行和提高债券、股票和房地产价格等方式刺激经济。如果英国政府把部分资金（350亿英镑）以永久性法定货币的方式支持税收减免或扩大支出，经济复苏进程可能更强劲、更公平，风险也更小。

在英国和美国，实行这种政策的时机可能已经失去了。无论好坏，我们已经采取了超宽松货币政策并至少实现了一定的经济复苏。但是，在日本和欧元区，鉴于长期有效需求疲软的证据日益增多，过去几年中，越来越多的人支持通过发行货币为不断扩大的财政赤字融资。在2014年8月的杰克逊霍尔的会议上，欧洲中央银行行长德拉吉指出，如果没有一定程度的财政和货币刺激政策，欧元区的经济复苏将得不到保证。然而，任何通过发行公债来推行的财政刺激都会引发如何偿债的问题。理想情况下，欧元区现在应该考虑意大利经济学家弗朗西斯科·贾瓦齐和圭多·塔贝里尼提出的政策建议。他们认为，所有欧元区国家同时实行三年税收减免，通过发行长期债券融资，长期债券由欧洲中央银行购买并永久持有。[31]第十五章将讨论欧元区政治层面的困境使得该理想政策难以付诸实施。

### 公共债务核销

2003年，日本人并未采纳伯南克的建议。相反，日本通过更大规模的财政赤字来对冲私人部门去杠杆的影响，导致公共债务占GDP比例持续上升。但是，日本现在可以核销部分债务，使自己重新回到伯南克建议的轨道上来。

为应对通缩，日本中央银行进行了规模庞大的量化宽松操作，到2014年底购买的政府债券，高达GDP的44%。目前，日本中央银行

**债务和魔鬼**

每年购买政府债券80万亿日元，这个数字大大超过了财政赤字和净发行新债的规模，大约为每年50万亿日元。因此，非日本中央银行持有的政府债务不断下降，2017年日本中央银行和其他准政府机构（如社保基金）之外的投资者持有的净政府债务比例将下降至GDP的65%。

这看起来确实是某种形式的货币融资。但是，采取量化宽松政策的公开目标不是为财政赤字融资，而是通过经典的超宽松货币政策传导机制刺激经济，包括极低的长期利率、资产价格上涨和货币贬值等。日本中央银行的公开意图是在未来某个时间向市场出售其持有的政府债券，政府将使用财政盈余偿还债务。因此，日本公共债务的官方数字包括日本政府欠日本中央银行的债务，而日本政府拥有日本中央银行的所有权。

在日本中央银行资产负债表的资产方增加一个科目，将债务改记为日本中央银行对政府的永久性无息债权，就可以核销和置换该笔债务。这种处理方法对日本中央银行和政府收入的直接影响可以忽略不计，因为日本中央银行目前从政府收到的利息被作为股息返回给日本政府。所以，在一定意义上，该债务核销只不过使公共部门之间的经济交往更符合经济现实。但是，这种关于经济现实的清晰沟通能够使日本民众、企业和金融市场明白真正的公共债务负担显著低于所公布的数据，这对提升信心和名义需求会产生积极的影响。

类似政策也适用于其他国家削减公共债务水平，降低实施财政整顿的必要性。英格兰银行持有的政府债券量约为GDP的23%。核销其中的一部分并不能完全消除进一步改善公共财政的需求，但会相应地降低财政整顿的速度和严重程度。

### 对银行注资

法定货币创造的第三种可能用途不是处理历史上形成的债务积

## 第十四章 货币融资：打破政策禁忌

压，而是在不恶化去杠杆化过程的前提下，加快金融体系清理速度，建立更稳健的金融体系。

第十三章认为，银行资本要求应远高于《巴塞尔协议Ⅲ》的规定，但过快向更高资本充足率过渡可能会加快私人部门去杠杆化的步伐：银行可以通过收缩信贷而不是增加资本来提高资本充足率。一个可能方案是，要求银行通过筹集资本来提高资本充足率，且给银行较短的时间从私人部门筹集资本，但是如果无法筹集足够的私人资本，政府股权注资可作为后盾。随着时间的推移政府可逐步出售所持有的股份。

问题在于如果政府必须对银行注资，政府债务占 GDP 的比例将会上升。因此，如果公共债务已经达到令人不安的水平，在解决了一个问题的同时，恶化了另一个问题。有关公共注资对已经很高的财政赤字和债务水平影响的担忧削弱了欧洲银行压力测试（2011 年）的有效性。西班牙、爱尔兰和意大利等国家正在为很高的公共债务和不断上升的国债收益率苦苦挣扎，为避免加剧市场对主权债务可持续性的担心，这些国家不可能承诺为私人股权融资提供可信的公共支持。

然而，如果公共注资由中央银行通过永久性增加基础货币提供支持，就不存在未来债务可持续性的问题。即使对于那些非常担心债务货币化的人来说，该方案或许也可以接受。伯南克的直升机撒钱是为税收减免或扩大公共支出提供融资，这种形式可能不被接受，因为这味药非常甜美，难以克制滥用的冲动。但是，单纯为银行注资的直升机撒钱更可能被视为只是一次性的。

## 政策禁忌

正如弗里德曼所述，名义需求不足是一个总能找到显而易见解决方案的经济问题，即通过政府法令创造货币。而且，我们拥有的政策

**债务和魔鬼**

工具能够确保需求刺激恰到火候，不会导致危险的通胀。如果货币融资被排除在外，摆脱债务积压将更加困难，不必要地拖累经济增长。

但是，使用中央银行的货币为财政赤字或核销公共债务融资仍是政策禁忌，并且理由非常充分。如果我们首先承认货币融资是可行的，那该如何确保它不会被滥用？因此，货币融资的风险并非技术性的，而是政治层面的。第十五章将考虑这些政治风险能否被克服。

# 第十五章　债务和魔鬼：危险的抉择

> 根据该建议，政府支出可全部源于税收或货币创造……货币当局的首要功能就是财政赤字时期创造货币，政府盈余时期回收货币。
>
> ——米尔顿·弗里德曼，《经济稳定的货币和财政框架》，1948年6月[1]

> 没有比通过稀释货币来破坏现存社会根基更微妙和更可靠的手段。
>
> ——约翰·梅纳德·凯恩斯，《通货膨胀》，1919年[2]

在2012年9月的一次演讲中，德国中央银行行长魏德曼援引了歌德《浮士德》第二幕中的一个故事，魔鬼的化身梅菲斯托引诱国王印制并分发纸币，增加购买力，核销政府债务。起初这些货币推动了经济上行，但是，不可避免地"陷入愈演愈烈的通货膨胀，摧毁了货币体系"。[3]

许多中央银行家认为，印制法定货币为公共财政赤字融资不是一种技术性政策错误，而应视为一种犯罪，必须通过强大的禁忌加以禁止。包括欧洲中央银行在内的许多中央银行都认为货币融资是非法的。大多数主流经济学家和政策制定者在表达对货币融资的支持时都非常谨慎，以免被视为考虑不周。2003年伯南克就提出过该建议，但在他就任美联储主席之后，再也没有重申该建议。在2012年8月召开的杰克逊霍尔会议上，全球知名的新凯恩斯主义货币理论家迈克尔·伍德福特虽然没有明确说明，但其论文为该观点提供了有力支持。[4]事实上，这个禁忌是如此深入人心和有效，以至于中央银行以外的许多人

债务和魔鬼

都相信第十四章中阐述的货币融资不仅不可取，而且某种意义上也不可行。

这项被视为禁忌的政策可能并不理想，但并非不可能，它或许能够服务于好的目标。一旦我们承认货币融资是可行的，如果对创造多少法定货币和产生多少名义需求没有技术限制，那么进行更大规模货币融资的诱惑就会很大。如果允许政府通过印发货币为财政赤字融资，他们就会在选举之前进行，并把钱花在支持他的选民身上，为此不惜长期面对高额财政赤字，而非在税收和公共支出方面做出艰难的抉择。货币融资可以被审慎运用而不产生有害的通胀，20世纪30年代早期日本财务大臣高桥是清运用得十分得当。但它也会被滥用，产生像魏玛德国时期或者当下津巴布韦那样的恶性通胀。

货币融资就像一剂危险的药品，少量服用有助于治疗严重的疾病，过度使用则会致命。因此魏德曼提出了一个很好的观点：把药锁起来并扔掉钥匙。然而，这样做会产生不良后果：它会使摆脱债务积压更为困难并在较长时期内抑制经济增长。从长远看，印发货币可能更有害，因为它打破了禁忌并打开了将来的滥用之门。

那么，我们应该锁起药并扔掉钥匙吗？鉴于下面两个原因，我并不认同这个观点。第一，理论上，通过设计制度化机制约束其被滥用是可能的。第二，名义需求增长的另一种方式，即私人信贷创造同样危险。我们面临的是一个危险的选择，并非不成功便成仁。此外，一旦认清现实，我们可能需要考虑货币融资作为一种理想政策工具的可能性，不局限于当今极端情形，而且持续使用。

## 中央银行的独立性和财政纪律

稳定的低通胀不足以确保金融和宏观经济的稳定，但它非常可取，危机前的数年间中央银行成功地实现了该目标。中央银行这样做

## 第十五章 债务和魔鬼：危险的抉择

的能力很大程度上得益于日益增强的中央银行独立性。新兴市场曾经饱受高通胀或恶性通胀之苦，独立的中央银行越来越能够对政府的货币融资需求说不。放眼全球，无论政府的短期偏好如何，中央银行通过设定利率实现通胀目标的自由度越来越大。运用货币融资摆脱债务积压似乎违反了该原则。[5]

但事实上，没有理由认为，中央银行的独立性框架不能适当约束货币融资的运用。今天中央银行的委员会可以投票决定是否批准利率调整或量化宽松政策，那么同样可以被赋予批准或否决伯南克式直升机撒钱或一次性政府债务核销的权力。他们可以根据对通胀前景的独立性判断确定这些操作的适当规模。例如，在英国，只要被合法授权，无须解释为什么2009年和2010年英格兰银行货币政策委员会不批准350亿英镑的直升机撒钱为扩大的财政支出融资，而采取高达3 750亿英镑的量化宽松政策。如果货币政策委员会认为，350亿英镑的直升机撒钱会危及2%的通胀目标，就有理由拒绝批准更大规模的直升机撒钱。

理论上，独立性约束的问题是可以解决的。然而，财政和货币当局必须加强协调。虽然中央银行可以被赋予批准或不批准特定数量货币融资的权力，但决定如何使用这笔钱，是通过减税、增加公共支出还是其他具体形式必然是政治问题。由于货币使用本身就有刺激效应，财政和货币当局必须讨论最优的政策设计。

虽然这些讨论并没有什么新意，当经济面临债务积压和通缩压力时，却是必要的和恰当的。在英国，2008年以后英格兰银行行长和财政大臣就特殊的流动性措施、量化宽松政策以及融资换贷款计划等政策的潜在作用展开了广泛的讨论。在日本，日本银行现行的定量量化宽松政策（QQE）是日本政府重振经济的"三支箭"方案的一部分，该方案还涉及财政和结构调整措施。如果中央银行认为，一揽子刺激方案的规模过大，可能导致有害的通胀，政策方案的协调并未削弱中

231

央银行说"不"的权利。正如2003年伯南克所述:"在某些情况下,某段时间内中央银行和财政部门之间深入合作与中央银行独立性原则之间并不矛盾。"[6]

尽管货币融资不可避免地会导致过度通胀和财政约束乏力,但不能因此被排除在摆脱债务积压和通缩的工具箱之外。在只有一个中央银行和一个财政部门的国家中,适当的纪律与协调方面的挑战应该可以解决。然而,在欧元区可能并非如此。

## 欧元区是特例:一个无法解决的问题?

2011年至2014年,欧元区深陷经济低迷,经济零增长,且通胀率也远低于欧洲中央银行设定的"接近2%"的目标。2015年春当本书杀青时,欧洲中央银行大规模量化宽松政策推动的欧元贬值似乎最终刺激了经济复苏。但是,欧元区经济的总体表现依然差强人意:2014年GDP水平仍比2007年低1个百分点,人均GDP更低,[7]欧元区面临着10年间生活水平没有提高的局面。

在许多欧元区国家,在危机前大幅举债的私人部门正在寻求去杠杆,而大多数国家正在努力偿还巨额的公共债务。2011年至2014年,主流政策思路是:如果能够修复"货币政策传导机制",宽松的货币政策就可以独立地刺激经济增长。欧洲中央银行"不惜一切代价"防止外围国家退出欧元区的承诺导致国债收益率下降;廉价的欧洲中央银行流动性额度以及强制修复银行资产负债表的监管措施(压力测试和资产质量审查)也使银行融资成本下滑,家庭和企业的贷款利率降至历史最低水平。但由于公共部门和私人部门同时去杠杆压制了需求,经济并未出现强劲增长。

因而,欧元区面临着与日本20世纪90年代相同的困境,结果也非常相似:低增长和低通胀将持续若干年甚至几十年。但是,与文化

## 第十五章 债务和魔鬼：危险的抉择

和民族同质性很高的日本相比，欧元区经历日本式"失去的10年"的社会和政治后果将更加严重。欧元区由分散的民族国家组成，这些国家存在明显的民族和宗教差异，还面临着大量从动荡国家流向欧洲南部国家的失控移民。欧元区经济重归增长至关重要，如果不采取货币融资这种可以实现财政和货币刺激理想结合的政策措施，无法实现经济复苏。

然而，尽管欧元区最需要采取激进的政策措施，但也最有可能无法达成共识。虽然适度平衡纪律和政策协调非常困难，但在只有一个中央银行和一个政府的经济体中是可能的。欧元区拥有一个中央银行和多个国家，分配问题和缺乏信任放大了这种挑战。如果可以通过中央银行的货币核销政府债务和增加财政赤字，那么欧元区中哪些国家将从慷慨福利中受益？一旦之前过度举债的国家现在意识到货币融资是可能的，未来它们还有激励避免公共部门和私人部门过度负债吗？道德风险问题在一个政府和一个中央银行的国家中尚且难以应对，欧元区就更是如此。

理论上，能够设计出解决分配和纪律问题的技术方案。弗朗西斯科·贾瓦齐和圭多·塔贝里尼认为，欧元区可能会同意使用中央银行的货币为每个成员国的税收减免融资，额度为每个国家GDP的一定（相同）比例，可以避免国家之间购买力转移的情形。[8]该减税方案可能会有明确的时间限制，现行的欧元区赤字和减税规则继续适用于公共预算的其他部分。

但仅有技术可行性是远远不够的，因为在欧洲，对名义需求不足的问题众说纷纭，德国等低负债国家不相信高负债国家能够信守自己的承诺。直到2014年底，欧洲中央银行发现很难就大规模且可逆的量化宽松操作达成一致，更不用说永久的货币融资。

因此，今天的欧元区架构不可避免会重现日本式的"失去的10年"。如果欧元区希望不分裂并获得成功，必要的长期解决方案就是缔结成为强大的实质性联邦。部分公共债务应在欧元区层面发行，同时，其他公共债务仍然留在国家层面或者州民族国家层面。国家层面的债务应受到潜在违约的市场约束，但是，以中央银行的货币化为后盾，联邦层面的债务水平应该成为绝对安全的资产。私人信贷创造应在欧元区层面受到宏观审慎工具的严格约束，但不同国家约束信贷和资产价格周期的措施可有所不同。

从事后的角度观察，最务实的短期策略应该包含货币融资，不能因为担心受到法律和政治挑战就予以否认。如果欧洲投资银行通过发行由欧洲中央银行购买的长期债券筹集资金对基础设施进行投资，就非常接近于货币融资，只是没有逾越红线。[9]

然而，如果长期解决方案和完备的短期措施均不可行，欧元区解体并非坏事，理想情形就是德国等硬通货国家退出欧元区。[10]如果继续维持拒绝任何货币融资方案的架构和规则，欧洲将会陷入不必要的长期低增长和危险的低通胀困境。

## 货币融资只能是一次性的吗？

面对债务积压和名义需求不足，我们必须心甘情愿地使用货币融资这个工具。然而，有充分的理由表明，货币融资只能"一次性"运用，以应对极端的经济情形，一旦经济恢复强劲增长，通胀回到预定目标，我们就应该回归传统，继续禁用货币融资。如果政策明显是一次性的并且只能适用于极端情形，就更容易抑制道德风险；如果我们认为货币融资可以作为常态化工具，年复一年持续运用，未来政府滥用该工具的危险将大大增加。

但是，这并非米尔顿·弗里德曼在1948年提出的观点。相反，他认为，如果缓慢的名义需求增长是合意的，政府需要完全依赖法定货币创造为每年保持一个较小的财政赤字融资。也就是说，如果货币

第十五章 债务和魔鬼：危险的抉择

存量占 GDP 比例为 50% 并需要每年增长 4%（按 GDP 衡量为 2%）以支持 4% 的名义 GDP 增长，那么政府每年都会有 2% 的以货币来融资的财政赤字。

那么，我们应该考虑该这一激进的建议吗？弗里德曼本人强调"该建议当然有其危险性。政府直接控制货币数量并直接创造货币来弥补财政赤字可能形成一种支持不负责任的政府行为和通胀的氛围"。[11]一旦政府知道他们可以通过印发货币而不是征税为赤字（GDP 的 2%）融资，那采用什么方法能够阻止他们不把财政赤字扩大到 3%、4% 或者 5% 呢？

正因如此，我强烈认为，任何货币融资的使用都应该是一次性的。但本书的分析逻辑是：在某些情况下，货币融资持续发挥作用可能比其他替代政策的风险更小。

## 长期经济停滞：持续运用货币融资的理由？

第七章认为，2007—2008 年危机之前相当部分的快速信贷扩张对经济增长促进作用很小。为现有房地产交易提供融资的贷款拉高了杠杆率和资产价格，但也导致名义需求同比例但不必要的增加。在贫富差距日益扩大的情况下，消费信贷增长有助于保持充分需求，但如果贫富差距没有扩大，也就不需要消费信贷。如果推动第四篇中描述的改革，无须私人信贷快速扩张就可以实现经济增长。

即使通过约束私人信贷增长来控制未来危机和债务积压的风险，仍有可能面临名义需求不足的问题。房地产信贷的扩张未必带来名义需求的同比例增加，但使人们感到更加富有，从而显著刺激消费支出。因此，正如劳伦斯·萨默斯所言，若没有快速和潜在不稳定的信贷增长，我们可能会面临长期经济停滞的问题。[12]

如果预期（事前）储蓄超过预期（事前）投资，就可能出现结

235

### 债务和魔鬼

构性的名义需求不足，现代经济中的劳动力使这种失衡无法避免。如第七章所述，信息和通信技术使资本品的相对价格下降，相应地减少了投资需求。同时，人口增长放缓也降低了每一代人积累更多资本的需求。但是，人口老龄化趋势也促使人们在工作期间积累大量储蓄以应付更长期的退休生活所需，如托马斯·皮凯蒂所述，不论是否需要额外的资本投资，遗赠财产的愿望会导致理想储蓄水平的上升。

通过各种机制，经济通常会面临储蓄意愿和投资需求之间的脱节，储蓄和投资只能在实际利率极低情形下达到平衡。1990年，与20年期指数挂钩的英国、美国政府债券实际收益率超过3%。2007—2008年的危机时，收益率已经下滑到不到1.5%，现在已经接近于零了。极低的利率反过来促使信贷快速增长并导致危机。

因此，我们面临的问题不仅是信贷过度增长导致的债务积压，还有潜在的结构性名义需求不足，虽然不能完全确定，但这种现象是可能的。若果真如此，我们似乎必须接受两种情形中的一种：要么是不稳定的信贷繁荣和萧条，要么是持续的低增长、低通胀和持续的高债务。

但是，名义需求不足总是可以通过法定货币创造得以解决。如果长期停滞的威胁确实如一些经济学家所称的那样严重，我们可以在一段时间内持续使用货币融资予以应对，而不是一次性使用。我们应该尽可能防范它被过度使用，例如，通过立法设定每年法定货币创造的上限，或者授权具有独立性且控制通胀目标的中央银行决定法定货币创造的规模。当然，这样做也存在风险，因为这样的约束并不完美。但是，这也是不得已而为之，否则，我们将陷入持久的低增长和通缩。

### 债务与魔鬼之间

允许货币融资是危险的，因为政府可能过度创造法定货币，错误

## 第十五章　债务和魔鬼：危险的抉择

配置相应的购买力也会带来无效率的结果。但是，作为实现充分名义需求的另一种途径，私人信贷创造也存在相同的危险，因为放任不管的自由金融市场本身必定会创造出过度的信贷，造成低效率的信贷配置，从而导致不稳定的繁荣与萧条周期、债务积压以及后危机时期的经济衰退。

2008年之前的10年间，美国没有印制法定货币，但私人信贷过度繁荣导致了严重的金融危机。2008年前爱尔兰用财政盈余偿还公共债务，对发行法定货币支持财政赤字避而远之，但由于大规模资本投资涌入不能盈利的房地产项目，至今仍在承受资金配置不当的苦果。2009年中国可以选择货币融资支持财政刺激以抵消全球经济衰退的影响，却选择了利用银行进行信贷创造，导致许多城市房地产和基础设施投资过剩以及严重的债务积压。

危机前的宏观经济正统理论既诅咒法定货币融资，又对私人信贷创造近乎完全放任。未来最优的政策必须反映这样一个现实：我们面临的是充满危险的选择，必要时应该将严格控制私人信贷创造和有序使用法定货币融资结合起来。迄今为止，我们拒绝使用货币融资政策，抑制了经济增长，导致了不必要的财政紧缩，而且通过承诺维持极低的利率，加大了未来金融不稳定的风险。

# 后记　女王的问题和致命的自负

> 从所有实际目标看，防止萧条的核心问题已经解决了，实际上已经解决几十年了。
>
> ——罗伯特·卢卡斯，美国经济学会主席，2003年[1]

> 标准宏观经济理论无助于预测金融危机，也无助于我们理解金融危机并拿出解决方案……基于完备市场的宏观经济学理论不仅未能回答关于清偿力丧失和流动性断裂的关键问题，而且不允许提出这样的问题。
>
> ——威廉·布特，《最前沿的学院派货币经济学不幸地毫无用处》，2009年[2]

> 在经济学世界里可能不存在真正"深度的"（和稳定的）参数或关系。这不同于物理学，万有引力定律对实际情形估计的精确性不会随时间推移而改变。
>
> ——默文·金，《宏观政策制定中的不确定性》，2010年[3]

2009年春天，伊丽莎白女王造访伦敦经济学院经济系讨论金融危机，她提出了一个非常简单的问题："为什么没有人发现危机来临？"几个月后在她收到的一封信中给出了一个答案："许多聪明人（包括本国和国际）丧失了集体想象力，未能将金融体系作为一个整体来理解风险。"[4]但是，真实情况更加严重。主流的学院派经济学和正统的政策制定理论不仅未能发现危机的来临，而且断言更好的政策和金融发达程度的提高使金融危机发生概率与过去相比明显下降。2003年时任美国经济学会主席的罗伯特·卢卡斯充满信心地宣称"防止萧条的核心问题已经解决了"。2006年，国际货币基金组织相信金融创新"增强了金融体系的稳健性"，使商业银行倒闭的可能性变小。

观念非常重要。它们对政策制定者做出实际政策选择所依据的假设有重大影响。这些假设可以轻率地认为其他观念不够合理，不值得考虑或者是禁忌，从而将它们排除在外。所以，至关重要的是，我们不仅需采取不同的政策，而且要挑战政策选择背后的假设、理论和方法论。

现代主流经济学在两个关键方面未能帮助我们理解金融和宏观经济不稳定。金融理论假定人是理性的、金融市场是有效率的；宏观经济学很大程度上忽视了金融体系的细节。因此，更复杂的金融体系注定会使经济更有效率，只要实现低通胀就能够保证宏观经济稳定。

但是，这些具体失败的背后是方法论和理念层面的偏见：以牺牲现实为代价追求数学上的精确和优雅，为使公共政策规则保持不变而热切追求确定的答案。

我们需要新的经济学和公共政策方法。危机之前的政策传统反映了它对自由金融市场能够产生最优结果的过度自信。具有讽刺意味的是，危机之前的政策传统的这种自信取代了20世纪早中期对政府经济计划和指导可以取得优异表现的自信，这两种过度自信其实并无本质差别。我们未来的方法必须意识到市场和政府都可能失灵，最优政策必然涉及在不完美的方案与危险的方案之间进行选择。

## 市场效率和理性：数学上的优雅高于现实

第一篇描述了危机之前盛行的完备金融市场一定会产生正面效果的假设。资产证券化、衍生产品和信贷证券交易的扩张能够"无限细分"风险并将风险分配至最适合承担风险的人手中。因为衍生产品和证券的价格由市场决定，而且是透明的，所以投放给实体经济的信贷也可以用市场的方法定价。更多的金融活动能够保证更高的资源配置效率和更强的稳定性。

当然，这并不意味着不需要监管，经济学家也不相信阿罗和德布鲁描述的完美均衡在现实世界中可以实现。为保护消费者免受盘剥，行为监管是必要的，同时微观审慎监管也可用来抵消激励错配导致的风险。但是，强烈的偏见依然存在，经济学家和政策制定者相信更多的金融活动总体而言是好的，理性地追求私人利润最大化的公司会充分有效地管理风险，从而使整个金融体系的运行更加稳定。因此，监管者应集中精力识别和纠正那些影响市场效率提高的特定的不完美行为。我们正在走向"金融成就一切的乌托邦"。

有效市场假说和理性预期假说为这种信心提供了理论支撑。但是有效市场假说存在着第二章所述的缺陷，理性预期假说同样也不符合实际。它断言经济主体的决策基于他对未来可能结果的概率分布所做的理性评估，且评估时考虑了所有可获得的信息。[5]确实，经济主体乃至所有人对经济如何运行（例如，不同经济要素如何相互作用）都有思维模型，他们用该模型将可得信息转换为理性预期，这些思维模型与相信理性预期的经济学家用于理解世界的模型相同。

正如经济学家罗曼·弗莱德曼和埃德蒙·菲尔普斯评论的，该命题不仅值得进一步讨论，而且非常奇怪。他们问道："为什么从某位经济学家概括化的解释中得出的预测会关系到真实市场上追求利润的市场参与者对结果的预测呢？"[6]理性预期假说与我们了解的人类实际决策过程以及人脑的工作方式也存在冲突，它也未能面对一个现实，即左右未来走势的不是用数学方法计算的各种可能结果的概率分布，而是固有的不确定性。

确实，对于经济学圈外的许多人来说，像理性预期假说这样不符合实际的理论取得成功真是令人费解。该假说发端于一个良好的愿望，即解决二战后形成的凯恩斯共识（Keynesian consensus）存在的

后记 女王的问题和致命的自负

缺陷。这些共识基于将凯恩斯理论正规化为一套数学关系,最终形成了所谓的 IS-LM 模型。[7]该模型关注总投资、消费和政府支出的总流量,以及利率和投资之间的高度相关性,以此描述宏观经济的动态特征。但是,该模型未能解释在单个经济主体的行为、偏好和预期给定的情况下,为什么这些总量之间的相互作用会按其主张的方式展开。批评者认为,该理论缺乏"微观基础"。尤其是,未能解释人们对未来的预期如何决定了他们的行为,为什么人们具有特定的预期,以及这些预期如何随着不断变化的环境和公共政策演化。

确定宏观行为的微观基础当然是一个正当而又极其重要的知识目标。但是,以预期的完全理性为假设建立的微观基础是危险的,也是不切实际的。不过,它们有一个有用的特征,那就是使经济学理论和模型在数学上可求解,因此能够得出确定的、优雅的数学结果,而如若采用更符合实际的假设,便不可能做到这一点。

面向未来的合理政策应该反映现实,也就是说,个人都不是完全理性的,金融市场也远不是完全有效率的。

## 没有银行的经济:现代宏观经济学患了奇怪的健忘症

第二个关键失败是现代宏观经济学很大程度上忽略了金融体系的运行,尤其是银行扮演的角色。如果说理性预期假说的假设令人不解,那么现代宏观经济学不考虑金融和银行体系,就更令人不解了。毕竟,货币政策通过中央银行和银行体系发挥作用,中央银行利率变化影响实体经济,是因为银行收取借款人的利率或支付给存款人的利率发生变化。但是,现代宏观经济学视金融体系为一层面纱,货币政策通过金融体系传导却不影响金融体系。魏克赛尔、哈耶克、费雪和西蒙斯等早期经济学家关注银行体系,将之作为信贷和购买力的自动创造机制,这些曾经重要的思想在现代宏观经济学中消失不见了。据

**债务和魔鬼**

英格兰银行首席经济学家安德鲁·霍尔丹估计，在2007—2008年危机之前的10年中，英格兰银行的货币政策委员会讨论银行体系发展的时间仅占2%。[8]

这种奇怪的健忘症有着非常复杂的病因。经济学家马克·格特勒提供了精彩的历史解释。他认为，忽略金融体系细节的倾向不仅存在于过去三四十年间占主导地位的新古典学派和新凯恩斯学派中，而且在二战后早期的凯恩斯主义和货币主义文献中也可以发现。[9]因此，尽管凯恩斯本人在《通论》和《货币论》两本书中深入讨论了金融体系不稳定的问题，但是二战后的凯恩斯框架和模型倾向于关注总量和宽泛的政策工具——投资、利率、财政赤字，而几乎不关心金融部门的资产负债表。20世纪五六十年代的一些经济学家，如约翰·格利和爱德华·肖，试图找回平衡，[10]但自70年代以来这方面的兴趣下降。极少数经济学家，尤其是海曼·明斯基，坚持认为金融体系的动态变化和资产负债表极其重要，但他们都被边缘化了。

第十章讨论了这种兴趣下降的一个原因，随着货币增长对当期通胀水平没有产生必然和成比例影响的证据不断增加，经济学家和政策制定者从中得出了错误的结论。另外一个发挥作用的因素是将金融体系排除在理论和模型之外使利用数学模型得到精确结果成为可能。

如果假定金融体系没有宏观经济意义，那就可以运用只有一个代表性家庭和一个代表性企业缔结合约的模型来分析宏观经济的动态变化。这正是标准的动态随机一般均衡模型的本质，该模型已经成为中央银行的重要工具，决定了真实世界的政策选择。在这些模型中，只有外部真实冲击才能使经济运行偏离平滑的均衡路径，如政治事件、新原材料的发现或者意料之外的技术突破。价格和工资黏性使经济不能以非常平滑的方式回归均衡水平，加剧了回归路径的复杂性。但是，这些模型从未说明金融体系本身可能是不稳定的一个原因，因为最初假设已经排除了这种可能性。

后记　女王的问题和致命的自负

如果你的理论和模型假定危机不可能发生，你当然不会发现危机正向我们走来。

## 被低估的经验事实

宏观经济学几乎不关注银行的作用。经济学家和金融理论家描述银行时，通常会做出一个危险的简单假设：银行从家庭部门吸收存款然后贷款给企业和企业家，在不同的备选投资项目中配置资本。事实上，如第四章所述，在现代经济体中大多数银行贷款（在美国表现为大多数市场信贷）与新的商业投资无关，只是为家庭之间获取现存房地产的竞争提供融资。

奥斯卡·霍尔达、莫里茨·舒拉里克和艾伦·泰勒的历史分析清楚地显示了该事实。他们的研究表明，对现实世界的经验分析为好的经济学做出了至关重要的贡献。托马斯·皮凯蒂分析了财富与收入之间的历史关系的变化，提出了被现代宏观经济学很大程度上忽视的相同问题。他收集的数据表明财富收入比不断上升。详细分析发现，城市土地在其中发挥了重要作用，这反过来也提出了皮凯蒂本人未关注到的重要政策和理论问题。[11]

在现代经济中，宏观经济不稳定的核心在于以下两个因素的相互作用：一方面是不受约束的银行和影子银行体系有无限的能力创造信贷、货币和购买力；另一方面是理想地段的城市土地缺乏供给弹性，以及对这些土地的需求不断上升。大多数现代宏观经济学未能关注这种相互作用，很大程度上是因为对银行的实际运作及其扮演的角色没有兴趣。

## 为学术界辩护

政策制定者未能觉察到金融体系的危险在加剧，这其中，经济学

243

的缺陷扮演了重要的角色。经济学为中央银行的政策过度关注低通胀、监管政策过度信任有效金融市场提供的理论支持。

但是，就此对经济学展开全面批判，一竿子打翻一船人的做法似乎也不公平。过去30年间，许多经济学家解释了为什么金融市场并不总能产生有利的结果，为什么金融体系可能是不稳定的。第二章汇总的反对有效市场假说的观点都来自杰出经济学家的见解，其中几位被授予了诺贝尔经济学奖。丹尼尔·卡尼曼的行为经济学令人信服地批评了简单化的理性假设。罗伯特·希勒和安德烈·施莱弗的研究工作丰富了我们对真实金融市场动态变化的理解。詹姆斯·莫里斯、约瑟夫·斯蒂格利茨和乔治·阿克洛夫的研究结果表明，市场固有的不完全必然会使市场远离有效均衡水平，并且均衡是多重的和脆弱的。危机之前数年间约瑟夫·斯蒂格利茨和布鲁斯·格林伍德主张"货币政策的重点应从货币的交易功能转向影响银行信贷供给"。[12]近期关于金融不稳定的杰出研究成果，如第六章援引的马库斯·布伦纳梅尔和申铉松的观点，都建立（至少部分建立）在过去几十年学术研究的基础之上。[13]

虽然学院派经济学并非一个声音，事实也依然如此，但是在将理论观点转化为公共政策的过程中，过度简化的做法长期占据主导地位。确信完备市场使我们更接近有效均衡水平，这一信念使监管者倾向于相信金融创新和金融深化一定有利于经济。现代宏观经济学理论使我们未能深入理解金融发展如何导致宏观经济不稳定。

如威廉·布特指出的：

> 标准宏观经济理论无助于预测金融危机，也无助于我们理解金融危机并拿出解决方案……基于完备市场的宏观经济学理论不仅未能回答关于清偿力丧失和流动性断裂的关键问题，而且不允许提出这样的问题。[14]

后记　女王的问题和致命的自负

## 致命的自负和不完美的选择

在危机之前的经济学的这些关键失败背后存在方法论方面的共同原因：受到公理性主张所吸引，受看起来完美和确定的模型所诱惑，经济学界自愿忽视真实世界的复杂性。反过来，理论似乎为统一适用的政策规则提供了支持：无论是股票市场还是债务市场，无论是发达国家还是新兴市场，无论是国内市场还是国际资本流动，金融自由化都会产生积极效应。中央银行只要运用利率政策规则追求明确的通胀目标，就能够确保宏观稳定。悖论的是，为寻求确定性和规则，新古典正统观点几乎复制了其对立面社会主义计划经济理论的每一个错误。

哈耶克认为，社会主义计划经济中存在着"致命的自负"，不仅使计划经济不可取，而且也不可能成功。[15] 它假设计划当局可能获得关于目前状况和未来发展的全部信息，从而可以利用数学方法精确地对经济发展过程进行优化。但是，对哈耶克来说，有效的经济组织和进步依赖于运用"任何人都不可能全部把握"的知识[16]和固有的不完美。因此，对整个经济进行准确理性的数学规划是不可能的。由于不存在完美的规划者，本质上不完美且随时间变化的市场导向型探索过程是实现社会和经济进步的最好方式。

危机前的正统观点也同样存在相似甚至完全相同的自负。自由市场能一直产生最优结果，只要中央银行运用可预测的规则追求明确的目标就能够实现金融稳定，这些观点就是建立在精确的数学模型能描述未来以及理性人基于理性预期最大化其效用的假设之上。如罗曼·弗莱德曼和迈克尔·戈德堡所称，目空一切的过度自信将不期而至，其中：

像社会主义的计划者一样，经济学家相信他能够实现宏大的目标，因为他认为他最终发现了促成市场结果的完全确定的机制，他的模型能充分刻画市场参与者如何设计未来。[17]

确实，如弗莱德曼和戈德堡指出的，真正相信理性预期的人同样相信理性优化的可能性，事实上正是理性优化激励了经济计划的拥戴者。20世纪40年代后期离开芝加哥大学成为波兰共产党政府高级官员的奥斯卡·兰格相信计划优于市场，因为计划能够做理性的数学规划，而市场不能。与此相反，理性预期经济学的最重要倡导者罗伯特·卢卡斯却认为"数学规划被证明确是理解众多生产者分散化互动的正确工具"。[18]他们的共同信念就是理性的经济主体或是理性的计划当局能够在一个用数学预先确定的世界中产生最优社会结果。

然而，在真实世界里，我们面对的是部分理性的人和本质上不完美的市场。我们对未来经济发展的理解无法被简化成精准的数学模型，因为正如1921年弗兰克·奈特在其名扬四海的文章中所说，未来不受各种可能结果的概率分布支配，而受制于固有的且不可化约的不确定性。[19]因此，如凯恩斯所言："人类决策影响未来，无论是个人决策、政治决策或经济决策，都不能依赖严格的数学预期，因为进行此类计算的基础不存在。"[20]作为社会科学的经济学永远不能达到牛顿物理学确立的数学精确度标准，经济学界"羡慕物理学"的倾向导致了整个学界对结论的确定性抱有危险而又未经证实的信心。[21]

这种未经证实的信心支撑了两个观点：一是更多的金融活动必定对社会有益；二是只要中央银行遵循明确的规则就能保证宏观经济稳定。与此不同，我们需要承认政府和市场都能发挥积极作用，但两者都是天生就不完美的工具，若不施加有效约束，都将产生严重的经济和社会危害。

历史告诉我们，政府自行控制法定货币可能导致不稳定和恶性通胀。因而，人们试图为这种潜在的危险施加约束或绝对限制。金本位是这种努力的表现之一，但其刚性决定了金本位制度不可持续。

## 后记　女王的问题和致命的自负

2007—2008年危机前发展起来的正统观念是另外一种：它假设只要中央银行具有足够的独立性，拒绝为财政赤字融资，就能够保证金融体系和宏观经济的稳定。

但是，危机表明，简单规则并不足以解决问题。这是因为尽管法定货币的过度创造确实是危险的，但私人信贷和货币的过度创造也同样危险。如果对自由的私人信贷市场放任不管，就会创造出太多的错误债务、危机、债务积压以及后危机时期的经济衰退，即便将通胀长期维持在低而稳定的水平上，这种情形也会发生。

危机之前的正统观点认为自由市场的私人信贷创造是最优的，而法定货币创造在任何情形下都是危险的，它是魔鬼的作品。事实上我们面临的是风险与收益之间的权衡。对私人信贷创造采取完全放任的态度导致了危机，完全禁止法定货币创造使经济复苏弱于应有水平。绝对信念和简单规则都是危险的。

有人认为自由市场运行可受制于一套简单的宏观经济规则，并由此推导出金融成就一切的乌托邦，然而这样的乌托邦并不存在。因此，我们需要政府干预以抵消自由金融市场必然产生的无效率和不稳定。

但是，我们也应该警惕另一种观念，认为政策干预能产生完美结果的另一种乌托邦。不存在完美的市场，也不存在完美的计划者。市场不完美，因为未来是不确定的，人类也并非完全理性；同样的原因，相机抉择的公共政策也会产生不完美的结果。

我们面临的选择是不完美的，并且一些不完美是无法修复的。股票市场总会呈现出显著的随机噪声，有时还会明显偏离均衡水平。但非理性的股票市场依然能够产生对社会有用的副产品，比如纳斯达克的繁荣和崩溃留下了许多互联网公司。[22]我们应该识别自由市场最有可能偏离社会最优水平的领域，并设计政策应对措施，而非追求不切实际的乌托邦。[23]

**债务和魔鬼**

这一点在信贷市场及由此产生的债务合约中最为明显。信贷市场应受制于更严格的固定规则，如大幅度提高最低资本要求。但是，公共当局还需要采取相机抉择的政策工具，以适时应对不断变化的市场环境。

我的这个观点也许会遭到反对。自由金融市场加上简单的宏观经济规则能实现社会最优结果，这种观点非常优雅也非常有吸引力，却是致命的自负，它导致了2007—2008年的灾难，全球许多普通民众至今仍在吞咽危机的苦果。

# 注释

## 引言

1. Reinhart and Rogoff（2013）。
2. Lucas（2003）。
3. 美国劳工统计局，就业人口占总人口的比例（www.bls.gov）。2007年该比例为63%，2013年为58.9%，2015年4月轻微上升至59.3%。
4. IMF World Economic Outlook Database，2015年4月。
5. LIBOR（伦敦银行间拆借利率）为银行不同币种和不同期限的银行同业借贷的市场价格提供了一个衡量指标，被用作信贷合约和衍生品市场定价的参考基准。每天的LIBOR由银行间市场上交易活跃银行的报价决定。2008—2009年，一些银行的报价员通过操纵他们的报价来提高他们持有的交易头寸的估值，这一事件被曝光。为此，英国金融服务局、美国期货交易委员会和欧盟委员会等监管当局对主要几家跨国银行课以数十亿美元的罚款。之后，在外汇交易市场上也发现类似的市场操纵，并被处以更高额的罚款。
6. IMF Fiscal Monitor，2014年4月，表1.6。平均3.0%的估计值反映了总成本减去迄今为止的债务回收金额，但在一些国家（如英国），未来还会有相当可观的债务回收金额，如出售苏格兰皇家银行和劳埃德银行的股份。
7. IMF Fiscal Monitor，2014年10月，表7显示，总债务占GDP比例由72.5%上升到106.5%，净债务占比（表8）由44.7%上升至73.6%。
8. 请注意，尽管本书中我使用"银行创造信贷、货币和购买力"这个术语来解释银行如何刺激名义需求的本质特征，但并未特别强调银行负债方被官方统计刻意地标示为"货币"的负债种类。通过发放贷款，银行创造了购买力，在发放贷款的同时，银行资产负债表显示的信贷资产对应于货币负债。然而，货币持有者随后可能将他们的"货币"转换为对银行的其他类型债权，或将其支付给其他个人或公司，他们也就持有其他类型的债权。但是，一旦银行通过发放贷款创造了信贷，就必然对应于某类银行债务；只有偿还了贷款，该类特定债务才会消失。因此，更正规的表述应为："银行创造信贷、购买力，并对应于银行债务，其中的某些债务在官方统计中被相当随意地标示为'货币'。"然而，银行总债务中"货币债务"和其他债务的区别并不那么重要。确实，如Benjamin

### 债务和魔鬼

Friedman（2012，第302页）指出的："回顾过去，经济学界将货币定义为银行资产负债表负债端项目的各种子集而未关注资产端，这种长达半个世纪之久的重心偏移并不利于经济学的发展。"

9. 相反的主张认为，危机之前银行体系受到非常显著的监管，因此"并非完全由自由市场力量决定"。但是，问题的关键在于，监管者试图（追溯来看并不有效）确保金融体系自身的稳定性（如缓解银行无序失败的风险），但几乎没有关注信贷创造的总量和信贷配置。其理念非常清晰：只要银行体系自身稳定，无论创造多少信贷及由此导致的杠杆率多高都是最优的。

10. Weidman（2012，第3页）。

11. Friedman（1948）。

12. 参见 Richard Smethurst（2009）关于高桥是清（Takehashi Korekiyo）的传记和 Barry Eichengreen 的（2015）*Hall of Mirrors*。

### 第一章

1. Rajan and Zingales（2004，第66页）。

2. 下段中的图1.1源自 Haldane、Brennan and Madouros（2010）。

3. 从某些方面看，金融业的确一度占据了支配地位。Andrew Haldane 的研究表明，20世纪六七十年代英国金融业的总营业盈余（税前利润）占全部企业利润的比例较低，2007年达到了18%，接近1/5；按照股本收益率衡量，金融业的表现显著改善。如果1900年投资者在伦敦交易所分别购买一个典型的非金融公司股票组合和一个金融机构的股票组合，1900—1970年，两者的收益率非常接近；而1970—2007年金融股票组合的回报率比非金融股票组合高出3倍。

4. Greenwood and Scharfstein（2013）。

5. Bank for International Settlements（BIS）的在线统计数据，以及私人非金融部门授信的长期时间序列数据（long series on credit to the private nonfinancial sector, www.bis.org/statistics/）。请注意，从不同官方数据源获得（比如，源自 BIS、OECD 和国家数据库）的各国私人信贷水平差异很大。因此，本书使用了一些主要报告中的数据，如，日内瓦报告"Deleveraging, What Deleveraging?"（Buttiglione et al., 2014）或 McKinsey Global Institute（2015）的报告"Debt and (Not Much) Deleveraging"。从不同数据源获得的家庭部门债务数据通常较为一致，但是，由于非银行信贷的覆盖范围不同以及对外国银行在本国的授信或本国银行在国外的授信有不同的处理方法，非金融公司债务和金融机构的债务数据通常差异较大。然而，不同数据源和报告所揭示的发展趋势高度一致，IMF Fiscal Monitor 最大限度地使用了标准定义，数据最为可靠。然而，净公共债务（扣除政府相关实体持有量后的公共债务）的数据有时也不同，近年来，在两年出版一次的 IMF Fiscal Monitor 的不同版本中，公共债务有时相差几个百分点，其中一部分是源于近年来 GDP 估计值的变化。即便私人债务的绝对水平不同，但其发展趋势高度一致。

6. Bank of England in Layard（2010，第一章，图1.23）。

7. Investment Company Institute, 2014 Investment Company Factbook, 表37（各类货币市场基金的总净资产）（www.icifactbook.org）。

# 注释

8. U. S. Federal Reserve, Data Download Program, 非金融部门信贷市场工具；债务（www. federalreserve. gov/datadownload/）。按照市场的普遍用法，本书中使用的固定收益类金融资产指所有非股权形式的金融资产，投资者的收益由事前合约确定，而不依赖于公司或项目的经济表现，也包括可变利率的债券或存款，其回报随市场利率波动而变化。

9. World Bank Global Financial Development Database.

10. Layard（2010，图 1.5）。参见 Layard（2010，第 17—21 页）有关 20 世纪 60 年代至 2007 年银行资产负债表变化的详细讨论；参见 Sheppard（1971）关于 1880—1962 年金融体系演化的研究。

11. Argus Media 提供了目前正在交易的四种主要期货合约的历史序列数据（historical data series）——the CME（NYMEX）WTI Light Sweet Crude、CME Brent、ICE WTI 以及 ICE Brent。2013 年四种合约的总交易量为 3.52 亿，相当于 3 520 亿桶原油（每个合约代表 1 000 桶油），而同期生产和消费的原油只有 330 亿桶。

12. BIS，2008 年 5 月，半年调查，香港。

13. BIS，2013 年 5 月统计公布：2012 年底场外衍生品，图 2。

14. BIS Quarterly Review，2008 年 3 月，第 88 页。

15. BIS Quarterly Review，2008 年 12 月。

16. European Banking Authority，High Earners，2012 Data.

17. Philippon and Reshef（2012）.

18. Dudley and Hubbard（2004，第 3 页）。

19. IMF Global Financial Stability Report：Market Developments and Issues，2006 年 4 月，第 51 页。

20. 参见 A. Palmer，"Playing with Fire," *The Economist*，纸质版，2012 年 2 月 25 日。

21. Dudley and Hubbard（2004，第 17 页）。

22. King（2012，第 5 页）。

23. 也可参见 Rousseau and Sylla（2003）。

24. Levine（2005）.

25. Rajan and Zingales（2004，第 66 页）。然而，重要的是，应该注意到本书作者之一的 Raghuram Rajan 是随后理解并对危机前影子银行风险不断上升发出警示的为数不多的经济学家之一，参见第六章。

## 第二章

1. Shiller（2000，第 203 页）。

2. 当一家银行（或其他金融中介）的资产期限长于负债就实现了"期限转换"，这使最终投资者或储户持有资产的期限短于其间接提供融资的资产。当中长期金融工具（如股票和债券）在流动市场上交易就实现了"流动性转换"（liquidity transformation），这使投资者可以根据其需要迅速出售中长期金融工具，也使希望持有可立即赎回资产的投资者承诺为公司的长期财务融资成为可能。

3. Levine（2005）.

4. Smith（1977 [1776]）.

**债务和魔鬼**

5. Arrow and Debreu（1954）。

6. 以意大利经济学家 Vilfredo Pareto（第 1848—1923 页）的名字命名。

7. Fama（1970）。关于有效市场假说（EMH）及其缺陷的综述，请参见 Shleifer（2000）。

8. Jensen（1978，第 1 页）。

9. Kindleberger（1978）。

10. Dash（1999）。

11. MacKay（1841）。

12. Shiller（1992，2000）。

13. Haldane（2010，第 3 页）。

14. Kahneman and Tversky（1973，1979）。

15. Shleifer（2000，第 13 页）。

16. Keynes（1973[1936]，第 156 页）。

17. Soros（2013）。

18. Knight（1921）。

19. Frydman and Goldberg（2011）。

20. Tobin（1984，第 5 页）。

21. Wolfe（1987）。

22. Stiglitz（2001），也参见 Stiglitz（1989）。

23. Lewis（2014）。

24. Summers and Summers（1989，1990）。

25. 文献包括 French and Rol（1986）、Edwards（1993）、Umlauf（1993）和 Hu（1998）。

26. Stiglitz（2001），也参见 Lipsey and Lancaster（1956）。

27. Janeway（2012）。

## 第三章

1. Kindleberger and Aliber（2005，第 9—10 页）。首版于 1978 年。再版获得 Palgrave Macmillan 许可。

2. BIS Statistics，私人非金融部门信贷的长期序列数据（www.bis.org/statistics/）。

3. 中国杠杆率数字取自中国人民银行调查统计司的在线数据库，它将债务定义为"社会融资总量"。采用其他定义估计的中国杠杆水平则更高。例如，McKinsey Global Institute（2015）报告显示，2007—2014 年，中国杠杆率由 158% 升至 282%；若剔除金融体系内部债务，则由 134% 升至 217%。不过，不同口径的数据反映出共同的趋势：实体经济杠杆率较危机前出现了惊人的增长，增幅高达 80%～100%；若将金融体系内部的债务包含在内，增幅将更大。

4. Graeber（2012）。

5. Aristotle（2000）。

6. "高价查证"是指这样一个事实，即查明项目的真实收益是一个成本高昂、困难

# 注释

重重的过程。对这一概念的正式分析详见 Townsend（1979）。

7. Bagehot（1878，第 5 页）。

8. Gerschenkron（1962）。

9. Gennaioli、Shleifer and Vishny（2012，第 466 页）。

10. BIS Statistics，私人非金融部门信贷的长期序列数据（www.bis.org/statistics/）。

11. Bernanke（2000，第 53 页）。

12. Fisher（1933）。

13. 例如，Gertler and Kiyotaki（2009，第 11 页）对银行中介渠道进行了如下描述："在某时期开始之初，银行从零售金融市场接受居民存款 $d_t$，存款利率为 $R_{t+1}$，当零售市场关闭，对非金融企业的投资机会随机出现。"

14. 英国中央银行 M4 的组成部分。该百分比的计算方法是：（钞票 + 硬币）/（钞票 + 硬币 + 零售及批发存款）。如果仅关注零售存款，而非零售及批发存款，相应的百分比是 96% 和 4%。

15. Wicksell（1936）。

16. Wicksell 还指出，封闭经济体受到的约束程度不同于一个通过国际贸易和支付体系同其他经济体发生联系的经济体。他特别指出，如果赤字国家必须以金属商品（如黄金）或者以挂钩黄金的外汇进行国际支付，其国内信贷扩张的能力将受到约束。而随着 1971 年布雷顿森林体系的崩溃以及全球银行间市场的发展，这种约束已不复存在。

17. Woodford（2013）。

## 第四章

1. Jordà、Schularick and Taylor（2014a，第 2 页、第 10 页）。

2. 例如，可参见 Townsend（1979）、Rajan and Zingales（2004）和 Levine（2005）的相关论述。

3. Bank of England Interactive Database，对 M4 和 M4 贷款（M4 lending）的部门分析（Sectoral analysis）；另参见 Bank of England Interactive Database，货币型金融机构给英国居民贷款的行业分析（Industrial analysis）。

4. Bank of England Interactive Database，无抵押的净贷款（www.bankofengland.co.uk/boeapps/iadb/）。

5. 美联储的估计值包含自动展期的消费信贷，不包含房地产抵押债务、汽车贷款，以及对活动房屋、拖车和度假提供的贷款。该指标是无抵押消费信贷总额的一个子项，2013 年为 8 600 亿美元。参见 www.federalreserve.gov/releases/g19/current/。

6. 经济学理论指出，如果人们对当前超出自身收入水平的消费赋予的主观价值高于未来等额的消费，那么在当前借入资金（消费高于收入）并在未来偿还（消费少于收入）将比任何阶段保持消费与收入相等产生更高"效用"或"财富"。情况通常有可能如此。这意味着为消费融资的信贷可能是颇具社会价值的活动。但这种社会价值无关于资本流动和配置，而后者却是金融深化的积极意义所在。

7. Hayek（2008 [1931]）和 Minsky（2008 [1986]）。

8. Central Statistics Office Ireland（www.cso.ie/en/media/csoie/releasespublications/docu-

## 债务和魔鬼

ments/construction/current/constructhousing. pdf)。

9. Minsky 还用"庞氏骗局"来比喻信贷周期中的这一阶段,新增债务不仅用来为资本投资提供融资,还成为偿还存量债务利息的必要资金来源。

10. Y. Sun, P. Mitra, and A. Simone (2013), "The Driving Force behind the Boom and Bust in Construction in Europe." Working Paper 13/181. Washington, DC:International Monetary Fund (www. imf. org/)。

11. 在 Minsky 描述的自我强化、不可持续的投资扩张周期中,现存资产价格上升扮演着重要角色。随着现存资产存量的价格攀升,对类似资产新增投资似乎颇有道理。但 Minsky 未考虑到纯粹投机的情况:现存资产供给存在明确的上限;没有真正的新增投资;实际上也不存在新增投资需求。

12. Jordà、Schularick and Taylor (2014a,第 2 页、第 10 页)。

13. Piketty (2014)。

14. Knoll、Schularick and Steger (2014)。

15. Brynjolfsson and McAfee (2014)。

16. IMF World Economic Outlook, 2015 年 4 月,第四章,图 4.5。数据还表明,资本投资类"建筑物"的价格相对于当前的产品和服务价格已上涨 20%。机器正变得越来越廉价,而实体建筑物却越来越昂贵。

17. Federal Deposit and Insurance Corporation,以及 Bank of England。

18. Calomiris and Haber (2014)。

19. Case-Shiller Index and U. S. Federal Reserve;European Central Bank (2009) "Structural Issues Report:Housing Finance in the Euro Area," 3 月。

20. 关于"弹性"和"刚性"城市中的信贷和房价上涨问题的讨论,参见 Mian and Sufi (2014) 及第六章。

21. 例如,可参见 Borio and Drehman (2009),Borio (2012),以及 Muellbauer et al. (2012)。

## 第五章

1. Mian and Sufi (2014,第 9 页)。The University of Chicago Press, Chicago 60637。The University of Chicago Press Ltd. , London。© 2014 by Atif Mian and Amir Sufi。版权所有。2014 年出版。美国印刷。

2. Buttiglione et al. (2014,第 11 页)。

3. Koo (2008)。

4. Werner (2003)。

5. Piketty and Zucman (2013)。

6. Werner (2003)。

7. Werner (2003,第九章)。Richard Werner 指出,报告的价值有时甚至高于当时的最高估价。在一些情况下,银行已规定放贷规模受制于 70% 的抵押比上限,却与借款人串通,蓄意抬高某一地块的估价,以争取更高的贷款额度。然而,由于扩大贷款规模这一过程本身或许已推升了市场价格,"真实"的市场价格水平其实是值得讨论的问题。关键

# 注释

在于市场价格不是既定的外生条件,而是由信贷投放规模决定的内生结果。

8. Jordà、Schularick and Taylor (2014a,第 37 页)。

9. Mian and Sufi (2014)。

10. 净贷款方和净借款方的行为反应具有不对称性,从而对需求产生负面影响。对这一问题的正式分析参见 Eggertsson and Krugman (2012)。

11. Bank for International Settlements, Online statistics, 私人非金融部门信贷的长期序列数据(long series)(www.bis.org/statistics/)。

12. Bank for International Settlements, Online statistics, 私人非金融部门信贷的长期序列数据(www.bis.org/statistics/)。

13. 政府债务数据可采用两种口径:一种是债务总额,另一种是剔除准政府机构(如社保基金)持有的政府债务后的债务净额。IMF Fiscal Monitor 同时提供了上述两种口径的数据。

就日本而言,两种口径差异显著。例如 2013 年,债务总额占 GDP 比例为 243%,而净额为 134%。但即使在净额口径下,日本债务扩张也达到惊人的地步,目前日本累积的巨额债务已不可能通过正常途径偿还。根据国际货币基金组织的定义,净额数据未剔除中央银行持有的政府债务。为支持政府持续举债,日本中央银行持有大量政府债务,由此带来的影响以及适当的政策将在第十四章讨论。

14. 公共债务数据采用总额口径,来源于 IMF Fiscal Monitor (2015 年 4 月)表 A7。在净额口径下(表 A8),美国由 50% 上升至 79%,西班牙由 30% 上升至 59%。

15. Buttiglione et al. (2014)。

16. 参见 UK Office of Budget Responsibility:*The Economic and Fiscal Outlook*,2014 年 3 月。该估计值考虑了未来可能的收入(如出售政府股份),因此明显低于国际货币基金组织估计的复苏前的总成本(参见引言,注释 4)。预计将于本书印刷之时公布的 OBR 最新估计值可能更低。

17. Buttiglione et al. (2014)。

18. 关于中国杠杆率的不同数据指标的介绍,参见第三章,注释 3。

19. Buttiglione et al. (2014)。

20. 有观点认为,财政赤字扩张的刺激效果有时会非常显著,从而"自己为赤字埋单",因此公共债务水平不会出现上升。这一观点将在第十四章讨论。

21. Kapetanios et al. (2012)。

22. 参见 Bank of England (2012)。

23. 参见 UK Office of National Statistics, Wealth and Asset Survey, Gross Household Financial Wealth by Decile, 2015 年 4 月 2 日, www.ons.gov.uk。2006—2008 年,最富裕的 10% 人群拥有 65.5% 财富;2010—2012 年,该比例上升至 70.8%。财富份额出现上升是因为可流通证券在富人的金融资产中占比更高(如股票和债券),其价值随着利率下行而上涨;存款在穷人金融资产中占重要份额,利息收入随利率下行而减少,但没有资本利得。

24. 参见 UK Office of Budget Responsibility,2014 年 11 月。2015 年 7 月 OBR 报告所预测的上升速度略低,但报告预测,到 2020 年公共和私人部门的总杠杆将达到历史新高。

债务和魔鬼

## 第六章

1. IMF Global Financial Stability Report: Market Developments and Issues, 2006 年 4 月, 第 51 页。

2. A. Palmer, "Playing with Fire," *The Economist*, 纸质版, 2012 年 2 月 25 日。版权归 *The Economist* 所有。

3. Reinhart and Rogoff (2009)。

4. Schularick and Taylor (2012, 第 9 页)。4% 是指任一国家每年出现危机的概率。对 100 个国家而言, 这意味着每年平均发生 4 次危机。

5. Kindleberger and Aliber (2005, 第 6 页)。

6. Dudley and Hubbard (2004, 第 3 页)。

7. 关于全球资本流动和国内市场自由化之间的联系, 参见 Coggan (2011) 的精彩论述。

8. Eichengreen (2008)。

9. U.S. Flow of Funds, 引自 Layard (2010, 图 1.20)。关于证券化发展的详细论述, 参见第 23—27 页。

10. Rajan and Zingales (2004, 第 47 页)。

11. Dudley and Hubbard (2004, 第 17 页)。

12. Greenspan (2005, 第 2 页)。

13. 参见 Lewis (2011, 第 93 页), 源自德意志银行 Greg Lipmann。

14. Greenspan (2005, 第 2 页)。

15. IMF Global Financial Stability Report: Market Developments and Issues, 2006 年 4 月, 第 51 页。

16. Hudson and Mandelbrot (2004)。

17. Taleb (2007)。

18. Brunnermeier and Pedersen (2009); Shin (2010)。

19. Gorton and Metrick (2012)。

20. Securities Industry and Financial Markets Association, Repo Fact Sheet 2014 (www.sifma.org/research/)。

21. Financial Services Authority (2011)。

22. Dudley and Hubbard (2004, 第 17 页、第 21 页)。

23. 还有一类信贷是学生贷款, 目的是为大学学费和生活费用提供融资。在美国, 这类信贷已获得长足发展, 而英国正处于快速增长阶段。这种债务可理解为对人力资本的"投资"。然而, 越来越多的迹象表明, 许多贷款最终无法偿还, "投资"有时不能带来足够的收益, 无法保证债务的可持续性。学生贷款相关问题值得进一步关注。如何将此类信贷纳入本书的信贷分类框架亦有待进一步的研究。

24. Zoltan Pozsar、Manmohan Singh 和 James Aitkin 的许多文章都是从资产管理角度分析影子银行业务发展的原因。例如, Pozsar (2011, 2015) 以及 Singh and Aitkin (2010)。

25. Financial Stability Board (2012b)。

# 注释

26. 一些头寸（如价外期权）损失概率小，但损失金额大，也就是所谓的低频高危事件。持有这类头寸不仅能够连续几年实现可观的收益，而且看起来风险很低。非常积极的投资策略（如对冲基金的投资策略）看似表现不俗，却时常具有误导性，因为业绩报告有时会存在"幸存者偏差"，即公布的收益率只包含那些成功的、仍对客户开放的基金。参见 Lack（2012）。

## 第七章

1. Minsky（2008［1986］，第117—118页）。*Stabilizing an Unstable Economy*，H. Minsky，McGraw Hill-Education，© McGraw Hill-Education。

2. Eccles（1951，第76页），版权归属不明。出版商 Random House 不掌握相关信息；我们正在等待 The University of Utah Marriott Library（该图书馆持有 Eccles 的一些文章）方面确认该大学是否享有 Eccles 作品的遗产权。

3. 理论上，如 Kenneth Rogoff（2014）提议的那样，只要废除纸币，使所有货币均以存款形式存在，利率零下限问题便可解决。如采用这种方案（如可行的话），通过极低利率和量化宽松政策刺激名义需求的利弊将会发生什么变化？第十四章将探讨该问题。

4. 即使是在纯金属货币体系中，"流通速度"的含义也不如想象中那么确切。如 Richard Werner（2005）指出，根据早期的货币数量理论，与货币存量有某种稳定的关系的是经济体中的交易价值（$MV = PT$，其中 $V$ 是相对恒定的），而不是 GDP 名义量（$MV = PY$）。由于交易（$T$）和实际收入（$Y$）之间的关系可能发生变化（如，企业内部而非企业之间的经济关系在经济中的重要程度发生变化），以 $PT/M$ 定义的 $V$ 与 $PY/M$ 定义的 $V$ 的变化可能不一致。因此，即使在纯金属货币体系中，购买力尽管在一定程度上受制于被选定为货币的金属供给量，货币存量和名义需求之间的关系可能也不确定。

5. 参见 Martin（2013，第六章）对于里昂博览会（Lyon fairs）的描述。

6. 为简便起见，财政赤字可理解为直接向居民发放货币，并转移至他们的储蓄账户中（政府预算的其余部分也在账户中）。但财政赤字出现的原因可能仅仅是政府的总支出超出了税收收入，从而造成政府向居民的净支付。要保持中央银行资产负债表两侧"持平"，可在其资产方计入对政府的永续不计息的债权。但这并不是严格必需的，中央银行资产负债表并不一定需要两侧"持平"。

7. 引自 Werner（2005，第166—167页）。

8. Friedman（1948）。

9. 关于宾夕法尼亚案例的讨论，详见 Jackson and Dyson（2013）。

10. 参见 Smethurst（2009）和 Eichengreen（2015）。

11. Friedman and Schwartz（1963）。

12. Smith（1999［1776］，第 V 卷，第2章，第410页）。

13. 值得注意的是，德国魏玛时期发生恶性通胀的起因是印钞融资的财政赤字，其后加速发展的另一个动因是德意志帝国银行（Reichsbank）为商业银行私人信贷投放提供再融资。这表明在实践中，法定货币和私人货币创造的作用机制有时会相互交织。参见 Bresciani-Turroni（1937［1931］）。

14. Friedman and Schwartz（1963）。

### 债务和魔鬼

15. Simons（1936，第9—10页）。

16. 然而，提供流动性造成的一个后果是，私人信贷创造和法定货币创造之间的界限不再泾渭分明。尽管在微观层面，中央银行提供市场流动性的操作通常还设计有反向操作，但长期看，这些操作往往还是导致了基础货币增加。如果这些基础货币是不计息的（中央银行提高流动性的计划中，有一部分就是不计息的），其效果等同于政府用中央银行发行的货币为少部分预算赤字融资。

17. 事实上，凯恩斯在其著作中并未明确表示，通过发债为财政赤字刺激融资是通常情况下的做法，还是在任何情况下都可采取的方法。他在《通论》中有这样一段描述："如果财政部打算将钞票填满破旧的瓶子，以适宜的深度将其埋在废弃的矿井中"，然后让人们将瓶子挖出，将纸币花掉，那么"无须再关注失业问题，社区的实际收入……可能将大幅提高。"（Keynes，1973［1936］，第129页）作者描述的实质上是通过印发货币为财政赤字融资，而不是通过发债。

18. 参见 Barro（1974，1989），以及 Sargent and Wallace（1981）。

19. 在这些情况下，中央银行可能无法（由于零下限）将利率下调到通胀率目标要求的水平，因而也不会通过上调利率来回应财政刺激。参见第十四章以及 DeLong and Summers（2012）。

20. 另一种可能是，公共债务从来不会被正式地货币化，而是采取一些间接途径：（1）用发行的公共债务持续替代即将到期的公共债务，公共债务与GDP之比持续上升；（2）公共债务的利率持续下行，稳步接近于零，偿还公共债务的利息看起来不成问题。在这些情况下，公共债务与GDP之比看似不存在明确的上限。究其实质，期限永续的不计息债务就是货币。所以债务永久性展期的可能性越大，债务的利率水平越低，发债融资与货币融资之间的界限越无关紧要。日本当前的做法就是在挑战这一界限。

21. Keynes（1930，第41—43页）。

22. 因信贷创造而产生的资产在金融数据统计中是否被定义为"货币"并不重要。银行从事信贷创造必然会产生某种银行负债，而非银行部门相应产生某种金融资产。但这种债权可以多种形式存在（例如，银行存款、银行发行的债务凭证的所有权）。将实体经济和银行体系联系在一起的债权关系可以是直接的（例如，企业或居民的银行存款），也可以是间接的（例如，企业或居民持有货币市场共同基金，而基金持有银行发行的债务凭证）。因此，尽管凯恩斯对货币用途的分类富有洞见，但最好将其理解为对不同类型信贷产生的后果所做的一种阐述，而不应就此认为银行负债中所谓"货币"与"非货币"之间的平衡有多么重要。也可参见第十章注释4对无意义的"货币需求"概念的相关讨论。如经济学家 Benjamin Friedman 评论的："长达半个世纪之久的重心偏移不利于经济学的发展。"（Friedman，2012，第302页）。

23. Bank of England and UK Blue Book，National Income and Accounts。值得注意的是，抵押贷款债务的增长被低估了，因为未包括被证券化的抵押贷款债务，而这一部分当时已显著增加。

24. Werner（2003）。

25. 参见 Werner（2003），图9.1 和 图9.2。

26. Brynjolfsson and McAfee（2014）。

## 注释

27. Keynes（1973 [1936]，第 96 页）。
28. 哪些动机促使"贫困者"或"不太富裕者"（less rich，也即中等或中等以上收入，但收入增长预期速度较低的人）通过举债维持其超出收入水平的过度消费？Robert Frank 的一系列文章（Frank、2001，2007；Frank、Levine and Dijk，2010）探讨了上述问题。
29. Eccles（1951，第 76 页）。
30. Rajan（2011，第一章）。
31. Rancière and Kumhof（2010）。在 Kumhof 和 Rancière 的模型中，贫富不均定义为最富裕的 5% 与其他 95% 之间的差距。采用这种方法能较好地反映一个事实，即贫富不均之所以会导致信贷密集度上升，其中起到重要刺激作用的并非真正的赤贫者（最贫穷的 1/4）的行为，而是中等收入/不太富裕者努力维持较高的消费水平，试图与收入最高的 10% 或更少数顶级富裕者比肩。Bordo and Meissner（2012）未发现贫富不均、信贷扩张与金融危机之间存在普遍联系，但他们认为，贫富不均加剧确实是导致 2007—2008 年金融危机爆发的一个因素。Van Treeck and Sturn（2012）指出，永久性的（而非暂时性的）贫富不均及其潜在重要影响在危机前未得到充分重视，因为在当时的政治氛围中，贫富不均是不受欢迎的议题，而能够轻松获得信贷被视为"美国梦"不可或缺的组成部分。
32. Mian and Sufi（2014，第 23 页）。
33. 由 Savills 报道，引自"Private Landlords Gain the Most from Rising Property Market,"*Financial Times*，2014 年 1 月 18 日。
34. Graeber（2012）。
35. 关于该观点的详细论述，参见 Pettis（2013）。
36. "长期停滞"的概念（意为私人部门名义需求长期不足，必须由政府进行适当政策干预才能解决）最早出自 20 世纪中叶的经济学家 Alvin Hansen 的著作，而再度兴起则是源于 Larry Summers 的一次会议演讲（the fourteenth Jacques Polak Annual Research Conference，Washington, DC，2013 年 11 月 8 日）。
37. Bank of England, Interactive Database.
38. 更长历史时期的情况本质上很难掌握。20 世纪 80 年代之前，与通胀挂钩的债券还未在市场中发行。所以在此之前，通过比较事后实现的名义收益率与通胀来估计事前预期的实际收益率。但是，在通胀率走高、变化超出预期的历史时期，这种方法并不可靠。不过，David Miles（2005）的观点颇有道理：当今的实际利率远低于 19 世纪的整体水平；当通胀率波动降低时，通过事后实现的名义收益率间接估计实际收益率是一种较为有效的方法。
39. Bernanke（2005）。
40. McKinsey Global Institute（2010）。
41. Turner（2010）。
42. IMF World Economic Outlook，2015 年 4 月，第 4 章，图 4.5。
43. 参见 Wolf（2014）和 Martin Wolf 的其他文章。
44. 参见 Turner（2014，附录 3）。
45. 参见 Lawrence Summers,"Why Public Investment Really Is a Free Lunch,"*Financial*

**债务和魔鬼**

Times, October 6, 2014.

## 第八章

1. Hayek（1984［1925］，第 21 页）。

2. Studwell（2013，第 139 页），摘自 *How Asia Works*, copyright © 2013 by Joe Studwell, 经 Grove/Atlantic, Inc. 授权使用。该资料除用于本书出版以外，禁止任何第三方使用。

3. Maddison（2001）。

4. IMF World Economic Outlook 数据库；Maddison（2001）。

5. 事实上，更早期的后发国家（如德国和美国）同样该庆幸 19 世纪中叶尚未形成"华盛顿共识"。发展经济学家 Ho-Joon Chang（2007）有力地指出，这些国家的经济赶超模式同样离不开高额关税（如美国）或国家层面支持初级工业发展（如普鲁士/德国）。

19 世纪晚期，日本明治维新后起步的工业赶超，最初也是由国家引导经济发展，并将德国经济学家 Friedrich List 的经济发展理论奉为圭臬。List 明确反对通过自由贸易和自由市场来实现经济赶超。参见 List and Colwell（1856）。

6. Studwell（2013）。

7. 此处的"机器"不仅是指实体设备，也同样包括软件系统。任何事物，不管是实物的还是智能的，只要能自动实现以往须由人力参与的功能，都可称之为"机器"。从这个角度看，即使在现代社会中，投资重点领域由生产转向服务，或由硬件转向软件，"机器"投资的重要性也丝毫不会降低。

8. 若无技术进步的支持，单纯进行资本投资必然会出现边际收益递减。如第四章所述，现代经济的特征之一就是以软件系统为代表的许多"机器"的相对价格下降，一些资本投资产品变得日益廉价。但即使对发达经济体而言，技术进步仍然内嵌于新生代的机器（包括硬件和软件）之中；若不分配一定资源用于投资，而是全部用于生产当前的产品和服务，将无法实现经济增长。

9. 这并不意味着更高的投资能永久性地拉动经济增长。实际上，长期看，较高的投资率无法使经济增长率超出由技术进步和全要素生产率提高决定的那个水平，因为资本产出比一旦达到某个更高的水平，高投资率只是为了维持该比率的稳定而已。但是，这意味着在人均资本存量增加、生活水平逐步提高的经济转型期间，经济增长能达到的速度仍在很大程度上取决于投资率。

10. Young（1995）。人们有时误读了 Young 的真知灼见，认为他暗示了亚洲经济增长路径存在失当之处，轻资本路径可能更为可取。但事实上，他的研究恰恰说明了密集投资是快速实现经济赶超的唯一可行之路。

11. 法定货币创造可能带来通胀，使实际收入减少，进而减少实际消费。因此在某种意义上，法定货币创造相当于征收"通胀税"。但其他传导机制也可能存在。

12. Hayek（1933，第 118—119 页）。有观点认为，这种资源转移必须通过通胀来实现。Hayek 的这段文字驳斥了此观点。他驳斥的对象有时看似"强制储蓄源于信贷创造"这一观点本身。但事实上，他明确反对"强制储蓄"这一提法，仅仅是因为他觉得表述不够恰当，可能会产生误解。他非常明确地指出，"每一笔新增信贷都导致强制储蓄"。

13. 当支付给存款的利率下降，储蓄率相应提高。这种反应模式显然不符合教科书中关于"储蓄数量是利率的正函数"这一简单假设。但是,大量实证证据表明,这种向后弯曲的储蓄供给曲线可能存在,也确实存在,因为人们需要为退休时期积累一定数量的资源。

14. 例如,参见 Joe Studwell(2013)对印尼"伯克利黑帮"(Berkeley Mafia)的角色所做的描述。

15. 参见 Werner(2003,第 9 章)。

16. IMF World Economic Outlook 数据库。

17. Lardy(2006)。

18. 2007 年 3 月 15 日,温家宝在全国人民代表大会闭幕后的记者招待会上的讲话。

19. 关于中国杠杆率的各种估计值的讨论,参见第三章的注释 3。虽然不同估计值有所差异,但都一致表明杠杆率急剧上升。"社会融资总量"指标中不仅包括对私人企业的融资,还包括大量对国有企业和地方政府的融资。由于中国的国有企业与私人企业边界不清,"社会融资总量"很难与其他经济体的私人部门信贷指标进行精确比较。但该指标基本能够反映应当由居民收入或投资产生的利润来偿还的信贷规模,税收收入偿还的信贷则不包含在内。

20. IMF Fiscal Monitor,2014 年 10 月。

21. Fueki et al.(2010)。

# 第九章

1. Rey(2013,第 312 页)。

2. Committee on the Global Financial System(2009,第 2 页),www.bis.org。

3. IMF Balance of Payments Statistics,2013 年 10 月。

4. 也可参见 Mathias(1969)。

5. Broner et al.(2013)。

6. 净债务国和净债权国对经常账户失衡的行为反应是不对称的,前者被迫削减需求,而后者并无动力刺激需求来抵消前者的影响。这种危险是凯恩斯担忧国际货币体系并在布雷顿森林会议上提议以某种形式建立全球中央银行的关键因素(参见 Skidelsky,2004)。实际上,净债务国与净债权国之间的不对称性只是更广泛意义上的净借款方与净贷款方之间(包括国家、企业或家庭之间)不对称性的一个子集,并呈现某些特殊的风险。Eggertsson and Krugman(2012)详细阐述了这一问题。

7. Broner et al.(2013)。

8. Committee on the Global Financial System(2009,第 2 页)。

9. Rey(2013,第 312 页)。

10. European Commission(1990)。

11. IMF World Economic Outlook 数据库。

12. 与私人部门相同,公共部门目前也存在债务积压,其债务水平在危机后大幅攀升。欧元区的发展近况体现了第五章阐述的总体原则:私人债务一旦扩张到不可持续的水平,在危机后也不会自行消失,而是向公共部门转移。金融危机后,过量私人信贷创造实质上已被社会化。此外,欧洲中央银行体系(European System of Central Banks)的独

**债务和魔鬼**

特制度创造了另一种形式的债务社会化,即"中央银行间支付系统余额"(Target 2 Balances)出现了增长。危机前,经常项目盈余国家的银行及其他投资者乐于向赤字国家的银行提供融资,而后者向本国家庭和企业部门投放信贷。危机后,新增资本流入枯竭,盈余国家的投资者希望将资金投向相对安全的本国资产(如本国银行存款),本国银行将增加的存款投放在本国中央银行作为准备金。与此同时,赤字国家的中央银行需对本国银行提供流动性支持,其资金来源为通过中央银行间支付系统(即"Target 2")向欧元区其他国家借款。实质上,它们是向盈余国家的中央银行借款。此前由盈余国家私人银行体系流向赤字国家私人银行体系的私人资本如今通过欧洲中央银行体系实现同方向的流动。"Target 2 余额"在 2007 年几乎为零,而至 2012 年达到峰值,赤字国家的中央银行向欧元系统中其他中央银行借款逾 1 万亿欧元。到 2014 年,余额回落至 6 000 亿欧元,仍十分可观。

13. IMF Fiscal Monitor,2014 年 10 月。

14. 欧元区的数据来源是 ECB Statistical Data Warehouse,National Accounts,Main Aggregates(http://sdw.ecb.europa.eu)。美国、英国、日本的数据是由名义 GDP(数据来源:IMF World Economic Outlook database)减去净出口增加额(数据来源:World Bank World Development Indicators 数据库)计算得来。

## 第十章

1. Minsky(1970,第 2 页)。

2. Hayek(1933,第 102 页)。

3. 我很欣赏 Avinash Persaud 提出的金融危机的"坏苹果"理论。正如 Persaud(2013)所说:"政客被金融危机的坏苹果理论吸引,认为危机是由坏人做坏事引起的……这使他们不必担负起创造一个可持续金融体系的责任",并"谴责我们不断重复繁荣和萧条",这是对金融不稳定的根本原因的误解。

4. Ahamed(2009)。

5. 参见 Financial Services Authority,Final Notice to Bank of Scotland(2012 年 3 月 10 日)和 Final Notice to Peter Cummings(2012 年 9 月 12 日)。

6. Koo(2008)。

7. Financial Services Authority(2011)。

8. Shin(2005)。

9. 2009 年 9 月,金融稳定理事会同意并发布了《合理薪酬实践原则》(Principles for Sound Compensation Practice),相关要求反映在随后出台的英国金融服务局相关条例和适用于整个欧洲国家的欧盟指令中。在世界其他地方,该原则作为监管指引被广泛适用。

10. 参见 Chuck Prince 在日本的访谈,发表于 *Financial Times*,2007 年 7 月 9 日。

11. Greenspan(2005,第 1 页)。

12. Rajan(2005)。Don Kohn 的文章(www.federal reserve.gov/boarddocs/speeches/2005)和 Larry Summers 等人所写的讨论文章(www.kansascityfed.org/publicat/sympos/2005/pdf/GD5-2005.pdf)对此提出了批评。

13. 参见 Blanchard(2012 年 10 月 3 日)接受 Portfolio.hu 采访时所做的评论(www.

portfolio.hu/en)。

14. 这意味着，在货币理论中发挥核心作用的"货币需求"概念，不仅价值不大，而且几乎毫无意义。根据正统理论，货币需求取决于两个因素：（1）名义收入水平 $Y$，因为 $Y$ 越高，为交易目的而持有货币的需求就越大；（2）利率 $i$，利率决定了持有无息货币而非债券的机会成本。但如果大多数货币不是为交易目的而持有的，即大部分货币是要有利息的，这时所谓的"货币"可以被定义为银行负债的子项目，其功能与现实关系不大（见 Turner, 2013a）。因此，考虑银行体系的总负债，并将我们称之为"货币"的特定子项目视为信贷创造的必然副产品而非特定的"需求"可能更有意义。事实上，正如 Benjamin Friedman（2012，第 302 页）指出的，"回顾过去，经济学界将货币定义为银行资产负债表负债端项目的各种子集而未关注资产端，这种长达半个世纪之久的重心偏移不利于经济学的发展。"

15. McKinsey Global Institute 的债务数据库。54% 是指家庭与非金融企业的债务之和（不包括金融机构的债务）。

16. 经合组织（OECD）2015 年 6 月发表的报告估计，当私人信贷占 GDP 比重超过 90% 时，私人信贷进一步增长的影响将转向负面。参见 OECD（2015）。

17. Admati and Hellwig（2013）。

## 第十一章

1. 参见劳埃德银行集团，Halifax 房地产价格指数，历史房地产价格数据（www.lloydsbankinggroup.com/media/economic-insight/halifax-house-price-index/）。

2. 日本房地产研究所，六大城市地区的城市地价指数（www.reinet.or.jp/）。

3. 不同国家的具体市场特征和公共政策选择将对信贷和房地产价格周期产生深远的影响。有关这些问题的讨论参见 Muellbauer（2010, 2012, 2014）；Muellbauer and Durca（2014）；以及 Muellbauer et al.（2012）。

4. McKinsey Global Institute（2015）。

5. George（1884）。

6. Piketty（2014）。

7. Brynjolfsson and McAfee（2014）。在收入分配的顶端，强大的网络外部性和品牌效应都将给最好、最快捷和最幸运的应用程序和游戏开发商提供巨额回报，根本不考虑第二好的是否与最好的几乎一样好。在整个收入分配过程中，借助于信息和通信技术，那些高技能工作岗位的生产率越来越高，渴求高技能雇员的雇主，不管需要支付多高的薪酬，都会理性地选择那些技能最好的求职者而不是以较低的价格雇佣更多技能稍差的求职者。对于这一论点更充分的论证，参见 Turner（2012, 2014）。

8. Piketty（2014）。

9. IMF World Economic Outlook 数据库。

10. IMF World Economic Outlook 数据库。2015 年最新估计结果，中国经常账户盈余占 GDP 的比例约为 3.2%。

11. 2008 年，中国 GDP（根据市场汇率进行换算）为 4.54 万亿元，占全球 GDP 的 7.2%。2015 年，中国 GDP 预计将达到 11.21 万亿元，占全球 GDP 的份额达到 15.04%

263

**债务和魔鬼**

(IMF 世界经济展望数据库)。根据预测,中国经常账户盈余与 GDP 之比例为 3.2%,占全球 GDP 的比例将达到 0.48%。

12. IMF World Economic Outlook 数据库,2015 年的预测数据为 3.3%。

13. IMF World Economic Outlook 数据库,2015 年 4 月,表 A2。相比而言,美国实际国内需求增长 7.4%,英国增长 4.4%,日本增长 3.8%。

14. IMF World Economic Outlook 数据库。

15. Tilford (2015)。

16. 参见 Tim Geithner 的评论,2010 年 10 月 22 日。

## 第十二章

1. 参见 Simons (1936,第 3 页、第 9—10 页)。Simons,"Rules versus Authorities in Monetary Policy,"44:1 (1936) *Journal of Political Economy* © 1936 The University of Chicago Press。

2. 参见 Mian and Sufi (2014,第 168 页)。The University of Chicago Press, Chicago 60637。The University of Chicago Press Ltd., London。© 2014 by Atif Mian and Amir Sufi。版权所有。2014 年出版。在美国印刷。

3. 参见 Knight (1933)。该计划历经数年的更新换代,不同的作者联合署名了不同方案。关键的支持者包括 Henry Simons、Irving Fisher 和 Frank Knight。

4. Fisher (1936)。

5. Friedman (1948)。

6. Benes and Kumhof (2012)。

7. Jackson and Dyson (2013)。

8. Cochrane (2014)。

9. "估算租金"是指业主从免费租用自己的房产中获得的经济收益。在大多数国家,如果有人出租一处房产,他们将缴纳租金所得税,但是,如果他们"租给自己",便不需要缴纳任何税收。房产可以成为财富的一种形式,而其收益不会被征税,这也是相比其他财富形式能享受的税收优惠。1963 年之前,根据税收 A 计划,英国的估算租金是需要征税的。正如 Mervyn King、Tony Atkinson 和 John Muellbauer 等人多次提出,估算租金应该征税。相关文献的汇总可参见 T. Callan (1992),"Taxing Imputed Rent from Owner Occupation," *Fiscal Studies* 13 (1),第 58—70 页。

10. 存款准备金要求(即要求银行以中央银行存款的形式持有一定数量的"准备金")是否对信用中介形成征税,取决于中央银行是否向这些准备金支付利息以及以什么利率水平支付。如果支付的利率(准备金的部分或全部)低于市场利率,实质上相当于征税。第十四章讨论了在货币融资操作中准备金要求和薪酬的潜在作用。

11. Shiller (2013)。

12. 然而,一些现代伊斯兰金融学者越来越强调宏观经济的稳定性和道德观念,试图将它们整合到统一的理论中,可参见 Askari et al. (2012)。

13. Irfan (2014)。

## 注释

### 第十三章

1. Kindleberger and Aliber（2005，第 75 页）。经 Palgrave Macmillan 授权转载。

2. 实际上，私人和公共债务的可持续发展水平取决于未来的潜在增长率。如果潜在增长率较高，那么通过名义 GDP 的增长而不是通过偿还债务实现去杠杆化是可行的。如果潜在增长率较低，如日本或意大利，那么整体去杠杆化的实现几乎是不可能的；若一个经济体面临不断上升的公共债务（如果私人部门去杠杆化）或公共部门和私人部门同时偿还债务，将导致通缩。第十四章讨论了相关的政策含义。

3. White（2012）。

4. Stein（2013，第 9 页）。

5. Borio and Drehmann（2009，第 17 页）。

6. 对跨部门和跨时间信贷需求利率弹性变化的实证分析，可参见 Hense（2015）。

7. 国际统一的银行监管标准规定了银行总资本（包括股票和长期次级债）占"风险加权资产"的最低比例。此外，还规定权益资本（监管资本的一部分）占"风险加权资产"的最低比例。

8. 2007—2008 年危机爆发前，《巴塞尔协议 II》要求银行总资本不低于加权风险资产的 8%，其中至少一半（即 4%）是一级资本，并且一级资本中至少有一半（即 2%）是权益资本。全球金融危机爆发以来，在《巴塞尔协议 III》的框架下，权益资本（"核心一级资本"）的最低要求提高至 4.5%。此外，银行通常还需持有 2.5% 的资本留存缓冲（capital conservation buffer），全球系统重要性银行还应持有 0.5%~2.5% 的附加资本要求。因此，目前总资本要求约为 7%~9.5%，具体要求取决于单家银行是否具有"系统重要性"。然而，《巴塞尔协议 III》框架的总体影响远远超过提高比例要求所显示的影响，因为（1）关于资本充足率计算的分子，即权益资本的定义已经收紧；（2）调整了风险加权方法使得所计算的加权风险资产上升，例如关于交易资产的风险权重大幅上调。

9. Admati and Hellwig（2013）。

10. 关于该观点的传统理论，请参见 Modigliani and Miller（1958）。

11. Bank of International Settlements, *Guidance for National Authorities Operating the Counter Cyclical Capital Buffer*, 2010 年 12 月，巴塞尔。

12. 准备金要求决定了商业银行必须在中央银行持有的"准备金"（即存款）数量。准备金是商业银行的资产，中央银行的负债。法定准备金率是商业银行的总资产或总负债的一个比例。因为银行总资产与银行总负债趋于一致，所以选择资产或负债并非重点。无论是根据资产还是负债进行定义，最低法定准备金率都能有效地限制银行可以持有的贷款（或总资产）数量，使之仅为该银行在中央银行准备金的倍数。

13. 商业银行在中央银行的准备金（中央银行的负债，与纸币和硬币共同构成基础货币）只能由中央银行操作来创造（例如，通过购买商业银行的其他资产，向商业银行提供信贷但同时增加准备金要求）。任何银行都可以增加它在中央银行的准备金（例如，通过出售资产或接收来自其他银行的准备金），但这并未增加中央银行准备金的总额。

14. 然而，理论上，有可能根据不同类别的资产或贷款设定不同的准备金要求。

15. 根据《巴塞尔协议》，那些被认为经验丰富的主要银行可以使用内部评级法进行

**债务和魔鬼**

风险分析、采用内部风险计量模型评估信用风险并计算风险权重（虽然会带来一些监管方面的挑战）。其他银行则适用监管当局规定的标准化的风险权重。即便是标准化的风险权重，也并未尝试包含系统性风险和宏观经济风险，因此这些权重设计可能导致贷款的过度发放（如住房抵押贷款），虽然从微观层面看，这些贷款似乎风险相对较低。

16. Financial Stability Board（2012a, b）。

17. 或许抵押比和贷款收入比约束都能发挥一定作用，但理论上有充分的论据表明，贷款收入比更可取。即使设定抵押比上限，但是由于分母（资产价格）本身增大，相对收入或偿债能力的杠杆比例仍可能不可持续地上升。贷款收入比上限则能更直接地解决偿债能力的问题，而且能更明确地减少自我强化的信贷和资产价格周期的潜在危险。

18. 例如，加拿大对通过加拿大抵押和住房公司给予保险的抵押贷款规定了抵押比上限（可随时间调整）。德国住房抵押信贷的可得性受制于确定合格抵押品的规则，抵押品中必须包含 A 级银行担保的债券。

19. Financial Services Authority, Mortgage Market Review, Final Rules, 2012 年 10 月 25 日。

20. 在经济上行期，随着房地产贷款不断扩张，与房地产无关的企业贷款可能被挤出（而不仅是因为金融危机削弱了银行的放贷能力）。Hakraborty、Goldstein and MacKinlay（2014，第 1 页）的研究覆盖了从 1988 年到 2006 年的美国市场，他们认为"活跃于住房抵押贷款市场的银行扩大了住房抵押贷款，减少了商业贷款。从这些银行借款的公司投资明显下降"。

21. Cecchetti、Mohanty and Zampolli（2011）。同时可参见 Cecchetti and Kharroubi（2015）。经合组织关于金融和包容性增长的最新报告（OECD, 2015）同时指出，当私人信贷（家庭和企业之和）与 GDP 之比超过 90% 之后，对经济增长的效应将转向负面。

## 第十四章

1. Reinhart and Rogoff（2013，第 1 页）。
2. Bernanke（2003，第 10 页）。
3. Gordon（2012）。
4. 参见第九章注释 14。
5. IMF World Economic Outlook 数据库。
6. DeLong and Summers（2012）。
7. Jordà and Taylor（2013）。Jordà 和 Taylor 的研究结果与 Alesina 和 Ardagna 的结论有所不同（2009），Alesina 和 Ardagna 对 1970 年至 2007 年的数据进行深入研究，结果表明财政紧缩可能具有"扩张性"。关键是 Jordà 和 Taylor 发现财政紧缩的负面效应通常发生在经济疲软的时候，财政紧缩看起来制约了经济从萧条中复苏，但是当经济增长强劲时，它只会产生更小的紧缩效应。这可能意味着当私人部门去杠杆时，财政紧缩（公共部门去杠杆）是有害的，也意味着负面效应来自两个部门试图同时去杠杆。IMF 的研究（Guajardo、Leigh and pescatori, 2011）也质疑了 Alesina 和 Ardagna 的分析。
8. 参见 IMF Fiscal Monitor（2014 年 7 月）表 7 政府总债务一览。考虑相关政府部门持有的公共负债之后，就净债务水平来看，美国的比例为 50%~81%，英国为 47%~

85%，西班牙为 30% ~ 69%（表9）。

9. Reinhart and Rogoff（2010）。

10. 利率设置在何种水平上可以使这种转换效应变得明显，这一点并不清楚。2015年之前，很多评论认为，2015年1月中央银行难以将利率设置在低于 -0.25% 的水平，然而，瑞士中央银行将存款利率设定为 -0.75% 并未引起存款向票据的大搬家。但可以确定的是，肯定存在导致大搬家的某种利率水平。

11. Ken Rogoff, "Time to Phase Out Paper Money," *Financial Times*, 2014 年 5 月 29 日。

12. IMF Global Financial Stability Report（2014 年 10 月），第 1 页。

13. IMF World Economic Outlook（2014 年 10 月），摘要，第 15 页。

14. Friedman（2006［1969］，第 4 页）。

15. 永久免息债券实际上相当于货币。在实施了上述操作后，中央银行的资产负债表最终将与无息资产和负债形成额外的匹配。只要商业银行的超额准备金无需付息，其当前和未来的损益将不受影响，参见本章注释19。

16. Bernanke（2003，第 11 页）。

17. Buiter（2014）。参见 Galí（2014）。Galí 基于古典和新凯恩斯框架提供了对货币融资刺激的形式化分析，并将它与更传统的债务融资刺激的影响进行比较。他认为，"在符合实际的名义刚性的校准下，货币融资型财政刺激对经济活动有很强烈的影响，同时也会导致相对温和的通胀"（Galí, 2014, 第 1 页）。通过发行货币为财政赤字融资可能不会刺激名义需求的唯一原因是，经济主体（即企业和家庭）预期随着政府实现了预算盈余并回收其最初创造的货币，货币融资将在未来发生逆转。如果被事先预期到，货币融资的刺激效应可能会失效，这和李嘉图等价式预期在理论上会使债券融资的刺激效应失效的方式相同。然而，理论上所有货币和财政政策的刺激效应取决于对未来财政和货币当局行动的预期；参见 Turner（2013a）对预期效应的众多可能变体的讨论。然而，即使家庭和企业都试图理性地预期未来政府和中央银行的行动，在货币融资和债务融资之间肯定也存在关键的信号差异：应用货币融资发出的信号是当局意图实施永久性刺激，货币永远不会回收；相反，使用债务融资发出的信号是当局意图实施偿还债务的政策，这可能抵消了刺激效应。

18. 正如本章注释17讨论的，如果长期刺激被证实超出预期，政府就会实行基本预算盈余和回收货币。这确实就是 Milton Friedman（1948）设想的对冲性紧缩政策。也正如注释17讨论的，这种预期的"未来货币回收"可能性在理论上会削弱货币融资刺激的初始效应；但是只有在预期的"未来货币回收"数量非常大的情况下，才可能抵消部分甚至全部刺激效应。

19. 由于中央银行（依据本章注释15）持有政府的无息债券，如果与无息债券相对应的负债（商业银行在中央银行的超额准备金）需要付息，就会存在损失。然而，事实上，中央银行维持其会计意义上的偿债能力并非绝对必要（因为他们最终可以通过"印发货币"偿付债务），持续亏损将有两个后果：(1) 要么政府不得不通过财政补贴方式弥补中央银行的亏损（这样做需提高税收或削减开支），对经济产生未来的紧缩效应；(2) 要么中央银行利用其职能多印发货币，产生潜在的过度刺激和有害的高通胀。如果对新增商业银行准备金支付零利率，则可防止损失的发生，由此避免这两个危险后果中

**债务和魔鬼**

的一个。

20. 因此,中央银行首次配合政府实行货币融资的"直升机撒钱"政策,可以要求商业银行持有一定比例的总负债(或总资产)作为准备金,且是无息的,仅对超过该比例的超额准备金支付利息(且在那个或者更高的正利率水平上持续借贷)。

21. UK Debt Office,UK Office of National Statistics.

22. Layard(2010,图1.9)。这些数字是指英国银行和建筑互助协会向家庭和非金融企业部门发放的贷款。此外,公司部门这两年持续通过企业债券市场融资,2007年还从外国银行大量举债。

23. 公众持有联邦债务的历史数据,2010年7月,U. S. Congressional Budget Office, Washingtom。

24. Fueki et al.(2010)。

25. IMF Fiscal Monitor(2014年10月)。

26. 基于IMF Fiscal Monitor(2015年4月)表A7。就净额而言,该比例为110%。

27. Eichengreen(2014)。

28. Rogoff(2011),Blanchard、Dell'Ariccia and Mauro(2010)。值得注意的是,事实上,Blanchard、Dell'Ariccia和Mauro所声称的不仅仅是有利于去杠杆的暂时的高通胀率,而是更高的长期通胀目标。

29. 引用Herbert Hoover(1952),*The Memoirs of Herbert Hoover*,Volume 3,*The Great Depression*。New York,Macmillan,第30页,可以从 www. ecomm code. com/hoover/ebooks/pdf 下载PDF版。

30. 事实上,希腊公共部门的债务已经被减记(2015年3月撰写本文时),通过降低利率和延长期限的间接机制,减少了未来债务的净现值。如果政府对官方贷款人(例如希腊对欧元区其他国家)的债务是永久无息的,实质上它可以完全被核销,但名义资产价值仍然被视为未清偿债务。延长债务期限和减少利率只是完全核销之路上的一些点,同时也可视为不曾发生过核销。

31. Giavazzi and Tabellini(2014)。

## 第十五章

1. Friedman(1948,第247页、第250页)。

2. Keynes(1991[1919],第78页)。© The Royal Economic Society 1931,1972,2010,2013 由剑桥大学出版,并授权使用。

3. Weidman(2012,第3页)。

4. Woodford声称,非常有必要实施"立即刺激消费而不太过依赖预期的政策行动"。他认为"不单纯依赖预期来增加当期总需求的最显著的办法就是财政刺激",他讨论了利用基础货币创造为部分财政刺激融资的必要性,很明显"当前部分基础货币的增长应该是永久性的"。然而,他从来不曾说,他本质上是重申了伯南克主张的利用中央银行货币为新增财政赤字融资(Woodford,2012,第86—87页)。

5. 渴望预设规则以确保纪律,而不是诉诸随时间而定的负责任的相机抉择型决策,这尤其是德国"秩序自由主义"(ordo-liberal)传统的核心。因而,绝对禁止发行货币为赤字融资已经成为德国中央银行的中心思想，并被纳入治理欧洲中央银行的法律框架中。然而，Turner（2015）认为，货币融资这一政策选择可以与秩序自由主义传统相容，这取决于恰当的规则而不是完全禁止。

6. Bernanke（2003，第12页）。
7. IMF World Economic Outlook 数据库。
8. Giavazzi and Tabellini（2014）。
9. 事实上，历史上存在不少类似于货币融资操作的例子，而且不得不这么做，但事先不会阐明货币融资的实质。从20世纪40年代早期到1951年，不论财政赤字的规模如何，美联储始终通过公开市场操作确保长期利率保持在2.5%的水平。1951年，美联储和财政部协商一致，终止了这项政策。但是并未退出，也未逆转，基础货币名义量不再增加，但是并未减少，这种保持稳定而不是减少的政策符合重返低通胀的目标。实际上，从20世纪40年代早期到1951年美国相当部分财政赤字是通过发行货币来融资的：当时的官方说法是，财政赤字主要通过美联储持有的无息债务来融资，现在我们称之为"量化宽松政策"。
10. 不少观点认为，如果欧元区解体，对少数"硬货币"国家是有利的，其货币将相对欧元升值，而少数"软货币"国家将脱离欧元区并贬值。对于"软货币"国家来说，任何不以新本币标价的债务将上升（因为由外国交易对手方投放或者受国外法律管制），造成了更大的债务负担，异常的货币贬值也会产生通胀并加剧资金外逃。相反，对于"硬货币"国家，若债务仍以欧元标价，债务人会获得意外收益，反之，部分投资者会遭受意外损失，但是净效应不太可能引起大的错位，过度贬值的消极影响也会被恰当的刺激政策对冲。具有讽刺性的是，货币升值的中央银行会购买欧元区其他成员国的债券，这样的政策不可避免涉及外汇干预。
11. Friedman（1948，第264页）。
12. 参见第七章长期经济停滞和第七章的注释36。

## 后记

1. Lucas（2003，第1页）。
2. Buiter（2009，第1页）。
3. King（2010，第4页）。
4. Tim Besley and Peter Hennessy 签名的英国科学院致女王的信，2009。
5. Muth（1961）。
6. Frydman and Phelps（2013，第6页）。
7. 然而，关于 IS-LM 框架是否由 John Hicks 爵士1937年试图为调和凯恩斯理论和前凯恩斯古典经济学首先提出，还存在激烈的争论，该框架确实反映了凯恩斯宏观经济理论的核心。参见 Leijonhufvud（1968）。
8. Haldane（2014，图17）。
9. Gertler（1988）。
10. Gurley and Shaw（1955）。
11. 在总财富中房地产占比较大且不断上升的事实表明，建立在用于描述经济运行的

**债务和魔鬼**

传统两要素模型［劳动力（L）和资本（K）的数量和替代弹性决定了要素份额和收益］之上的财富和收入分配理论是不充分的。我们应该将不可再生的土地作为另一个关键要素。Joseph Stiglitz（2015）开发了这个三要素模型，并评论说"遗漏了土地这个要素是我1969年建立的财富和收入均衡分配理论的最大缺陷"。也可参见 Turner（2014），他讨论了"高科技"（hi-tech）和"高接触"（hi-touch）越来越重要的现代经济的影响。"高科技"意味着网络外部性和创意将获得更高的回报；"高接触"意味着最实物形态的资产——土地——将获得较高的回报。

12. Greenwald and Stiglitz（2003，第104页）。

13. 参见 Quadrini（2011）关于危机前主流经济学理论如何处理金融稳定问题的分析。

14. Buiter（2009，第1页）。

15. Hayek（1988）。

16. Hayek（1945，第519页）。

17. Frydman and Goldberg（2011，第67页）。

18. Lucas（2001，第14页）。

19. Knight（1921）。

20. Keynes（1973［1936］，第162—163页）。

21. Soros（2013）。

22. Janeway（2012）。

23. 如 Karl Popper（1957）在 *The Poverty of Historicism* 中指出，尽管乌托邦式的社会工程是危险的，针对特定问题和目标的局部工程（piecemeal engineering）仍然是可能的，也是重要的。

# 参考文献

Admati, A. R., and M. F. Hellwig (2013) *The Bankers' New Clothes: What's Wrong with Banking and What to Do about It*. Princeton, NJ: Princeton University Press.

Adrian, T., and H. S. Shin (2009) "Money, Liquidity and Monetary Policy." Staff Report 360. New York: Federal Reserve Bank of New York.

Ahamed, L. (2009) *Lords of Finance: The Bankers Who Broke the World*. New York: Random House.

Alesina, A., and S. Ardagna (2009) "Large Changes in Fiscal Policy: Taxes versus Spending." Working Paper 15438. Cambridge, MA: National Bureau of Economic Research.

Aristotle (2000) *Politics*. Translated by Benjamin Jowett. Mineola, NY: Dover Publications.

Arrow, K. J., and G. Debreu (1954) "Existence of an Equilibrium for a Competitive Economy." *Econometrica* 22: 265–90.

Askari, H., Iqbal, Z., A. Mirakhor, and N. Krichene (2012) *Risk Sharing in Finance: The Islamic Finance Alternative*. New York: Wiley.

Bagehot, W. (1878) *Lombard Street: A Description of the Money Market*. London: C. Kegan Paul.

Bank of England (2012) "The Distributional Effects of Asset Purchases." *Quarterly Bulletin* Q3. Available at: www.bankofengland.co.uk/publications/Documents/quarterlybulletin/qb120306.pdf.

Barro, R. (1974) "Are Government Bonds Net Wealth?" *Journal of Political Economy* 82(6): 1095–1117.

——— (1989) "The Ricardian Approach to Budget Deficits." *Journal of Economic Perspectives* 3(2): 37–54.

Benes, J., and M. Kumhof (2012) *The Chicago Plan Revisited*. Washington, DC: International Monetary Fund.

Bernanke, B. S. (1983) "Non-monetary Effects of the Financial Crisis in the Propagation of the Great Depression." *American Economic Review* 73(3): 257–76.

——— (2000) *Essays on the Great Depression*. Princeton, NJ: Princeton University Press.

——— (2003) "Some Thoughts on Monetary Policy in Japan." Tokyo, May.

——— (2005) "The Global Saving Glut and the U.S. Current Account Deficit." Remarks at the Sandridge Lecture, Virginia, Federal Research Board, March 10.

Bhagwati, J. (1998) "Capital Myth: The Difference between Trade in Widgets and Dollars," *Foreign Affairs* 77(3): 7–12. Available at: www.foreignaffairs.com/articles/asia.

Bhide, A. (2013) "The Hidden Costs of Debt Market Liquidity." Working Paper 79. New York: Centre on Capitalism and Society, Columbia University.

Blanchard, O., G. Dell'Ariccia, and P. Mauro (2010) "Rethinking Macroeconomic Policy." *Journal of Money, Credit and Banking* 42(s1): 199–215.

Bootle, R., and V. Redwood (2011) "Does Inflation Offer a Way out of the Debt Crisis?" *Global Economics Focus*, June 13. London: Capital Economics (www.capitaleconomics.com).

Bordo, M. D., and C. M. Meissner (2012) "Does Inequality Lead to a Financial Crisis?" *Journal of International Money and Finance* 31(8): 2147–61.
Borio, C. (2012) "The Financial Cycle and Macroeconomics: What Have We Learnt?" No. 395. Basel: Bank for International Settlements.
Borio, C., and M. Drehmann (2009) "Financial Instability and Macroeconomics: Bridging the Gulf." Paper prepared for the Twelfth Annual International Banking Conference, The International Financial Crisis: Have the Rules of Finance Changed? Chicago, September 24–25.
Bresciani-Turroni, C. (1937) [1931] *The Economics of Inflation—A Study of Currency Depreciation in Post War Germany*. London: George Allen & Unwin.
Broner, F., T. Didier, A. Erce, and S. Schmukler (2013) "Gross Capital Flows: Dynamics and Crises." *Journal of Monetary Economics* 60: 113–33.
Brunnermeier, M., and L. Pedersen (2009) "Market Liquidity and Funding Liquidity." *Review of Financial Studies* 22(6): 2201–38.
Brynjolfsson, E., and A. McAfee (2014) *The Second Machine Age: Work, Progress, and Prosperity in a Time of Brilliant Technologies*. New York: W. W. Norton and Company.
Buiter, W. (2009) "The Unfortunate Uselessness of Most 'State of the Art' Academic Monetary Economics." VOXeu.org, March 6.
——— (2014) "The Simple Analytics of Helicopter Money: Why It Works—Always." *Economics: The Open-Access, Open-Assessment E-Journal* 8: 1–51. (http://dx.doi.org/10.5018/economics-ejournal.ja.2014–28).
Buttiglione, L., P. R. Lane, L. Reichlin, and V. Reinhart (2014) "Deleveraging, What Deleveraging?" Geneva Report on the World Economy 16. Geneva: International Center for Monetary and Banking Studies, and Centre for Economic Policy Research.
Calomiris, C., and S. Haber (2014) *Fragile by Design: The Political Origins of Banking Crises and Scarce Credit*. Princeton, NJ: Princeton University Press.
Cassidy, J. (2009) *How Markets Fail: The Logic of Economic Calamities*. London: Macmillan.
Cecchetti, S. G., and E. Kharroubi (2015) "Why Does Financial Sector Growth Crowd Out Real Economic Growth?" Working Paper 490. Basel: Bank for International Settlements.
Cecchetti, S. G., M. S. Mohanty, and F. Zampolli (2011) "The Real Effects of Debt." Basel: Bank for International Settlements, Monetary and Economic Department.
Chakraborty, I., I. Goldstein, and A. MacKinlay (2013) "Dark Side of Housing Price Appreciation." VOXeu.org, November 25.
——— (2014) "Do Asset Price Booms Have Negative Real Effects?" Social Science Research Network, September 22.
Chang, H. J. (2002) *Kicking away the Ladder*. London: Anthem Press.
——— (2007) *Bad Samaritans: The Myth of Free Trade and the Secret History of Capitalism*. New York: Bloomsbury.
Cochrane, J. (2013) "Financial Reform in 12 Minutes." Remarks presented at the conference The US Financial System—Five Years after the Crisis, Brookings Institution and Hoover Institution, Washington, DC, October 1.
——— (2014) "Toward a Run-Free Financial System." April 16. Available at: http://faculty.chicagobooth.edu/john.cochrane/research/papers/run_free.pdf.
Coggan, P. (2011) *Paper Promises: Money, Debt and the New World Order*. London: Penguin UK.

# 参考文献

Committee on the Global Financial System (2009) "Capital Flows and Emerging Market Economies." CGFS Paper 33. Basel.

Daniel, R., and H. Scheule (2013) *Credit Securitisations and Derivatives: Challenges for the Global Markets*. New York: John Wiley & Sons.

Dash, M. (1999) *Tulipomania: The Story of the World's Most Coveted Flower and the Extraordinary Passions It Aroused*. New York: Crown.

DeLong, J. B., and L. H. Summers (2012) "Fiscal Policy in a Depressed Economy." *Brookings Papers on Economic Activity* 233–97.

Dudley, W. C., and G. Hubbard (2004) *How Capital Markets Enhance Economic Performance and Facilitate Job Creation*. New York: Goldman Sachs Markets Institute.

Eccles, M. S. (1951) *Beckoning Frontiers: Public and Personal Recollections*. New York: Knopf.

Edwards, F. R. (1993) "Taxing Transactions in Futures Markets: Objectives and Effects." *Journal of Financial Services Research* 7(1): 75–91.

Eggertsson, G. B., and P. Krugman (2012) "Debt, Deleveraging, and the Liquidity Trap: A Fisher-Minsky-Koo Approach." *Quarterly Journal of Economics* 127(3): 1469–1513.

Eichengreen, B. (2008) *Globalizing Capital: A History of the International Monetary System*, second edition. Princeton, NJ: Princeton University Press.

―――― (2014) "The Bond Markets Dance." *Financial Times*, November 17 (FT.com).

―――― (2015) *Hall of Mirrors: The Great Depression, the Great Recession, and the Uses—and Misuses—of History*. New York: Oxford University Press.

European Commission (1990) "One Market, One Money: An Evaluation of the Potential Benefits and Costs of Forming an Economic and Monetary Union." European Economy, Commission of the European Communities, Directorate-General for Economic and Financial Affairs No. 44, October. Available at: http://ec.europa.eu/economy_finance/publications/publication7454_en.pdf.

Fama, E. F. (1965) "The Behavior of Stock-Market Prices." *Journal of Business* 38(1): 34–105.

―――― (1970) "Efficient Capital Markets: A Review of Theory and Empirical Work." *Journal of Finance* 25(2): 383–417.

Fama, E. F., L. Fisher, M. Jensen, and R. Roll (1969) "The Adjustment of Stock Prices to New Information." *International Economic Review* 10(1): 1–21.

Ferguson, C. (2012) *Inside Job: The Financiers Who Pulled Off the Heist of the Century*. London: Oneworld Publications.

Financial Services Authority (2011) "Report on the Failure of the Royal Bank of Scotland." Board Report. London.

Financial Stability Board (2012a) "Global Shadow Banking Monitoring Report." Basel.

―――― (2012b) "Securities Lending and Repos: Market Overview and Financial Stability Issues." Basel.

Fisher, I. (1933) "The Debt-Deflation Theory of Great Depressions." *Econometrica* 1(4): 337–57.

―――― (1936) "100% Money and the Public Debt." *Economic Forum* Spring: 406–20.

Frank, R. (2001) *Luxury Fever: Why Money Fails to Satisfy in an Era of Excess*. New York: Simon and Schuster.

―――― (2007) *Falling Behind: How Rising Inequality Harms the Middle Class*. Berkeley: University of California Press.

Frank, R. H., A. S. Levine, and O. Dijk (2010) "Expenditure Cascades." Social Science Research Network, SSRN 1690612.

French, K. R., and R. Roll (1986) "Stock Return Variances: The Arrival of Information and the Reaction of Traders." *Journal of Financial Economics* 17(1): 5–26.

Friedman, B. (2012) "Monetary Policy, Fiscal Policy and the Efficiency of Our Financial System: Lessons from the Financial Crisis." *International Journal of Central Banking* 8: 301–9. Available at: http://scholar.harvard.edu/files/bfriedman/files/lessons_financial_crisis_ijcb_jan_2012.pdf.

Friedman, M. (1948) "A Monetary and Fiscal Framework for Economic Stability." *American Economic Review* 38(3): 245–64.

—— (2006) [1969] *The Optimum Quantity of Money: And Other Essays*. Piscataway, NJ: Transaction Publishers.

Friedman, M., and A. Schwartz (1963) *A Monetary History of the United States 1867–1960*. Princeton, NJ: Princeton University Press.

Frydman, R., and M. D. Goldberg (2011) *Beyond Mechanical Markets: Asset Price Swings, Risk, and the Role of the State*. Princeton, NJ: Princeton University Press.

Frydman, R., and E. S. Phelps (eds.) (2013) *Rethinking Expectations: The Way Forward for Macroeconomics*. Princeton, NJ: Princeton University Press.

Fueki, T., I. Fukunaga, H. Ichiue, T. Sekine, and T. Shirota (2010) "Measuring Potential Growth in Japan: Some Practical Caveats." Bank of Japan Review Series 2010-E1. Tokyo: Bank of Japan.

Galí, J. (2014) "The Effects of a Money-Financed Fiscal Stimulus." Barcelona: Centre de Recerca en Economia Internacional, Universitat Pompeu Fabra and Barcelona. Available at: http://crei.cat/people/gali/gmoney.pdf.

Gennaioli, N., A. Shleifer, and R. Vishny. (2012) "Neglected Risks, Financial Innovation, and Financial Fragility." *Journal of Financial Economics* 104(3): 452–68.

George, H. (1884) *Progress and Poverty: An Inquiry into the Cause of Industrial Depressions, and of Increase of Want with Increase of Wealth. The Remedy*. London: W. Reeves.

Gerschenkron, A. (1962) *Economic Backwardness in Historical Perspective: A Book of Essays*. Cambridge, MA: Belknap Press of Harvard University Press.

Gertler, M. L. (1988) "Financial Structure and Aggregate Economic Activity: An Overview." *Journal of Money, Credit and Banking* 20(3): 559–88.

Gertler, M. L., and N. Kiyotaki (2009) *Financial Intermediation and Credit Policy in Business Cycle Analysis: Handbook of Monetary Economics*. New York and Princeton, NJ: New York University Press and Princeton University Press.

Giavazzi, F., and G. Tabellini (2014) "How to Jump Start the Eurozone Economy." VOXeu.org, August 21. Available at: www.voxeu.org/article/how-jumpstart-eurozone-economy.

Goethe, J.W. von (2007) *Faust—a tragedy in two parts*. London: Wordsworth Classics of World Literature.

Gordon, R. J. (2012) "Is US Economic Growth Over? Faltering Innovation Confronts the Six Headwinds." Policy Insight 63. New York: Center for Economic Policy Research.

Gorton, G., and A. Metrick (2012) "Securitized Banking and the Run on Repo." *Journal of Financial Economics* 104(3): 425–51.

Graeber, D. (2012) *Debt: The First 5000 Years*. London: Penguin UK.

Greenspan, A. (2005) "Risk Transfer and Financial Stability." Speech at the Federal Reserve Bank of Chicago, May 5.

Greenwald, B., and J. Stiglitz (2003) *Towards a New Paradigm in Monetary Economics*. Cambridge: Cambridge University Press.

Greenwood, R., and D. Scharfstein (2013) "The Growth of Finance." *Journal of Economic Perspectives* 27(2): 3–28.

Guajardo, J., D. Leigh, and A. Pescatori (2011) "Expansionary Austerity: New International Evidence." Working Paper 11/158. Washington, DC: International Monetary Fund.

Gurley, J. G., and E. S. Shaw (1955) "Financial Aspects of Economic Development." *American Economic Review* 45: 515–38.

Haldane, A. G. (2010) "Patience and Finance." Remarks at the Oxford China Business Forum, Beijing, September. Available at: www.bankofengland.co.uk/publications/speeches/2010/speech445.Pdf.

——— (2014) "Central Bank Psychology" (Chart 13). Speech at the conference of the Royal Society of Medicine, London, November.

Haldane, A. G., S. Brennan, and V. Madouros (2010) "What Is the Contribution of the Financial Sector: Miracle or Mirage?" in R. Layard (ed.), *The Future of Finance*. London: London School of Economics and Political Science.

Hayek, F. A. (1933) *Monetary Theory and the Trade Cycle*. New York: Harcourt, Brace & Company.

——— (1945) "The Use of Knowledge in Society." *American Economic Review* 35(4): 519–30.

——— (1984) [1925] *Money, Capital and Fluctuations: Early Essays*. London: Routledge and Kegan Paul.

——— (1988) *The Fatal Conceit: The Errors of Socialism*. London: Routledge.

——— (2008) [1931] *Prices and Production and Other Works: F.A. Hayek on Money, the Business Cycle and the Gold Standard*, edited by Joseph Salerno. Auburn, AL: Ludwig von Mises Institute.

Heaton, J., and Lo, A. W. (1994) "Securities Transaction Taxes: What Would Be Their Effects on Financial Markets and Institutions?" In S. Hammond (ed.), *Securities Transaction Taxes: False Hopes and Unintended Consequences*. Chicago: Irwin Professional Publishers.

Hense, F. (2015) "Interest Rate Elasticity of Bank Loans: The Case for Sector-Specific Capital Requirements." CFS Working Paper 504. Frankfurt: Center for Financial Studies. Available at: www.ifk-cfs.de/research/years/working-papers.html.

Hu, S. Y. (1998) "The Effects of the Stock Transaction Tax on the Stock Market—Experiences from Asian Markets." *Pacific-Basin Finance Journal* 6(3): 347–64.

Hudson, R. L., and B. B. Mandelbrot (2004) *The (Mis)Behavior of Markets: A Fractal View of Risk, Ruin, and Reward*. New York: Basic Books.

International Monetary Fund (2005) "Evaluation Report on the IMF's Approach to Capital Account Liberalization." August 9. Washington, DC: International Monetary Fund, Independent Evaluation Office.

Irfan, H. (2014) *Heaven's Bankers: Inside the Hidden World of Islamic Finance*. London: Constable.

Jackson, A., and B. Dyson (2013) *Modernising Money. Why Our Monetary System Is Broken and How It Can Be Fixed*. London: Positive Money.

Janeway, W. H. (2012) *Doing Capitalism in the Innovation Economy: Markets, Speculation and the State*. Cambridge: Cambridge University Press.

Jensen, M. C. (1978) "Some Anomalous Evidence Regarding Market Efficiency." *Journal of Financial Economics* 6(2): 95–101.

Johnson, S., and J. Kwak (2011) *13 Bankers: The Wall Street Takeover and the Next Financial Meltdown*. London: Random House.

Jordà, Ò., and A. M. Taylor (2013) "The Time for Austerity: Estimating the Average Treatment Effect of Fiscal Policy." Working Paper 19414. Cambridge, MA: National Bureau of Economic Research.

Jordà, Ò., M. Schularick, and A. Taylor (2013) "When Credit Bites Back: Leverage, Business Cycles and Crises." *Journal of Money, Credit and Banking* 45: 3–28.

—— (2014a) "The Great Mortgaging: Housing Finance, Crises and Business Cycles." Working Paper 20501. Cambridge, MA: National Bureau of Economic Research.

—— (2014b) "The Great Leveraging." In V. Acharya, T. Beck, D. Evanoff, G. Kaufman, and R. Portes (eds.), *The Social Value of the Financial Sector: Too Big to Fail or Just Too Big?* World Scientific Studies in International Economics 29. Hackensack, NJ: World Scientific.

—— (2015) "Betting the House." *Journal of International Economics*, Volume 96, Supplement 1, July 2015, Pages S2-S18. 37th Annual NBER International Seminar on Macroeconomics.

Kahneman, D., and A. Tversky (1973) "On the Psychology of Prediction." *Psychological Review* 80: 237–51.

—— A. (1979) "Prospect Theory: An Analysis of Decision under Risk." *Econometrica* 47(2): 263–91.

Kapetanios, G., H. Mumtaz, H. Stevens, and K. Theodoridis (2012) "Assessing the Economy-wide Effects of Quantitative Easing." Working Paper 443. London: Bank of England.

Kay, J. (2012) "The Kay Review of UK Equity Markets and Long-Term Decision Making." Final Report (July). Review commissioned by the UK Department for Business, Innovation and Skills, London.

Keynes, J. M. (1930) *A Treatise on Money*, 2 volumes. London: Macmillan & Company.

—— (1971) A Treatise on Money. *The Pure Theory of Money*, vol. 5, *The Collected Writings of J. M. Keynes*. London and Cambridge: Macmillan and Cambridge University Press (for the Royal Economic Society).

—— (1973) [1936] *The General Theory of Employment, Interest and Money*, vol. 7, *The Collected Writings of J. M. Keynes*. London: Macmillan (for the Royal Economic Society).

Keynes, J. M., "The Collected Writings of John Maynard Keynes, Vol. 9: Essays in Persuasion," edited by Elizabeth Johnson, Donald Moggridge, 1978. © The Royal Economic Society 1931, 1972, 2010, 2013, published by Cambridge University Press, translated with permission.

Kindleberger, C. P. (1978) *Manias, Panics and Crashes: A History of Financial Crises*. New York: Palgrave Macmillan.

Kindleberger, C. P., and R. Aliber (2005) *Manias, Panics and Crashes: A History of Financial Crises*, fifth edition. Hoboken, NJ: John Wiley & Sons.

King, M. (2010) "Uncertainty in Macroeconomic Policy-Making: Art or Science?" Presentation at the Royal Society conference on Handling Uncertainty in Science, London, March 22.

—— (2012) "Twenty Years of Inflation Targeting," The Stamp Memorial Lecture, London School of Economics and Political Science.

Kiyotaki, N., and J. Moore (1995) "Credit Cycles." Working Paper 5083. Cambridge, MA: National Bureau of Economic Research.

# 参考文献

Knight, F. (1921) *Risk, Uncertainty and Profit*. New York: Hart, Schaffner and Marx.

―――― (1933) "Memorandum on Banking Reform." Franklin D. Roosevelt Presidential Library, President's Personal File 431, March.

Knoll, K., M. Schularick, and T. Steger (2014) "No Price Like Home: Global House Prices, 1870–2012." Discussion Paper 10166. New York: Center for Economic Policy Research.

Koo, R. C. (2011) *The Holy Grail of Macroeconomics: Lessons from Japan's Great Recession*. New York: John Wiley & Sons.

Lack, S. (2012) *The Hedge Fund Mirage: The Illusion of Big Money and Why It's Too Good to Be True*. New York: John Wiley & Sons.

Lardy, N. (2006) "China: Toward a Consumption-Driven Growth Path." Working Paper PB06-6. Washington, DC: Peterson Institute for International Economics.

Layard, R., ed. (2010) *The Future of Finance: The LSE Report*. London: London School of Economics and Political Science.

Leijonhufvud, A. (1968) *On Keynesian Economics and the Economics of Keynes*. Oxford: Oxford University Press.

Levine, R. (2005) "Finance and Growth: Theory and Evidence." In P. Aghion and S. Durlauf (eds.), *Handbook of Economic Growth*, 1B. The Netherlands: Elsevier.

Lewis, M. (2011) *The Big Short: Inside the Doomsday Machine*. New York: W. W. Norton and Company.

―――― (2014) *Flash Boys: A Wall Street Revolt*. New York: W. W. Norton and Company.

Lipsey, R. G., and K. Lancaster (1956) "The General Theory of Second Best." *Review of Economic Studies* 24(1): 11–32.

List, F., and S. Colwell. (1856) *National System of Political Economy*. New York: J. B. Lippincott & Company.

Lucas, Jr., R. E. (1972) "Expectations and the Neutrality of Money." *Journal of Economic Theory* 4(2): 103–24.

―――― (2001) "Professional Memoir." Chicago: University of Chicago. (http://home.u chicago.edu).

―――― (2003) "Macroeconomic Priorities." Presidential Address to the American Economic Association, Washington, DC, January 4.

MacKay, C. (1841) *Extraordinary Popular Delusions and the Madness of Crowds*. New York: Farrar, Straus and Giroux.

Maddison, A. (2001) *The World Economy. A Millennial Perspective*. Paris: OECD Development Centre.

Martin, F. (2013) *Money: The Unauthorised Biography*. London: Random House.

Mathias, P. (1969) *The First Industrial Nation: The Economic History of Britain 1700–1914*. London: Methuen & Co.

Mazzucato, M. (2013) *The Entrepreneurial State: Debunking Public vs. Private Sector Myths*. London: Anthem Press.

McKinsey Global Institute (2010) "Farewell to Cheap Capital? The Implications of Long-term Shifts in Global Investment and Saving." (www.mckinsey.com/insights/global_capital_markets/farewell_cheap_capital).

―――― (2015) "Debt and (Not Much) Deleveraging." (www.mckinsey.com/insights/eco nomic_studies/debt_and_not_much_deleveraging).

Mian, A., and A. Sufi (2014) *House of Debt*. Chicago: University of Chicago Press.

Miles, D. (2005) "Where Should Long-Term Interest Rates Be Today? A 300 Year View." London: Morgan Stanley Equity Research.

Minsky, H. P. (1970) "Financial Instability Revisited: The Economics of Disaster." Hyman P. Minsky Archive, Paper no. 80.

—— (2008) [1986] *Stabilizing an Unstable Economy*. New York: McGraw-Hill.

Modigliani, F., and M. H. Miller (1958) "The Cost of Capital, Corporation Finance and the Theory of Investment." *American Economic Review* 48(3): 261–97.

Muellbauer, J. (2010) "Household Decisions, Credit Markets and the Macroeconomy: Implications for the Design of Central Bank Models." Discussion Paper 306. Basel: Bank for International Settlements. Available at: http://ideas.repec.org/p/bis/biswps/306.html.

—— (2012) "When Is a Housing Market Overheated Enough to Threaten Stability?" Discussion Paper 623, Department of Economics. Oxford: University of Oxford.

—— (2014) "Combatting Eurozone Deflation: QE for the People." VOXeu.org, December. Available at: www.voxeu.org/article/combatting-eurozone-deflation-qe-people.

Muellbauer, J., and J. Duca (2014) "Tobin LIVES: Integrating Evolving Credit Market Architecture into Flow-of-Funds Based Macro-Models." In B. Winkler, A. van Riet, and P. Bull (eds.), *A Flow-of-Funds Perspective on the Financial Crisis*, vol. 2. London: Palgrave Macmillan.

Muellbauer, J., J. Duca, and A. Murphy (2011) "House Prices and Credit Constraints: Making Sense of the U.S. Experience." *Economic Journal* 121(552): 533–51.

Muellbauer, J., J. Aron, J. Duca, K. Murata, and A. Murphy (2012) "Credit, Housing Collateral and Consumption in the UK, U.S., and Japan." *Review of Income and Wealth* 58 (3): 397–423.

Muth, J. F. (1961) "Rational Expectations and the Theory of Price Movements." *Econometrica* 29: 315–35.

OECD, *Finance and Inclusive Growth*, OECD Economic Policy Paper, Number 14, June 2015.

Persaud, A. (2013) "The Passing of a Reform Moment." LiveMint, July 21. Available at: www.livemint.com/Opinion/BscqIYIfGx0j5EXHMGVlmO/The-passing-of-a-reform-moment.html.

Pettis, M. (2013) *The Great Rebalancing: Trade, Conflict, and the Perilous Road Ahead for the World Economy*. Princeton, NJ: Princeton University Press.

Philippon, T. (2008) "The Evolution of the US Financial Industry from 1860 to 2007: Theory and Evidence." NBER/CEPR paper. Cambridge, MA: National Bureau of Economic Research. Available at: http://economics.stanford.edu/files/Philippon5_20.pdf.

Philippon, T., and A. Reshef (2012) "Wages and Human Capital in the US Finance Industry: 1909—2006." *Quarterly Journal of Economics* 127(4): 1551–1609.

Piketty, T. (2014) *Capital in the Twenty-First Century*. Cambridge, MA: Harvard University Press.

Piketty, T., and E. Saez. (2003) "Income Inequality in the United States, 1913–1998." *Quarterly Journal of Economics* 118(1): 1–41. Updated 2012 Excel tables available at: http://elsa.berkeley.edu/~saez/.

Piketty, T., and G. Zucman (2013) "Capital is Back: Wealth-Income Ratios in Rich Countries 1700—2010." *Quarterly Journal of Economics* 129(3): 1255–1310. Updated 2014 version available at http://qje.oxfordjournals.org/content/129/3/1255.

Popper, K. (1957) *The Poverty of Historicism*. London: Routledge Classics and Kegan Paul.

# 参考文献

Pozsar, Z. (2011) "Institutional Cash Pools and the Triffin Dilemma of the US Banking System." Washington, DC: International Monetary Fund.

——— (2013) "Shadow Banking and the Global Financial Ecosystem." VOXeu.org. Available at: www.voxeu.org/article/global-financial-ecosystem-0.

——— (2015) "A Macro View of Shadow Banking: Levered Betas and Wholesale Funding in the Context of Secular Stagnation." Working Paper, Shadow Banking Colloquium, Institute for New Economic Thinking, New York, January. Available at: http://ineteconomics.org/sites/inet.civicactions.net/files/Macro_View_Final.XcxMB4.pdf.

Prasad, E. S., R. G. Rajan, and A. Subramanian (2007) "Foreign Capital and Economic Growth." Working Paper 13619. Cambridge, MA: National Bureau of Economic Research.

Quadrini, V. (2011) "Financial Frictions in Macroeconomic Fluctuations." *Economic Quarterly* 97(3): 209–54.

Rajan, R. G. (2005) "Has Financial Development Made the World Riskier?" Working Paper 11728. Cambridge, MA: National Bureau of Economic Research. Available at www.nber.org/papers/w11728.pdf.

——— (2011) *Fault Lines: How Hidden Fractures Still Threaten the World Economy*. Princeton, NJ: Princeton University Press.

Rajan, R. G., and L. Zingales (2004) *Saving Capitalism from the Capitalists: Unleashing the Power of Financial Markets to Create Wealth and Spread Opportunity*. Princeton, NJ: Princeton University Press.

Rancière, R., and M. Kumhof (2010) "Inequality, Leverage and Crises." Working Paper 10/268. Washington, DC: International Monetary Fund.

Reinhart, C. M., and K. Rogoff (2009) *This Time Is Different: Eight Centuries of Financial Folly*. Princeton, NJ: Princeton University Press.

——— (2010) "Growth in a Time of Debt." Working Paper 15639. Cambridge, MA: National Bureau of Economic Research.

——— (2013) "Financial and Sovereign Debt Crises: Some Lessons Learned and Those Forgotten." Working Paper 13/266. Washington, DC: International Monetary Fund.

Rey, H. (2013) "Dilemma Not Trilemma: The Global Financial Cycle and Monetary Policy Independence." In Global Dimensions of Unconventional Monetary Policy, Jackson Hole Economic Symposium, Federal Reserve Bank of Kansas City, August 24.

Rodrik, D., and A. Subramanian (2009) "Why Did Financial Globalization Disappoint?" *IMF Staff Papers* 56(1): 112–38.

Rogoff, K. (2011) "The Bullets Yet to Be Fired to Stop the Crisis," *Financial Times*, August 8.

——— (2014) "Time to Phase Out Paper Money," *Financial Times*, May 29.

Roll, R. (1989) "Price Volatility, International Market Links, and Their Implications for Regulatory Policies. *Journal of Financial Services Research* 3(2): 211–46.

Rousseau, P. L., and R. Sylla (2003) "Financial Systems, Economic Growth, and Globalization." In M. D. Bordo, A. M. Taylor, and J. G. Williamson (eds.), *Globalization in Historical Perspective*. Chicago: University of Chicago Press.

Sargent, T., and N. Wallace (1981) "Some Unpleasant Monetarist Arithmetic." Quarterly Review 531. Federal Reserve Bank of Minneapolis.

Schularick, M., and A. M. Taylor (2012) "Credit Booms Gone Bust: Monetary Policy, Leverage Cycles, and Financial Crises, 1870—2008." *American Economic Review* 102(4): 1029–61.

Schumpeter, J. A. (1912) *Theorie der Wirtschaftlichen Entwicklung*. Leipzig: Dunker & Humblot.

——— (1934) *The Theory of Economic Development*. Translated by R. Opie. Cambridge, MA: Harvard University Press.

Schwert, G. W., and P. J. Seguin (1993) "Securities Transaction Taxes: An Overview of Costs, Benefits and Unresolved Questions." *Financial Analysts Journal* 49(5): 27–35.

Sheppard, D. K. (1971) *The Growth and Role of UK Financial Institutions 1880-1962*. London: Methuen & Co.

Shiller, R. J. (1992) *Market Volatility*. Cambridge, MA: MIT Press.

——— (2000) *Irrational Exuberance*. Princeton, NJ: Princeton University Press.

——— (2013) *Finance and the Good Society*. Princeton, NJ: Princeton University Press.

Shiller, R. J., and G. A. Akerlof (2009) *Animal Spirits: How Human Psychology Drives the Economy, and Why It Matters for Global Capitalism*. Princeton, NJ: Princeton University Press.

Shin, H. S. (2005) "Commentary: Has Financial Development Made the World Riskier?" In The Greenspan Era: Lessons for the Future, Jackson Hole Economic Symposium, Federal Reserve Bank of Kansas City, August. Available at: www.kc.frb.org/publicat/sympos/2005/sym05prg.htm.

——— (2010) *Risk and Liquidity*. Clarendon Lectures in Finance. Oxford: Oxford University Press.

Shleifer, A. (2000) *Inefficient Markets: An Introduction to Behavioural Finance*. Oxford: Oxford University Press.

Simons, H. C. (1936) "Rules versus Authorities in Monetary Policy." *Journal of Political Economy* 44(1): 1–30.

Singh, M., and J. Aitkin (2010) "The (Sizeable) Role of Rehypothecation in the Shadow Banking System." Working Paper WP/10/172, Washington, DC: International Monetary Fund. Available at: www.imf.org/external/pubs/ft/wp/2010/wp10172.pdf.

Skidelsky, R. (2003) *John Maynard Keynes: 1883—1946: Economist, Philosopher, Statesman*. London: Pan Macmillan.

Smethurst, R. (2009) *From Foot Soldier to Finance Minister: Takahashi Korekiyo, Japan's Keynes*. Cambridge, MA: Harvard University Press.

Smith, A. (1999) [1776] *The Wealth of Nations*, Books I–III. London: Penguin Classics.

Soros, G. (2008) *The Crash of 2008 and What It Means: The New Paradigm for Financial Markets*. New York: PublicAffairs.

——— (2013) "Fallibility, Reflexivity, and the Human Uncertainty Principle." *Journal of Economic Methodology* 20(4): 309–29.

Stein, J. C. (2013) "Overheating in Credit Markets: Origins, Measurement, and Policy Responses." Speech delivered at the symposium Restoring Household Financial Stability after the Great Recession: Why Household Balance Sheets Matter, Federal Reserve Bank of St. Louis, St. Louis, MO, February.

Stiglitz, J. E. (1989) "Using Tax Policy to Curb Speculative Short-Term Trading." *Journal of Financial Services Research* 3(2): 101–15.

―――― (2001) "Information and the Change in the Paradigm in Economics." Nobel Prize Lecture, December 8. Stockholm: Nobel Foundation. Available at: www.nobelprize.org/nobel_prizes/economic-sciences/laureates/2001/stiglitz-lecture.html.

―――― (2015) "New Theoretical Perspectives on the Distribution of Income and Wealth among Individuals." Published in four parts, Working Papers 21189-92, NBER, May. New York: Columbia University. http://www.nber.org/authors/joseph_stiglitz.

Studwell, J. (2013) *How Asia Works: Success and Failure in the World's Most Dynamic Region.* New York: Grove Press

Summers, L. H. (2013) Speech at the IMF Economic Forum, panel on Policy Responses to Crises, Fourteenth Jacques Polak Annual Research Conference on Crises: Yesterday and Today, Washington, DC, Novermber 8. Panel participation available on video at: www.imf.org/external/mmedia/view.aspx?vid=2821294542001.

Summers, L. H., and V. P. Summers (1989) "When Financial Markets Work Too Well: A Cautious Case for a Securities Transactions Tax." *Journal of Financial Services Research* 3(2-3): 261-86.

―――― (1990) "The Case for a Securities Transactions Excise Tax." *Tax Notes* 13: 879-84.

Taleb, N. N. (2007) *The Black Swan: The Impact of the Highly Improbable.* London: Random House.

Tilford, S. (2015) "German Rebalancing: Waiting for Godot?" Policy Brief, March. London: Centre for European Reform. Available at: www.cer.org.uk/publications/archive/policy-brief/2015/germany-rebalancing-waiting-godot.

Tobin, J. (1984) *On the Efficiency of the Financial System.* London: Lloyds Bank Review.

Townsend, R. M. (1979) "Optimal Contracts and Competitive Markets with Costly State Verification." *Journal of Economic Theory* 21(2): 265-93.

Turner, A. (2001) *Just Capital: The Liberal Economy.* London: Macmillan.

―――― (2010) "What Do Banks Do? Why Do Credit Booms and Busts Occur and What Can Public Policy Do about It?" In R. Layard (ed.), *The Future of Finance: The LSE Report.* London: London School of Economics and Political Science.

―――― (2012) *Economics after the Crisis: Objectives and Means.* Cambridge, MA: MIT Press.

―――― (2013a) "Credit, Money and Leverage: What Wicksell, Hayek and Fisher Knew and Modern Macro-economics Forgot." September 12. Stockholm: Stockholm School of Economics.

―――― (2013b) "Debt, Money, and Mephistopheles: How Do We Get out of This Mess?" Lecture at Cass Business School, London, February 6.

―――― (2014) "Wealth, Debt, Inequality and Low Interest Rates: Four Big Trends and Some Implications." Speech at Cass Business School, London, March 26.

―――― (2015) "Credit, Money and Ordo-Liberalism." Lecture at the Center for Financial Studies, Goethe University Frankfurt, February.

Umlauf, S. R. (1993) "Transaction Taxes and the Behavior of the Swedish Stock Market." *Journal of Financial Economics* 33(2): 227-40.

Van Treeck, T., and S. Sturn (2012) *Income Inequality as a Cause of the Great Recession? A Survey of Current Debates.* Geneva: International Labour Organisation, Conditions of Work and Employment Branch.

Weidmann, J. (2012) "Money Creation and Responsibility." Speech at the 18th Colloquium of the Institute for Bank Historical Research (IBF), Frankfurt, September 18.

Werner, R. (2003) *Princes of the Yen: Japan's Central Bankers and the Transformation of the Economy*. Armonk, NY: M. E. Sharpe.

—— (2005) *New Paradigm in Macroeconomics: Solving the Riddle of Japanese Macroeconomic Performance*. New York: Palgrave Macmillan.

White, W. R. (2012) "Ultra-easy Monetary Policy and the Law of Unintended Consequences." Working Paper 126. Dallas: Federal Reserve Bank of Dallas, Globalization and Monetary Policy Institute.

Wicksell, K. (1936) *Interest and Prices*. London: Macmillan (for the Royal Economic Society).

Wilkinson, R. G., and K. Pickett (2011) *The Spirit Level*. Saybrook, CT: Tantor Media.

Wolf, M. (2014) *The Shifts and the Shocks: What We've Learned—and Have Still to Learn—from the Financial Crisis*. New York: Penguin Press.

Wolfe, T. (1987) *The Bonfire of the Vanities*. New York: Farrar, Straus and Giroux.

Woodford, M. (2003) *Interest and Prices: Foundations of a Theory of Monetary Policy*. Princeton, NJ: Princeton University Press.

—— (2012) "Methods of Policy Accommodation at the Interest-Rate Lower Bound." In The Changing Policy Landscape, Jackson Hole Symposium, Federal Reserve Bank of Kansas City. Available at: www.kansascityfed.org/publications/research/escp/symposiums/escp-2012.

Young, A. (1995) "The Tyranny of Numbers: Confronting the Statistical Realities of the East Asian Growth Experience." *Quarterly Journal of Economics* 110(3): 641–80.

# 译后记

阿代尔·特纳（Adair Turner）是英国金融服务局最后一任主席，2009—2013年兼任金融稳定理事会（FSB）监管合作委员会（SRC）主席，在全球金融危机以后的国际金融监管改革中发挥了重要作用。2010—2014年，特纳先生每年都在伦敦城市大学CASS商学院发表一篇学术演讲，本书是特纳先生CASS商学院系列演讲的理论化、逻辑化和系统化的成果，借助于翔实的历史数据，通过理论探讨、案例研究和比较分析，对危机之前主流经济学理论和宏观政策哲学提出了根本性挑战。本书对近年来中国杠杆率快速上升及其潜在影响表示了严重关切，同时对中国解决债务问题的前景持谨慎乐观态度。

特别感谢《比较》副主编吴素萍女士的信任，在取得本书中文版权后第一时间约请我翻译本书。为确保2个月内完成翻译工作，我邀请了中国银行徐惊蛰女士和中国银监会的朱元倩女士共同完成翻译工作，具体分工如下：王胜邦翻译致谢、前言、介绍、第一篇和后记；徐惊蛰翻译第二篇、第三篇；朱元倩翻译第四篇、第五篇；全书由王胜邦审校并定稿。虽然我曾翻译过特纳先生的一系列文章，也熟悉他的政策主张，但由于时间较紧和能力约束，译文不准确甚至错误之处在所难免，敬请读者谅解。

王胜邦

2015年11月15日